一 / 带 / 一 / 路 / B&R / 共 / 建 / 繁 / 荣

"一带一路"建设的持续性

On Sustainability of the Belt and Road

傅梦孜◎著

时事出版社
北京

图书在版编目（CIP）数据

"一带一路"建设的持续性/傅梦孜著. —北京：时事出版社，2019.3
　ISBN 978-7-5195-0289-8

　Ⅰ.①—…　Ⅱ.①傅…　Ⅲ.①"一带一路"—国际合作—可持续性发展—研究　Ⅳ.①F125

中国版本图书馆 CIP 数据核字（2019）第 025058 号

出版发行：时事出版社
地　　　址：北京市海淀区万寿寺甲 2 号
邮　　　编：100081
发 行 热 线：(010) 88547590　88547591
读者服务部：(010) 88547595
传　　　真：(010) 88547592
电 子 邮 箱：shishichubanshe@sina.com
网　　　址：www.shishishe.com
印　　　刷：北京旺都印务有限公司

开本：670×960　1/16　印张：19.5　字数：290 千字
2019 年 3 月第 1 版　2019 年 3 月第 1 次印刷
定价：78.00 元
（如有印装质量问题，请与本社发行部联系调换）

序

自2013年习近平主席提出"一带一路"倡议以来,"一带一路"的推进速度之快、规模之大,堪称盛况空前。"一带一路"这一宏大战略倡议的本质属性在于实现全球大范围互联互通,并以基础设施建设和产能合作互为支撑,和平合作、开放包容、互学互鉴、互利共赢的丝绸之路精神贯穿其中。这一倡议因应着世界发展的期望,日益得到世界各国和一些国际、地区组织的理解认同与接受。"一带一路"建设的现实意义十分巨大,建设实践波澜壮阔,影响也十分深远,将构成世界经济变动的全新景观,实质性地推动各国交往与经济发展,促进全球化的深入与人类命运共同体建设的实践。在这种形势下,学界对"一带一路"的研究稍稍显得滞后。傅梦孜研究员的新作《"一带一路"建设的持续性》(以下简称"傅著"),是一部融世界经济、世界政治、历史学等学科于一体、具有开创性的学术研究著作。

本书选择"一带一路"建设的持续性问题是一个全新的研究命题。"一带一路"作为一项宏大倡议,其漫长的建设过程将是十分复杂的,沿途遇到的世情、域情、国情各不相同,对其建设过程必然会产生难以精准预测的影响。傅著从理论到实践、从历史到现实，对"一带一路"建设的持续性问题进行的探索，不仅能推动该课题学术研究的进一步深入，同时也能为"一带一路"建设提供有价值的参考。

傅著是一部颇具特色的专著，主要体现在以下三个方面。

第一，傅著对古代丝绸之路发展的历史进行了较系统的梳理，增加了该著作的历史厚重感。"一带一路"是一个源于古代丝绸之路的概念。中国历朝历代关于丝绸之路的史籍十分浩繁，为考察古代丝绸之路的发展提供了文献记载依据。近百余年来，西方学界对丝绸之路也予以巨大关注，很多研究主要运用中国的史籍记述，进行补充性表述、考证、审鉴、解读。但无论中外，对"丝绸之路"的研究还没有引起足够的重视。本书的第一章对古代丝绸之路源起、演变的考察，为观察古代丝绸之路清晰地勾画出了历史演进的脉络，特别是重点研究了古代丝绸之路出现断续性的原因，这种考察既厘清了古代丝绸之路精神与当代"一带一路"继承与发展的关系，又为探讨当代"一带一路"建设的持续性发展提供了历史借鉴。

第二，本书对"一带一路"建设是否具有持续性进行了理论层面的创新性探讨。"一带一路"建设投入大、任务重、周期长，充满着风险与挑战。因此，从理论与政策层面上进行充分的学术研究显得十分必要。本书在理论篇中，通过选取几个不同视角，对"一带一路"倡议进行了全面分析。即通过对"超大规模经济必然形成规模性外溢"效应、"通道辐射型的区位导向""'价值链'延伸与攀升效应"和基础设施建设具有长程性等方面的探索，提出了"一带一路"的理论框架，将有助于学界对"一带一路"的理论探索。

第三，本书以多学科的视角对"一带一路"建设的持续性发展进行了深入探讨。作者根据"一带一路"建设实践，从经济、政治和风险多视角进行全面分析。经济层面主要分析"一带一路"的内生动力，为什么必然会发生；政治层面主要分析国际政治磨合，即各国或地区的接受度；风险层面分析评估所面临的挑战。在进行跨学科研究的基础上，作者提出了"一带一路"建设持续性发展的思路与方略，不仅推动了学术研究的进一步深入，同时也为"一带一路"建设的实施提供了有益的咨询与参考意见。

总之，通览全书，深感跨学科研究的难度，作者能以多学科视角完成这部充满创意的学术著作，体现了渊博的知识和深厚的学术功底。同时，也能深深感受到作者在繁重的日常工作之余潜心研究所付出的艰辛。衷心祝贺该著作的问世，同时也期待作者有更多的新作出版。

胡德坤
2018年11月于武汉大学珞珈山

ABSTRACT

    The "Belt and Road" originates from the concept of the ancient Silk Road. Not simply a mere replica of the old concept, it is featured by profound epochal innovation and theoretical connotation. Since President Xi Jinping broached the grand Belt and Road Initiative (BRI), steady progress has been made at global level. The "Belt and Road" is, in essence, a part of international connectivity, pillared by infrastructure building and industrial capacity cooperation. Guided by the Silk Road Spirits, namely, peace and cooperation, openness and inclusiveness, mutual learning and win-win, this grand strategic initiative mirrors the world's desire for development, and has been understood, acknowledged, and accepted by an increasing number of countries, regional and international organizations. Having both remarkable practical significance and far-reaching impacts, the "Belt and Road" will form a new landscape in the changing world economy, substantially promoting international exchanges and economic development, ushering globalization to a new era and contributing to the formation of the community of shared future for mankind. In this sense, the "Belt andRoad" is reasonable, urgent and feasible.

    Because the "Belt and Road" is highly relevant to many countries' development agenda, both domestic and international research, whether policydriven, functional, or academic, has already yielded many fruits. However, academic and theoretical research often lags behind practice, and research with a long-term vision is even rarer. This applies to the research work on both the ancient Silk Road and the current "Belt and Road Initiative". The "Belt and Road", characterized by intensive inputs, arduous tasks, and long construction cycle, is fraught with risks and challenges. As a major project with great realistic significance, the "Belt and Road" has been advanced all around the world. Since the future success of the initiative is contingent on its sustainability, it is more than necessary to conduct adequate academic, theoretical and policy research.

The bountiful historical records and literature on the Silk Road produced in China's consecutive dynasties provide rich resources to observe and study the development of this ancient road. In the recent hundred years, Western academia has also paid intense attention to the Silk Road, relying mostly on Chinese historical records to make complementary accounts, reviews and interpretations. However, in the modern history which features clashing thoughts and diversified theories, the issue of the Silk Road has never been addressed at theoretical level, as reflected by a deficiency of systemic academic research. The existing international economic, trade, investment and even transportation theories, while shedding some light on the formation of the Silk Road, don't constitute serious theoretical discussion. Although as an ongoing global practice, the BRI can be justified with ample reasons at policy-making level, it is conspicuously embarrassed by a lack of theoretical support.

Up till now, theoretical research on the Silk Road is far from bountiful. This paper aims to explore the theoretical front of this matter. In order to find an answer to the core problem, namely, the sustainability of the "Belt and Road", this paper tries to draw preliminary conclusions by adopting economic, political and risk perspectives and following an interdisciplinary research principle.

ABSTRACT

The issue of sustainability of the BRI is a completely new subject, the study of which is conducted within the following research framework.

The main body of this book comprises six chapters followed. Altogether, there are seven chapters. The first chapter gives an examination on the development and evolution of ancient Silk Road, and analyzes its reasons of emergence, prosperity and disruption. The second chapter provides a research framework, including definition of the main concepts, feasibility and appropriateness of the corridor design, and the time-and-space background of both the historical and current Silk Road. Chapter three to six anatomize the "Belt and Road" at three dimensions. The third chapter is the theoretical dimension. It tries to analyze the endogenous driver of the "Belt and Road" from theoretical perspective. By examining a number of effects, such as "the scale and spillover effect of big economies", "location-specific advantages deriving from the effect of channel radiation", "the effect of extending and climbing the value chain", and the long-term nature of infrastructure investments, this chapter tries to construct a theoretical framework of the "Belt and Road". The fourth chapter deals with the second dimension, assessing the international adaptability and acceptability of the BRI. The fifth chapter, which is also the third research dimension, mainly focuses on risks and risk assessments, which include general strategic environment assessments, geo-political risks at large, conventional and nonconventional security risks, specific risks and challenges, and control measures. The sixth chapter will give some suggestions. With the above three-dimensional research, however, it is still not sufficient to draw the necessary conclusions of this paper. To address this problem, the seventh chapter, from a mid-to-long run perspective, puts forward both the blueprint and specific policy suggestions that are helpful in enhancing the sustainability of the "Belt and Road". The last chapter is the strategic conclusion.

Given the present developments, the BRI has been making positive progress.

The "Belt and Road" is a complicated process with concomitant interferences and variants. The constantly changing global, regional and national situations will inevitably have on it impacts that can't be calculated accurately. That's why in different periods policies need to be adjusted in accordance with reality. This paper tries to be supportive to forming a certain new analytical angle, thus advancing the theoretical research on this matter and providing a useful reference for the undertaking of the "Belt and Road".

Keywords: the Silk Road, Belt and Road, connectivity, risk assessment, sustainability

持续性是指一种事物或现象出现后得以不断发展或延续的状态。"一带一路"建设的持续性问题主要是指在有关方主观愿望强烈，但建设环境可能充满不确定性的情况下，能否运用好既有条件，克服各种挑战，在不同时段使互联互通及项目建设整体上得以持续有序推进的态势。

——笔　者

目 录

第一章 丝绸之路源起、演变的历史映像 …………………………… 1
  第一节 相关概念溯源 …………………………………………… 1
    一、作为标志性交易媒介的丝绸 ……………………………… 2
    二、古代丝绸之路 ……………………………………………… 5
    三、古代西域及其地理范围 …………………………………… 11
  第二节 古代丝绸之路的开拓与发展 …………………………… 14
    一、古代丝绸之路的发端 ……………………………………… 14
    二、古代丝绸之路主要路线 …………………………………… 19
    三、海上丝绸之路的特殊性 …………………………………… 26
  第三节 丝绸之路断续的历史时空背景 ………………………… 27
    一、古代丝绸之路开通的背景 ………………………………… 27
    二、古代丝绸之路被中断的缘由 ……………………………… 32

第二章 "一带一路"倡议的提出：历史的必然 …………………… 38
  第一节 "一带一路"的框架构建 ……………………………… 38
    一、倡议的提出 ………………………………………………… 39
    二、内涵及处延 ………………………………………………… 41

三、六大走廊 …………………………………………… 43
　　四、海上通道 …………………………………………… 50
第二节　"一带一路"倡议提出的现实性 ………………… 54
　　一、古代丝绸之路精神的延续 ………………………… 54
　　二、中国日益扩大的实力与辐射力 …………………… 57
　　三、区域、内外平衡发展的巨大潜力 ………………… 60
　　四、新型全球化呈现新动力 …………………………… 62
第三节　案例比较："一带一路"与新丝路计划 ………… 65

第三章　"一带一路"建设的持续性：内生动力 ………… 69
第一节　超大规模经济的外溢效应 ………………………… 69
　　一、规模经济优势 ……………………………………… 69
　　二、超大规模经济的形成 ……………………………… 71
　　三、超大规模经济必然产生外溢效应 ………………… 73
　　四、产能外溢：空间与限度 …………………………… 76
第二节　价值链的延伸与攀升效应 ………………………… 79
　　一、价值链 ……………………………………………… 79
　　二、中国嵌入全球价值链 ……………………………… 80
　　三、中国攀升价值链形成全球联动 …………………… 83
第三节　通道适切性与区位导向 …………………………… 91
　　一、地缘经济需求 ……………………………………… 91
　　二、走廊的适切性 ……………………………………… 94
　　三、通道辐射型的区位导向 …………………………… 99
第四节　基础设施短缺与建设的长程性 …………………… 106
　　一、基础设施效用 ……………………………………… 107
　　二、基础设施短缺 ……………………………………… 116
　　三、基础设施建设的长期性 …………………………… 119

第四章　"一带一路"建设的持续性：适应与磨合 ……… 123
第一节　国际政治经济影响 ………………………………… 123

  一、理念建立的初始 …………………………………… 124
  二、政经溢出效应 ……………………………………… 126
 第二节 国际政治语境变迁 ………………………………… 130
  一、美国态度的变化 …………………………………… 130
  二、日本态度的调整 …………………………………… 137
  三、西方政治语境的反复性 …………………………… 142
 第三节 政治期望、顾虑与制约 …………………………… 149
  一、选举政治的期望与局限 …………………………… 149
  二、领土主权争执与安全顾虑 ………………………… 153
  三、对路线替代与货运分流的担忧 …………………… 162
  四、非政府组织介入 …………………………………… 167
  五、共建伙伴缺失的制约 ……………………………… 170
  六、投融资约束 ………………………………………… 173
 第四节 合作潜力与可能的冲突 …………………………… 177
  一、战略对接与对冲 …………………………………… 177
  二、利益平衡与冲突 …………………………………… 188
  三、相互依存与过度依赖 ……………………………… 189

第五章 "一带一路"建设的持续性：风险评估 …………… 194
 第一节 风险与建设特征 …………………………………… 194
  一、风险认知 …………………………………………… 194
  二、项目特性 …………………………………………… 196
 第二节 总体性风险 ………………………………………… 198
  一、战略性风险 ………………………………………… 198
  二、整体性与长远性风险：民族因素视角 …………… 201
 第三节 具体风险与评估 …………………………………… 203
  一、政治层面 …………………………………………… 203
  二、经济层面 …………………………………………… 205
  三、安全层面 …………………………………………… 210
  四、社会层面 …………………………………………… 212

五、外交层面 214
六、实施层面 215
第四节　风险演变与管理 216
一、风险演变 217
二、风险的可控性 220
三、风控能力与风险观 221

第六章　对持久推进"一带一路"建设的思考 224
第一节　把握"一带一路"建设的关注点 224
一、"先手"与"急所" 225
二、主方向与主骨干 226
三、节奏与展开 231
第二节　持续推进"一带一路"建设的具体建议 233
一、建立一种内需扩大的经济 233
二、做好中国外交话语的传播 234
三、通道建设与产能合作并进 235
四、与第三方共建 236
五、保障重点工程 236
六、投融资跟进与风险对冲 237
七、推动建立司法仲裁机制 239
八、维护海外利益 242
九、保持对话持久性 244
十、维护双边、多边机制 244

第七章　结论 246
一、世界地缘经济格局将出现嬗变 246
二、超越历史：中国寻求新的认同 249
三、确定与变化的未来 251
四、基本结论 254

余论　五年历程波澜壮阔 ………………………………… 258

参考文献 …………………………………………………… 263
　　一、中文文献 ………………………………………… 263
　　二、英文文献 ………………………………………… 276
　　　附：近年发表的科研成果 ……………………… 288

后　记 ……………………………………………………… 290

第一章
丝绸之路源起、演变的历史映像

大漠戈壁上,"驰命走驿,不绝于时月"(《后汉书·西域传》)。汪洋大海中,"云帆高张,昼夜星驰"(南京宝船遗址公园郑和碑碑文)。这是古代文献对陆海丝绸之路曾所呈现盛况的恢宏描述。古代丝绸之路是联通亚欧等地的贸易路线,开启了中国与域外以及更广远地区的经济、文化交流序幕与进程。丝绸之路的历史已有数千年,作为一种久已存在的历史现象,对亚欧大陆各国人民的交往影响十分深远。在习近平主席提出"一带一路"宏大战略倡议以后,对古代丝绸之路的相关历史进行再考察,有助于今天对"一带一路"建设的持续性问题进行深入研究。

第一节 相关概念溯源

"丝绸之路经济带"和"21世纪海上丝绸之路"都包括有"丝绸之路"这个概念,它源于古代丝绸之路这一历史符号。尽管"丝绸之路"这一概念的出现是近代以来的事,但与更为久远即已出现的丝绸贸易紧密相关。

一、作为标志性交易媒介的丝绸

顾名思义，丝绸之路与丝绸直接相关。在人类发展的历史长河中，丝绸作为一种纺织品，这一产品符号对中国与域外、亚欧大陆各方开展经济、文化交流是如此源远流长，以至于其他任何一种产品可能都难以与之类比。

在古代，这种以桑蚕丝为主、也包括少量柞蚕丝和木薯蚕丝为主织造的纺织品，发明、起源于中国。在中国历史传说中，被誉为中华民族之母的黄帝元妃嫘祖（公元前2550年）被视为"先蚕"，即始蚕之神。《通鉴外纪》记载，"西陵氏之女嫘祖为帝元妃，始教民育蚕，治丝茧以供衣服……后世祀为先蚕"①。丝绸之于中国，远古时期即成为国家商品之骄傲。正可谓"在中华民族的历史长河中，很早就闪耀出了丝绸的光芒"。有学者称，"丝绸比中国四大发明要古老得多，而它对人类的贡献又绝不逊色于四大发明"。②

在有文字记录之前，考古出土的文物资料成为"说明蚕桑丝绸的可靠依据"。大量考古发现，呈现出先前蚕桑丝绸的一些痕迹。在距今五六千年的新石器时期中期，中国便开始养蚕、缫丝了。在河姆渡遗址中，人们发现了纺织工具。1926年清华学校（今清华大学）考古队在山西夏县西阴村一个距今五六千年的仰韶文化遗址中，发掘半枚被刀子切割过的蚕茧。半枚蚕茧的出现，一时引起国内外学界的重视。日本考古学者对这半枚蚕茧经过"野生""家养"之辨后，最终还是承认它的"家养"性质。这半枚蚕茧成为当时能借以证明丝绸起源于中国的"唯一实物凭证"。由于同时还出土了纺轮，人们推断当时已经开始养蚕、缫丝、织绸。因此，"这半枚蚕茧的出土，使中国是丝绸之源的说法获得实证"。③

---

① 傅恒等监修：《历代通鉴辑览》（第一册），台北：台湾商务印书馆发行，1968年1月第1版，第7页。
② 《中华文明史话》编委会编：《丝绸史话》，北京，中国大百科全书出版社，2012年7月版，第3页。
③ 刘行光著：《丝绸》，西南师范大学出版社，2014年6月第1版，第4页。

1958 年在浙江吴兴县湖州钱山漾遗址和河南郑州西 15 千米的荥阳青台遗址均发现了丝织品。青台遗址最早由瑞典人 T. J. 阿尔纳（T. J. Arla）于 1922 年发现，1934 年中国著名考古学家郭宝均团队对青台遗址进行了首次发掘，掌握了大量一手资料。一直到 20 世纪 80 年代，又经过多次发掘，发掘出灰白色和灰褐色丝织物碎片。据称，这是迄今为止"在北方发现的最早的蚕丝织品，尽管已经历 5500 年历史，但仍具有纤维光泽。这一发现，不仅填补了中原地区新石器时期没有丝织品的空白，同时也将中国制造和使用丝织的年代向前推进了 1000 多年。[1]

钱山漾遗址同属于新石器晚期的良渚文化，经过发掘出土过丝带、丝线等丝绸制品，并经研究人员测试推断，测得其年代大约在公元前 2750 年，即距今已有 4700 多年的历史了。此一发现，比黄帝元妃嫘祖养蚕的传说还要早 200 多年。[2] 卫斯所著《中国丝织技术起始时代初探》由此明确断定，丝绸的使用至少不迟于良渚文化。早在公元前 2500 年，古印度人就开始从野生丝蛾制丝，但耶鲁大学历史学教授瓦莱丽·汉森（Valerie Hansen）在其《丝绸之路新史》中提出，"中国人确实是世界上第一个制造出丝绸的民族"，其"最可靠的证据是汉字，只有中国人才会把汉字织进布里"。[3]

丝绸因其质地手感、光泽图案而备受瞩目。丝绸具有极大的实用性、舒适性，它既属奢侈品、艺术品、礼品，也是实用品。在汉代，丝绸与硬币、粮食一样，曾作为货币支付给军队。由于当时在遥远的交战之地，硬币难以兑换，粮食易腐难以保存长久，丝绸就曾定期作为一种货币使用。如在中亚，丝绸就可以作为货币支付给寺庙的僧侣，或者作

---

[1] 李奕仁主编：《神州丝路行：中国蚕桑丝绸历史文化研究札记》，上海科学技术出版社，2013 年 1 月版，第 9 页。

[2] 徐铮、袁宜萍著：《杭州丝绸史》，中国社会科学出版社，2011 年 8 月版，第 4—5 页。

[3] Valerie Hansen, "The Silk Road: A New History", 参见张磊译：《丝绸之路新史》（中文版），北京：北京联合出版社，2015 年版，第 22—23 页。

为犯戒者缴纳的罚金。丝绸变成了一种与奢侈品一样的国际货币。① 华夏各民族汇聚交融及国家统合进程,加快了丝绸纺织技术进步与地域传播。《释名》《蚕书》《农经》《蚕织图》《天工开物》等典籍均记录并印证了中国丝绸产业与技术进步。丝绸的品种日益繁多,《十国春秋》等书中记载吴越对中原历朝进贡的贡品中有绫、锦、罗、绢、绮、纱、缟等多种类,每类还可细分,织物各色各样。

在与周边地区的贸易中,丝绸可谓工业革命以前世界主要的贸易产品。具有五千年历史的华夏文明创造了灿烂辉煌的历史,丝绸即是自远古时代出现的标志之一。对于丝绸的赞誉,一直与历史相伴随。斯文·赫定在《丝绸之路》一书中指出,中国古代由内地沿着丝绸之路的出口商品中,无论在数量或地位上,都没有哪一样能与华美的丝绸相媲美。2000年前,中国的丝绸是世界贸易中最受崇尚、最受欢迎的商品。②《中华文明史话》编委会认定,丝绸"比人们熟知的中国四大发明要古老得多,而它对人类的贡献又绝不逊色于四大发明"。锦绣丝绸为中国赢得了"丝绸国"的雅誉。它不仅是中国古代最为重要的发明创造,同时也与华夏文化息息相关。③

中国丝绸西传至罗马帝国后,在贵族中倍受青睐,因而促进了丝绸贸易的发展,各国使者和商旅将中国精美的丝绸源源不断地运往波斯、罗马。中国考古发掘表明,中国古代丝绸品种繁多,色泽绚丽,曲艺精巧,技艺高超,对西方的丝绸纺织技术产生了深远影响。古罗马诗人维吉尔(Vergilius, Publius V. Maro)在《田园诗》中曾感叹:奥比亚人的丛林怎么会产生细软的羊毛?塞里斯人(古希腊语称谓的中国人——作者注)怎么会从他们的树叶中抽出纤细的线!④

---

① Peter Frankopan, "*The Silk Roads, A New History of the World*", London:Bloomsbury Publishing, 2015, p.11.
② [瑞典]斯文·赫定著,江红、李佩娟译:《丝绸之路》,新疆人民出版社,2013年10月第1版,第202—203页。
③ 《中华文明史话》编委会:《丝绸史话》,中国大百科全书出版社,2012年7月版,第3页。
④ 参见兰州博物馆"丝绸之路展",2015年10月调研记录。

在中华帝国与外域漫长的交往进程中，丝绸、瓷器、茶和马匹是流通其间的四种大规模交易产品。而"交易链条最长的是丝绸，处于价值顶端的也是丝绸"，丝绸是"一个重要的贸易符号，而且是有生命力的贸易符号"。这甚至就是李希霍芬（Ferdinand Von Richthofen）把中国与域外国家交往的通道命名为丝绸之路的根本原因。①

二、古代丝绸之路

丝绸之路的存在历史久远，且其路线不断发展演变。但是，其最先表现的只是为实现与外族、外域交往的各种交通路线，也就是"路"。中华民族形成的历史进程中，道路也最先成为实现民族交往、文化融合、经济发展、国家统一的先导，历朝历代为道路拓展付出了持续而艰辛的努力。远古时代，就有黄帝"披山通道，未尝宁居"②、夏禹"开九州、通九道、陂九泽、重九山"的记载③。在秦汉时期，专制主义政权始终把发展交通作为主要行政内容之一，交通事业得到了空前的发展。逐步建立完备的交通系统，成为秦汉王朝存在与发展的强大支柱。④

根据中国官方有文字记载、史书中记载的中国与中亚及更远地方的交往包括丝绸贸易，自张骞凿空西域开始，"大宛之迹，见自张骞"。⑤但据考证，以丝绸为标志的东西方贸易则有数千年之久，远在张骞出使西域之前。春秋战国时期，东西方之间"已经沿着如今被称为丝绸之路和亚欧大陆交通路线开展丝绸贸易"。⑥ 认为更早的说法则明确"在

---

① 冯并著：《"一带一路"全球发展的中国逻辑》，中国民主法制出版社，2015年5月版，第16页。
② 司马迁著：《史记·五帝本纪第一》，北京：京华出版社，1999年10月版，第1页。
③ 司马迁著：《史记·夏本纪第二》，北京：京华出版社，1999年10月版，第5页。
④ 王子今：《秦汉交通史稿》，北京：中国人民大学出版社，2013年6月版，第4页。
⑤ 司马迁著：《史记·大宛列传第六十三》，北京：京华出版社，1999年10月版，第547页。
⑥ 张国刚：《丝绸之路与中西文化交流》，载王炳华著：《丝绸之路考古研究》，乌鲁木齐：新疆人民出版社，2009年8月版，第8页。

4000年前,中国的丝绸便传到了欧洲。"① 因此,丝绸之路也是亚非欧各国人民在长远历史过程中逐步探索出的多条连接几大文明和人文交流之路。

汉晋时期丝绸之路的开发,促进了人口增加和经济发展,许多中原大族和文化士人来到河西地区,中原文化、外来文化和本土文化有机融合,开创了思想活跃、文化发展、艺术繁荣的新局面,为中华文化宝库增添了奇光异彩。到隋唐时期,国家统一、经济发展及其面向世界的开放政策,使东西方的物质和文化交流更加广泛,丝绸之路呈现出空前繁荣。甘肃作为交流纽带和商贸中转站的作用尤显突出,各种文化融会贯通,表现出宽容博大、绚丽清新的风格。佛教艺术自传入河西以来,不断发扬光大,逐渐传播全国。

络绎不绝的中外商旅通过丝绸之路,将中国的丝绸、瓷器、造纸术等传入西方,又将西方的琉璃、珠宝、香料、药材等奇珍异物输入中国。沿途一些城市由此成为重要的商品集散地,呈现出"胡商贩客,日款于塞下"的繁忙景象。随着丝绸之路的兴盛,中亚、印度等地的音乐、舞蹈艺术首先传入新疆和甘肃河西地区。在与本土乐舞相互融合的基础上,形成音律优美、舞姿婆娑的"龟兹乐""西凉乐"等乐舞艺术,它们后来发展成为隋唐宫廷乐舞的基础,并且传到朝鲜、日本等地。②

唐代以后海上丝绸之路逐渐兴起,但陆上丝绸之路并未中断。宋、金、西夏、河湟、吐蕃通过丝绸之路和西域诸国仍保持着密切联系,蒙元帝国横跨亚欧大陆,为东西方的交流创造了更为有利的条件,工匠、军民的大量往来迁徙,促进了新的民族的形成和科技文化的发展,使甘肃凸显出多元文化景观。③

丝绸之路历史的辉煌前人已多有记述。驼铃阵阵,羌笛悠悠,丝绸之路跨越无垠的戈壁、漫漫的沙漠、险阻的山脉,把中国文明、印度文

---

① 谭元亨:《海国商道——来自十三商行后裔的报告》,北京:人民出版社,2014年6月版,第251页。
② 参见兰州博物馆"丝绸之路展",2015年10月调研记录。
③ 同上。

明、罗马文明连接在一起，将古代中国推上国际舞台。丝绸之路既是商贸大道、文化走廊，也是文明之路、开放之路。唐朝是一个诗人辈出的朝代，丝路文化无不见诸其中，而李白与丝路文化有着比同时代一般诗人更为密切的联系。李白的诗歌即丝路文明互鉴的产物，是多元文化交流的结晶。有学者甚至称，从空间维度来说，李白诗歌也是唐代汉民族与丝路沿线各民族文化交流互鉴、多元共进的结果。李白的西域文化因子，并不完全表现在他的诗中，而是烙在他的灵魂上，溶化在他的血脉中。他本身就是中国文化和西域外来文化相互交融的代表性人物。[①] 从这个意义上看，丝绸之路的历史，是古代中国与世界友好交往的历史，它向人们揭示：开放接纳，博采众长，才能促进人类文明的进步。[②]

古代丝绸之路的历史，在东方文化典籍中多有记述。《史记》《后汉书》《新唐书》等均有述及。中国古代对"路"的称谓很多，或称之为道、直道、通道、驰道、孔道，或按方位称为北道、南道，或称为西域水道等。这些名称有的直接与东西方的商贸路线有关。这些路线分别被称为"玉石之路""皮毛之路""盐之路""琥珀之路""熏香之路""茶叶之路"和"草原之路"……无论中外，对此进行记述的史料非常丰富，这些路实质也就是丝绸之路的一部分，构成丝绸之路丰富多彩的历史画卷。但是，近现代意义上对此进行的学术与理论探讨却历史性罕见地落后。它之所以只是在百多年前被西方学者冠以"丝绸之路"这个名称后才得以名扬世界，原因是复杂的。

中国封建社会长期重农轻商的思想与行为惯性、近代中国的保守与落后，加之西方中心主义视域局限等，才是造成这一现象的历史原因。中国进入半封建半殖民主义时期以后，权衰国辱，无力向世界传播华夏文明之历史，近代西方文理工技术等与学科领先性的发展，"丝绸之路"这个概念提出后，经西方的传播才被广泛接受和认可。

囿于西方中心主义的视域局限，西方学者一般不情愿承认亚欧大陆中央地带创造的辉煌，不过，对有关历史记载与遗存产生的兴趣，刺激

---

① 李浩：《李白与丝路文化》，载于《光明日报》2017年5月21日第7版。
② 参见兰州博物馆"丝绸之路展"，2015年10月调研记录。

了西方冒险家或以地理考察为名、或以亚洲国家如印度政府代表身份对广无人烟的中国西北部地区的考察，其中不乏对文物的掠夺与毁损。德国地理、地质学家、柏林大学校长费迪南·冯·李希霍芬是走在中国探险热的最前列者，也是最早提出"丝绸之路"这个概念的人。19世纪中后期，他多次到中国考察，足迹遍及中国当时18个省中的15个，他从亲身考察和得到的历史资料中发现，古代中国的北方曾有一条交通大动脉。1884年在五卷本巨著《中国——亲身旅行和据此研究的成果》第二卷中（1882年德国柏林）[1]，他提及两汉时期中国与中亚河中地区以及印度之间，存在以丝绸贸易为主的交通路线，明确把张骞出使西域的古道称为"丝绸之路"。不过，李希霍芬使用"丝绸之路"这个词时相当谨慎。在他的概念里，"丝绸之路"仅指汉代欧亚的贸易通道，甚至只是公元前128年至公元150年的欧亚交通道路。[2] 其后，另一位德国历史学家赫尔曼（A. Herrmann）在《中国和叙利亚之间的古代丝绸之路》（柏林，1910）一书中把丝路延伸到地中海西岸和小亚细亚，确定了丝路的基本路径，完成了对丝绸之路的学术论证。丝绸之路成为东西方开展贸易的路线的代名词，并在学界得到广泛接受。它是贸易路线，也是文化创造、交流与融合的象征。历史学家沈福伟对此有过重要的评估，即丝绸之路这一命题的提出，是"对中国西部地区在古代曾经呈现的多元文化的一种重新发现，也可以说是历史上这些由多民族创造的文化第一次在国际上获得认同"。[3] 此后，根据大量文献记载的指引，沿着主要在中国境内丝绸之路的探险与考古进一步展开，推动了丝绸之路的研究。由此衍生的概念也不断扩大，如草原丝绸之路、以茶马古道为标志的西南丝绸之路、瓷器丝绸之路、绿洲丝绸之路、香料丝绸之路、海上丝绸之路等。

---

[1] Daniel C. Waugh：" *Richthofen's ' Silk Road ': Toward the Archaeology of a Concept* ," The Silk Road, Vol. 5, No. 1（Summer 2007）, p. 4.

[2] 《环球人物》杂志编，吕文利撰：《丝路记忆："一带一路"历史人物》，北京：人民出版社，2016年3月第1版，第288页。

[3] 沈福伟：《丝绸之路与丝路学研究》（总序一），载王炳华著：《丝绸之路考古研究》，乌鲁木齐：新疆人民出版社，2009年8月版，第3页。

丝绸之路是路，有区域性的路线，迄今也部分有迹可循（如茶马古道），但时下已难发现任何一条完整通达贯穿亚欧的古代丝绸之路，个中原因不能简单归咎于历史尘埋的掩盖。丝绸之路的研究者也注意到，"一百多年来的考古发掘从未发现过一条明确标识的、横跨欧亚的铺就好的路。丝绸之路是一系列变动不居的小路和无标识的足迹。因为没有明显可见的路，旅人如果遇到障碍就会改变路线"。① 一些国际研究者也认为，"丝绸之路"的交流路线尤其在山区，从来都不是一成不变的。穿越亚洲的商队通过复杂的因素来确定方向，如在山区，行走的路线可能源于牧民传统固定的迁徙路线。②

至于海上丝绸之路，即运送丝绸的海上通道，以及通过海上建立的中国与域外国家之间的经贸文化联系网络。学术界流行说法是：法国汉学家爱德华·沙畹（Edouard Chavannes）首先提出了"海上丝绸之路"的概念。沙畹在1903年著的《西突厥史料》中提出："丝绸之路有陆海两道。北道出康居，南道为通印度诸港之海道。"沙畹也提到中国人（玄奘）抵印度之情况，但他并未直接说出"海上丝绸之路"这一完整概念。③

1956年法国印度学家让·菲利奥扎（Jean-Filliozat）则被认为是明确地提出了"海上丝绸之路"这一说法的学者。④ 1957年，日本学者三杉隆敏在《探索海上丝绸之路》的研究中正式使用"海上丝绸之路"

---

① Valerie Hansen, "The Silk Road: A New History", 张磊译：《丝绸之路新史》（中文版），北京：北京联合出版社，2015年版，第9页。

② Michael Frachetti, "Nature: Silk Road Evolved as 'Grass-Routes' Movement: Asia's ancient highland network was structured by ecological strategies of nomdadic hereders", March 8, 2017, http://www.esciencenews.com/souce/newswise.scinews/2017/03/08/nature.silk.road.evolved.grass.routes.movement

③ 沙畹的《西突厥史料》仅记述628年玄奘通行突厥国境自北而南抵身毒（即印度），他在书中导言"路程"一节中提过"水道"，但无明确提出海上丝绸之路。可参见［法国］沙畹编著，冯承钧译：《西突厥史料》，北京：中华书局，2004年1月版，北京白帆印务有限公司印刷（影印版），第5页、第278页。

④ 参见鲍志成：《跨文化视域下丝绸之路的起源和历史贡献》，载于《丝绸》2016年第1期；耿昇：《法国汉学家对丝绸之路的研究》［M］北京，学苑出版社，2015年版，第456—472页。

这一提法。1974 年香港学者饶宗颐在《蜀布与 Cinapatta——论早期中、印、缅交通》一文的《附论：海道之丝路与昆仑舶》部分专门讨论了以广州为转口中心的海道丝路。1989 年北京大学陈炎教授出版《陆上和海上丝绸之路》、1996 年出版《海上丝绸之路与中外文化交流》专著。"海上丝绸之路"才逐渐为中国学者使用。①

古代中国通过海路出口的商品与陆上丝绸之路一样，相当一部分也是丝绸。海上丝绸之路是当时海上运输丝绸航线的泛称，不是仅指某一条具体的航线。对中国而言，海上丝绸之路的起点在我国东南沿海，如青岛、扬州、宁波、泉州、广州等，终点在非洲东北部埃及沿海港口。海上丝绸之路的历史，可以"远溯到千百年前"。② 海上丝绸之路虽然不像陆上丝绸之路那样普遍地为人们所知，但在历史上它却是一条比陆上丝绸之路更重要的商业航线，即使在今天也仍然是东西贸易交往的重要通道。

中国最先开创的丝绸贸易自然以丝绸作为标志性的交易产品。可以界定，丝绸之路即指中国与域外、东方与西方开展贸易的路线，源起并兴盛于个人之间、部族之间、国家之间、地区之间实现产品互通有无及人民交往的通道网络。因为当时丝绸的昂贵、时尚与实用，成为东西方贸易具有代表性的重要物品，因此实现贸易的路线后来被统称为丝绸之路。丝绸之路不只是贸易路线，也是文化交流、文明交融的符号，其内涵与外延随着时代的变迁而扩大。③ 中国历史上不同时期中，丝绸之路有过多次兴盛，陆海丝绸之路也有过盛衰交替，而每一次丝绸之路的开通与复兴"不仅承载着商流与物流，同时也承载着文化与文明的传播与交流，其文化价值在两千多年的历史长河中同样熠熠生辉"。④

---

① 王德华：《新丝路、新梦想与能源大通道研究》，上海：上海交通大学出版社，2015 年 5 月第 1 版，第 70 页。
② 刘行光编著：《丝绸》，重庆：西南师范大学出版社，2014 年 6 月版，第 176 页。
③ 秦汉史籍中"交通往往取交往之意。狭义的交通，指有意识地完成人和物的空间位置的转移。广义的交通则除此之外，又包括通信等信息传递的运用。参见王子今：《秦汉交通史稿》，北京：中国人民大学出版社，2013 年 6 月版，第 3 页。
④ 王成福、黄承锋：《古新丝路视域下的中巴伊土国际通道文化价值研究》，载于《太平洋学报》，2018 年第 5 期，第 40—50 页。

三、古代西域及其地理范围

西域是一个与丝绸之路息息相关的历史地理概念。所谓西域，通常是对阳关、玉门关以西广大地区的统称。但这一概念的内涵与外延有狭义和广义之分，并且，不同历史时期的西域所提的地理范围也不尽相同。[1]

厘清西域的概念或许并非易事。有学者断言"西域的概念并不能令人很明确地接受，辞书也对其定义犹豫不决"。[2] 因为，历史上部族的劫掠、讨伐、征战与反叛，导致断续性的聚合离散。何况，古代西域地理范围也是变动、开放的，正可谓"西域的历史，再加上其他地区的历史，都不是在封闭的环境中发展起来的"。[3] 各种思想、宗教、文化交融、征战与统合，以及相互间贸易的往来充满西域的历史，也使得西域概念难有精准的界定。

汉代的西域，狭义上是指天山南北、葱岭以东，即后来西域都护统领之地。按《汉书·西域传》所载，大致相当于今天新疆天山以南，塔里木盆地及其周边地区。汉书曾记载，"西域凡三十六国，南北有大山，中央有河，东西六千余里，南北千余里，东则接玉门、阳关，西则限以葱岭。"[4] 从地理位置看，狭义的西域即塔里木盆地正处于亚洲中部，英国学者斯坦因（M. A. Stein）将其称为"亚洲的腹地"（Innermost Asia）。它四面环山，地球上几大文明区域在此发生碰撞。不过，这种独特的地理环境并未使其与周围世界隔离，一些翻越高山的通道使它既保持与周围世界的联系，又得以利用自然的优势免遭同化。丝绸之

---

[1] 张国刚：《丝绸之路与中西方文化交流》（序二），载于王炳华著：《丝绸之路考古研究》，乌鲁木齐：新疆人民出版社，2009年第1版，第8—9页。

[2] ［法］鲁保罗著，耿昇译：《西域的历史与文明》，"导论"，北京：人民出版社，2012年4月第1版，第1页。

[3] 同上，第5页。

[4] ［清］袁枢撰：《通鉴事纪本末》（卷三，全十二册），北京：中华书局，北京瑞古中印刷厂印刷。第195页。

"一带一路"建设的持续性

路研究涉及的西域，即狭义上的西域概念，指的就是两汉时期界定的范围。①

广义上的西域则除以上地区外，还包括中亚细亚、印度、伊朗高原、阿拉伯半岛，小亚细亚乃至更西的地区，事实上是当时人们所知的整个"西方"世界。与唐代西域概念相比，可以更清楚地看出，西域是一个范围不断变动的地理区域。中国中央政府很早就开始在新疆等广大的西域地区设立行政管理机构，建立军事防卫体系，汉代设西域都护、西域长史、戊已校尉等管辖西域。武帝的时候，西域内附臣服，共有三十六国。汉为置使者，校尉统领监护这些国家。即"汉为置使者，校尉领附之"。而到汉哀帝、平帝时期，西域又各自分割为五十五国。王莽篡位后，把西域各国王侯贬的贬、换的换，一度激起西域人的怨恨与反叛，西域与中原就断绝了关系，并且重新被匈奴管辖役使。②

公元 7 世纪初（609 年），隋炀帝经河西走廊亲巡西域，耗时数月抵达张掖，登燕支山，接见高昌、伊吾等西域 27 个番王及使者，实现征服吐谷浑，复通丝绸之路的目标，随后西域诸番国统领聚会洛阳，"终月"而返，中原与西域的联系重新加强。至公元 7 世纪中叶，西突厥归附唐朝后，丝绸之路大通，沿线商贸活动再现繁华景象。

随着唐朝势力向中亚、西亚的扩展，从前汉代的西域变成安西、北庭两大都护府辖控之地，建立以安西大都护为核心的"安西四镇"等一系列军政建置，并推行郡县制度、采取同中原一致的管理政策而几乎已成为唐王朝的"内地"。贞观十四年（640 年）唐平高昌，置安西四都护府于西州交河城（今新疆吐鲁番交河故城址），管理西域地区的军政事务。

唐朝时的西域，具体而言是中亚的河中地区及阿姆河以南的西亚、南亚地区。但西域的政治军事功能与汉朝相同，都是作为"内地"的屏障。而在两汉与匈奴的斗争、唐朝与阿拉伯人的斗争过程中，各自的

---

① 张国刚：《丝绸之路与中西方化交流》（序二），载王炳华著：《丝绸之路考古研究》（总序二），乌鲁木齐：新疆人民出版社，2009 年 8 月版，第 9 页。
② 章惠康主编：《后汉书》，北京：华夏出版社，2012 年第 1 版，《西域传第七十八》，第 1607 页。

西域地区也确实起到了政治缓冲作用。唐朝广义的西域概念比汉朝有所扩大，随着当时对西方世界的进一步认识而在汉朝广义西域概念的基础上继续扩展至地中海沿岸地区。①

今天所言之西方，与古代西方的意义并不一致。在中国历史上，西域并不同于西方。唐僧赴西天取经的"西天"，就有西方的意涵。这是中国人自古以来所具有的一种异域外邦意识的表现，即西方在那时泛指一块代表非我族类之外来文化的神秘地方，在文学作品中可能包括与"阳"（东方）相对的"阴"（西方）的空幻世界。就地域而言，中国人对西方的认识随着历史步伐的演进而转移，大致在明中以前指中亚、印度、西亚略及非洲，晚明前清时期指欧洲。近代以来"西方"作为地理概念逐步淡出，政治文化内涵加重并且比较明显地定格为欧美文化。然而，中国人观念中的"西方"在文化上始终具有一个共同特征——异域文化。②

西方人理解的陆上丝绸之路的心脏区域指广义的"西部"，甚至等同于西域，或者称之为大突厥斯坦地区。③ 从中国甘肃的玉门关到乌兹别克斯坦西部乌浒河（Oxus）（Amu Darya），长约1000英里（1600千米），被天山山脉和喀喇昆仑山脉一分为二，即为新疆的内突厥斯坦和中亚的外突厥斯坦。而西（内）突厥本国之疆域，东起巴里坤（Barkoul）湖，西抵亚历山大（Alexandre）山。④ 唐朝于658—659年平西突厥后设置府州。两个地区通过贸易和其他不同形式的交往紧密相连，人民之间的交往已有数以千年计的历史。

---

① 章惠康主编：《后汉书》，第9页。
② 张国刚：《丝绸之路与中西方化交流》（序二），载王炳华著：《丝绸之路考古研究》（总序二），乌鲁木齐：新疆人民出版社，2009年8月版，第9页。
③ Peter Nolan, "The silk road by land and sea", *Horizons*, September 2015, Issue No. 4, p.142.
④ ［法国］沙畹编著，冯承钧译：《西突厥史料》，北京：中华书局，2004年1月版，北京白帆印务有限公司印刷（影印版），第5页、第242页。

第二节　古代丝绸之路的开拓与发展

古代丝绸之路开启了中国与域外、甚至更广远地区的经济、文化交流序幕与进程，其历史已有数千年，对亚欧大陆各国人民交往影响十分深远。中国首先开创丝绸贸易，有其深刻的历史渊源与背景。

一、古代丝绸之路的发端

丝绸之路的形成，经历过由点到点、由近及远逐步连接的过程，丝绸之路的起源，则因此难有准确的时间界定。以官方记录可查的历史依据及司马迁之《史记》及《后汉书·张骞传》等典籍，本书估且以张骞凿空西域开始为主要参考的时间节点，史书也有着明确的记载，即把张骞打通西域之路作为中国官方开通丝绸之路的历史起点与标志。

张骞出使西域，首要目的并非为了开展贸易往来，而是为了联合月氏对抗匈奴。公元前5世纪至公元前2世纪初，月氏人游牧于河西走廊西部张掖至敦煌一带，曾两次被匈奴击败，在河西走廊留下小部分残众与祁连山间的羌族混居（称为小月氏），而被迫西迁的称为大月氏（据考证，当年从史书中消失的大月氏，所统治的区域正是在今乌兹别克斯坦的撒马尔罕以南等地区）。[①] 当时，匈奴赶跑了月氏，也对汉朝构成威胁。匈奴全盛时期人口有200万，精锐部队有30余万人至40万人，而汉朝人口最多时为5000万，精锐部队则不比匈奴多。[②]

对于中原文明来说，匈奴的威胁是直接的，即"几乎在他们以游牧强国的姿态在历史中出现的同时，匈奴开始侵犯中国"。[③]

[①] 张哲浩、杨永林：《寻找大月氏遗迹——西北大学考古队重走丝绸之路的故事》，载《光明日报》2016年8月25日。

[②] 周锡山著：《汉匈四千年之战》，上海：上海锦绣文章出版社，2012年6月第1版，第8页。

[③] [美] 拉铁摩尔（Owen Lattimore）著、唐晓峰译：《中国的亚洲内陆边疆》，南京：江苏人民出版社，2005年11月版，第336页。

第一章　丝绸之路源起、演变的历史映像

在秦朝统一六国前，匈奴占据着南至阴山、北至贝加尔湖的广大地区。他们"逐水草而居，毋城郭常处耕田之业"，"利则进，不利则退，不羞遁走。苟利所在，不知礼义"。① 其"男妇老幼均能骑乘驰骋，控弦以射，性情犷悍，行动飘忽，对中原农业民族之凶杀劫掠，残暴凶狠"，成为秦王朝一个新的必须面对的严重问题。②

秦始皇统一中国后，派蒙恬率三十万大军北上抗击匈奴，驱逐匈奴北退七百余里，同时移民屯边，修筑万里长城，有效抵挡了匈奴南侵。但秦朝政权的崩溃使匈奴重新南向，侵入河套地区。汉朝开国之后，匈奴重新成为汉王朝政权挥之不去的阴影。经过"励精图治、思臻盛业"后，汉朝国力迅速上升，到武帝时期，汉匈对抗在即。当时投降汉朝的匈奴士兵告知，匈奴击败月氏后，以月氏王的头骨做饮器，远迁的月氏对匈奴的怨恨无以复加，而汉朝成立起至武帝时，以"和亲换和平"的代价也是巨大的。③ 对于匈奴这一共同的外部威胁，"无与共击之"的月氏与"欲事灭胡"的汉朝具有古代结盟的客观条件。④ 这是张骞应募出使西域之首要使命。

张骞公元前138年首赴西域，因受困于匈奴十余年并未完成其军事使命。第二次出使内外环境则已然不同，打通经贸路线的国家需求也上升到首位。到公元前119年，经过卫青、霍去病的多次征战，汉朝与匈奴长达10年的系列战争以匈奴彻底失败和被驱逐为结局，强大的匈奴被汉族同化近一半，消灭的也近一半，其余则远遁西去。汉朝控制了甘肃走廊西到帕米尔高原之外的范围。西方史学者认为，这"开创了一个新世界，中国打开了跨越大陆网络的门户，丝绸之路由此诞生"。⑤

---

① 司马迁：《史记·匈奴列传第五十》，北京：京华出版社，1999年10月版，第485页。
② 郇恒著：《国史源》，济南：齐鲁书社，2015年2月第1版，第428页。
③ 当时汉朝除与匈奴采取和亲政策外，还需要给予相当多的赠品。公元前1世纪，汉朝就给予了匈奴30000卷布匹和类似数量的原材料。参见 Peter·Frankopan, "*The Silk Roads, A New History of the World*", Bloomsbury Publishing, 2015, p.10.
④ 司马迁：《史记·大宛列传第六十三》，北京：京华出版社，1999年10月版，第548页。《后汉书·张骞传》，张永雷、刘丛译注，中华书局，2010年11月版，第78页。
⑤ Peter Frankopan, "*The Silk Roads, A New History of the World*", Bloomsbury Publishing, 2015, p.10.

汉武帝除意欲通西域（大宛、大夏、安息以及大月氏、康居诸国）外，还期望"广地万里，重九泽，致殊俗，威德遍于四海"。在向西的进程中，汉武帝几乎同时关注西南线的开辟，着手与印度①建立联系，于是令张骞于蜀郡和犍为郡组织人员探索开通身毒的道路，四路人马皆各行一二千里，但"为当地部族阻滞"，"终莫得通"。不过，了解到"其西可千余里有乘象国"，名曰滇越，即东印度阿萨姆地方的古国迦摩缕波。②宗教文化交流一直是中国与域外交流的先奏。到唐代，玄奘授命进入印度，他先由北印度转入中印度，再由中印度转入东印度，又沿着印度东海岸向南到了南印度，然后又由南印度绕行西印度，最后又回到中印度。他总共经过了七十多个国家。③

古代中国以官方力量大规模开辟的丝绸之路发端于汉代（公元前206年—公元220年），当时欧洲处于罗马帝国统治时期。到唐代（公元618—907年）进入兴盛时期，当时中国首都长安是世界最大的城市，可谓是世界之都，长安大街上世界各国人士随处可见，印度的僧侣、波斯和中亚的官员、商人、来自米索布达米亚的突厥人、阿拉伯人等。佛教、道教寺庙，伊斯兰教清真寺、摩尼教（Manichean）、聂斯脱利教（Nestorian）教堂遍及长安。多种文明、文化相汇于长安，相互并存，显示出极大的时代开放性与包容性。从某种意义上说，丝绸之路的开拓与宗教的传播有很大关系，甚至因为宗教文化传播在先而引发，而丝绸之路的拓展，也加快了各国宗教文化之间的交流与相互激荡。有学者认为，丝绸之路又称"宗教之路"和"信仰之路"，佛教、祆教、景教、基督教、伊斯兰教和麻尼教等，沿着丝绸之路传播。④从贸易往来上

---

① "古称天竺，旧云身毒（Hindu），或曰贤豆，今从正音，宜云印度"。参见玄奘著，董志超译注版，《大唐西域记》，北京：中华书局，2012年1月第1版，"印度总述"篇，第99页。

② 王子今著：《秦汉交通史稿》，北京：中国人民大学出版社，2013年6月版。第489页。

③ 玄奘著，董志超译注版，《大唐西域记》，北京：中华书局，2012年1月第1版，"印度总述"篇，第98页。

④ 刘利刚：《讲好"中国故事"：建设"一带一路"的符号叙事学思考》，载于《丝绸之路》2017年2月号，第13页。

— 16 —

看，丝绸之路又在一个以农业文明为主的时代，中国与中亚的贸易达到新的水平，占中国经济的5%左右。① 近东和中东城市都可看到中国的商品。

汉武帝"北击匈奴，将其逐回漠北"，消除了汉朝中国北部长期存在的安全威胁。此外，汉武帝还挥师南方，即"南定两粤及西南夷，置官设治，东征朝鲜，开置四郡。其威加海内，教通四海"。② 到220年汉朝灭亡，那时从印度洋到红海的海道已通，于是对罗马帝国的丝绸贸易遂一天一天地改趋于海道。③ 从这个意义上可以说，古代海上丝绸之路至少起始于西汉。

古代海上丝绸贸易的兴起，在时间上亦难有准确的界定。中国沿海与外域的贸易可能在秦朝以前即已存在。青岛就是古代海上丝绸之路北线的起航点。据考古得知的时间点更为遥远。即早在距今7000年前的新石器时代，一条东北端始于今即墨金口丁字湾莲阴河西南端、止于黄岛海青白马河与吉利河口，全长730千米的青岛滨海文明带已逐渐形成，这条文明带的先民是我国东部沿海最早驾舟闯荡外海的先驱。胶州湾古港、琅琊古港、板桥镇古港等，作为连通朝鲜半岛与日本列岛南路的重要古码头，为东方海上丝绸之路的产生与繁荣做出了重要贡献，孕育了辉煌的古代青岛海洋文明。④ 春秋战国时期，包括今天中国境内沿海各地之间的海上贸易十分发达，与日本和朝鲜半岛等外域贸易已然展开。文字记载表明，中国沿海与外域的贸易可能在秦朝以前即已存在。山东半岛的齐国首先开辟"东方海上丝绸之路"，也就是在青岛滨海文明带的地方，成为开创古代中国北方地区对外域贸易的先河。到汉代，《汉书地理志》就有汉武帝派使臣从南海航行海外各国的记载。学术研究一般认定，古代海上丝绸之路形成于秦汉、发展于唐宋、到元明时期达到高峰，但在明朝中后期实行海禁政策并为清朝所沿袭以后而出现

---

① "Building the right Silk Road", *Horizons*, September 2015, Issue No. 4, P. 74.
② 张小锋著：《秦皇汉武》，上海：上海古籍出版社，2010年4月第1版，第61页。
③ [英]斯坦因著：《西域考古记》，北京：商务印书馆，2013年3月第1版，第29页。
④ 郭泮溪：《古代青岛与海上丝绸之路》。载郑立波主编：《人文青岛》，青岛：青岛出版社，2014年8月第1版，第140页。

（衰落性的）转变。①

青岛、泉州、宁波、扬州和广州等中国沿海城市作为海上贸易的港口地位历史悠久。福建的多港口优势决定其在"海上丝绸之路"中重要的东方起点地位，甚至在唐宋和明清再到近代，福建成为"海上丝绸之路"最重要的参与者和见证者。各种商船纵跨南海、横越印度洋，将中国的丝绸、陶瓷、漆器运至东南亚、非洲及至欧洲，将香水、毛织品、象牙、玻璃器皿等带回中国。福州港、泉州港、彰州港等在不同时期发挥过重要作用。自唐代开埠，福州与登州（蓬莱）、明州（宁波）、广州成为中国四大通商港口，福州对于东南沿海的商贸格局和经济繁荣具有"肇始和推动的作用"。宋元时期，泉州港以"刺桐港"之名驰誉世界，成为能与埃及亚历山大港口媲美的"东方第一大港"，呈现出"涨海声中万国商"的繁荣景象。与中国其他沿海地区的先民一样，千百年来，福建先民拓海开洋，逐步铸就了和平合作、开放包容、互学互鉴、互利共赢的丝路精神。②

自古及今，广州作为港口城市的地位一直十分突出，可以说在古代对外交往中其地位不亚于中国任何其他港口。广州地处南海之滨，海岸线绵长曲折，峡湾良港众多。凭借便利的水陆交通、先进的造船技术、丰饶的特产资源和发达的手工业，广东自汉代以来就是中外海上贸易的枢纽和东西文明交汇的中心、中国走向世界的门户。而其中，汉代的徐闻港、合浦港、唐代的扶胥港、明清的黄埔港，见证了广东两千多年海上贸易的辉煌。汉代的楼船、唐宋的木兰舟、明清的广船，承载着广东人走向东南亚、非洲、欧美等地，谱写了广东成为世界海洋贸易圈东方中心的传奇。③

中国历史学界也有意见认为，海上丝绸之路由阿拉伯人所开辟。考虑到陆上丝绸之路的艰辛与成本，以及阿拉伯当时拥有世界一流的航海技术，有学者认为，阿拉伯人率先航海到了中国的广州、泉州、宁波和

---

① 参见赵江林主编：《21世纪海上丝绸之路：目标构想、实施基础与对策研究》，北京：社会科学文献出版社，2015年5月第1版，第22—24页。
② 福州海峡国际会展中心"精彩福建—海丝起点"展，2017年6月9—12日调研纪录。
③ 参见自广东省博物馆"广东历史文化展"，2016年9月10日调研记录。

扬州等城市。① 但是，海上丝绸之路很难说是由哪一国或一地区的人民开辟。它同样经历过由点到点、由近及远，以及在造船、航海技术不断进步的过程中逐步发展起来。郑和下西洋无论就其规模、距离、范围、交易物品等方面来看，都已达到了古代中国航海贸易的盛极时期，也极大拓展了丝绸之路的地理路线。因为，即使是一个现代化国家，一次能派出一支有 317 艘船只、28000 人的庞大舰队出洋两年之久，也可以称得上是世界级壮举了，它显示了极高的技术、产业和管理水平。②

二、古代丝绸之路主要路线

对古代丝绸之路路线的研究，国内外已有丰硕成果。如前所述，这种贸易路线并非单一、通达大道，而是呈网络状分布。本节之研究不再重复既有成果，不再按朝代做长程式表述，而是参考国内外一些研究及个人实地考察，仅从总体上勾勒古代丝绸之路之大致格局，或者就某一具体路线之分叉作一说明，以利于为今天观察"一带一路"提供某种可能的历史参考。

古代丝绸之路总体上大致出现陆上三条、海上两条的格局。这些路线开通后，在不同朝代也基本固定下来。

（一）陆上丝绸之路

一是亚洲—中亚—欧洲通道。汉张骞凿空西域，"骞身所至者，大宛、大月氏、大夏、康居，而传闻其旁大国五六"③，此举开通了一条由东向西构成古代丝绸之路的主要路线。这条路线由古代长安向西经河西走廊至玉门、新疆，越过帕米尔高原，进入中亚、南亚、西亚，抵地中海东岸。大体干线总长 7000 多千米，中国境内达 4000 多千米。这段路线又分南北两道。北道从长安出发，经咸阳、长武、平凉、靖远、古浪至武威；南道从长安出发，经咸阳、兴平、宝鸡、陇西至青海的民和

---

① 葛剑雄：《丝绸之路历史地理背景和未来思考》，参见葛剑雄、林毅夫等：《改变世界经济地理的"一带一路"》，上海：上海交通大学出版社，2015 年 9 月版，第 17 页。

② [美] 查尔斯·黙里著，胡利平译：《文明的解析——人类的艺术与科技成就（公元前 800—1950 年）》，上海：上海人民出版社，2008 年 1 月第 1 版，第 39 页。

③ 张永雷、刘丛译注：《后汉书·张骞传》，中华书局，2010 年 11 月版，第 82—83 页。

往北过大通河,越祁连山,在张掖与北道汇合。张骞第一次出使西域走的是南道。① 斯文·赫定(Sven Hedin)的推测则是,从西安经安西、喀尔噶尔、撒马尔罕和塞流西亚,直至推罗,直线距离是 4000 英里,如果加上沿途绕弯的地方,总共约有 6000 英里,相当于赤道的四分之一。②

对中亚伊斯兰世界或波斯而言,从陆路到达中国,有三条路可供选择:克什米尔(经喀喇昆仑山口)之路、于阗之路和准噶尔(蒙兀儿斯坦)。前两条路,拥有水源和草场之地。至于穿越察合台汗国的准噶尔之路,最为通畅。埃米尔·帖木儿(瘸子帖木儿)就是决定由那里入侵中国的。为此,他令人在那里每隔一程都筑一城,为使各城有人居住,便向各城派遣数千士兵,以便在那里负责耕种周围的土地和把收获的粮食贮藏于堡塞中,以备进犯中国之战争所需。但帖木儿尚未发动对中国的进攻即死去③,其进犯中国的战争企图也画上休止符,戛然而止。

二是北方道。在古代亚欧丝绸之路的北方,由黑海经伏尔加河流域、中亚北部,直通南西伯利亚,又有横贯欧亚大陆的东西方大通道,这条路由亚洲草原民族开通,它甚至早于张骞打通的路线。因沿途多有毛皮货物往来流通,日本学者白鸟库吉称之为"毛皮路"。④ 而从中国东北西北抵达乌兰巴托,与北方丝绸之路相连通的道路也称草原之路。

美国华盛顿大学文理学院(圣·路易斯)副教授迈克尔·弗拉凯蒂(Michael Frachetti)利用地理信息系统和遥感工具,依据模拟溪流、漂流和河流和其他穿越流域的水系,从而推断丰盛草场如何吸引牧民转移所确定的模型推定,由高原地区游牧民族长期迁移所形成的、向夏季

---

① 参见孙玉琴著:《中国对外贸易史》,北京:清华大学出版社,2013 年 1 月第 2 版,第 9—10 页。
② [瑞典]斯文·赫定著,江红、李佩娟译:《丝绸之路》,乌鲁木齐:新疆人民出版社 2013 年 10 月第 1 版,第 206 页。
③ [法国]阿里·玛扎海里著,耿升译:《丝绸之路——中国—波斯文化交流史》,北京:中国藏学出版社,2014 年第 1 版,第 150 页。
④ 王子今:《秦汉交通史稿》,北京:中国人民大学出版社,2013 年 6 月版,第 494 页。

牧场季节性迁徙的常规路线（寻找草场之路），与亚洲山区丝绸之路地理发展存在显著重合。他认为，大约5000年前，早在马可·波罗穿越连接东西方的贸易要道"即伟大的丝绸之路"之前，牧民将畜群转移到牧草茂盛区的路线就奠定了这些横跨亚洲的互动网络（Trans-Asian Interaction Networks）之基础。①

明朝实行海禁政策后，北方通道的重要性再度显现。中原商人深入俄、蒙乃至欧洲腹地。口外蒙古地区以及中俄边境的商业贸易得到空前扩张，其区域社会经济为主的蒙古地区逐渐融入全国大市场之中，而中俄恰克图边境贸易的繁荣则进一步形成以恰克图为中心的国际性市场。出现实质上与草原丝绸之路相连接的"北路贸易"，即在地理位置上与南方沿海贸易相对称的贸易往来，具体包括以中原地区汉族人为主体所展开的往返于口内外汉蒙民族贸易以及中俄恰克图边境贸易的两种力量。②

三是西南道。汉武帝派张骞打通西域后，随即投入巨大人力物力打通西南。今天的印度古称身毒、天竺。"天竺一名身毒，在月氏的东南数千里。俗与月氏同。"其"国临大水，乘象而战。"他们"修浮图道，不杀伐"。从月氏、高附国以西，南至西海，东至磐起国，皆身毒之地。③ 汉武帝打通西域后，派遣使者抵达安息……身毒。只是因为在昆明受阻，虽通使数次，但作为一条商贸通道一时"竟不得通"。

南越被征服后，与蜀郡往来的西南夷各国都很震惊，纷纷请求汉朝派官员前去统辖。④ 司马迁在史记中记载了汉武帝时代从四川经云南通

---

① Michael Frachetti," Nature：Silk Road Evolved as 'Grass-Routes' Movement：Asia's ancient highland network was structured by ecological strategies of nomdadic hereders", March 8, 2017, http：//www.esciencenews.com/souce/newswise.scinews/2017/03/08/nature.silk.road.evolved.grass.routes.movement

② 丰若非：《清代榷关与北路贸易，以杀虎口、张家口和归化域为中心》，北京：中国社会科学出版社，2014年11月版，第13页。

③ 章惠康主编：《后汉书》，"西域传第七十八"，北京：华夏出版社，2012年第1版，第1617页。

④ 张永雷、刘丛译注：《后汉书·张骞传》，北京：中华书局，2010年11月版，第90—91页。

往印度的商道,史称"蜀身毒道"。它从成都出发,分"五尺道"和"零关道"两条路线进入云南,在大理会合后又踏上"博南古道往缅甸而去,直达印度,最终可通向中亚、西亚的阿富汗等地,并延伸到更远的欧洲"。季羡林先生推测"至迟到公元前四世纪中国丝就已输入印度"。① 这表明中国西南与域外交往历史更早于汉武帝时代,也是南方丝绸之路比北方丝绸之路形成更早的一种说法。

从路线图来看,西南道,无论从地形地理、地质、气候、水文、海拔、路线、开拓历史与延续等方面而言,堪称最复杂的古代丝绸之路之一。它发源于古代西南边疆人民的茶马互市,大约形成于公元6世纪后期,兴于唐宋,盛于明清,到二战时最为兴盛。茶马古道分为川藏、滇藏两路,连接川滇藏,延伸到不丹、锡金、尼泊尔、印度境内,抵达西亚、西非红海海岸。

茶马古道不只是西南有,但最有名的应属西南道。以茶、盐为主要交易媒介的滇藏以天赐茶乡普洱为中心,形成一个相似于"羊"字型的网络路线。以古代普洱府为中心,主要从五个方向向外延伸,叶脉千万里。它们像一条条丝带萦绕在祖国大江南北的崇山峻岭中,传输着丰富的物品、精神和思想,被后人称之为南方丝绸之路。②

以普洱府(今宁洱市)为中心的茶马古道的具体路线或南下经那柯里进入老挝,或从西南经景洪—勐海—澜沧等地进入缅甸;或北经景谷、镇沅、景东、南涧、大理、丽江、迪庆往西北进入拉萨,自此进入印度、尼泊尔;或往东北方向经墨江、玉溪、昆明、曲靖、成都、西安抵北京,或在沅江往西经建水、蒙自到广州再南下抵香港;或从东南经江城抵越南。③ 因为迄今仍无法考证古代商人在通往滇缅的崎岖山道上究竟走了多久,也许是几十年甚至几个世纪,一般认定,大约到公元6世纪,才终于形成了这条非同寻常的西南丝路。这是典型的内陆农业

---

① 熊清华著:《百年滇商》,云南人民出版社,2013年4月版,第6页。
② 中共宁洱哈尼族、彝族自治县委、自治县人民政府编:《茶源道始——宁洱》,昆明:云南人民出版社,2015年11月版,第20页。
③ 以笔者2015年12月26—29日"宁洱论坛"与会期间考察的那柯里茶马古道石刻地图取得的摄影记录为参照。也可参见《茶源道始——宁洱》,第21页。

文明通向世界的孔道，虽然它与海洋文明的航行如此不同，但它毕竟展示了古蜀文明的辉煌和开放。①

（二）古代海上丝绸之路

一是从中国东部沿海城市出发，经南海、过马六甲海峡至印度洋，临波斯湾，最远抵达非洲东岸。到唐代中期，因战乱频仍，陆上丝绸之路不断受到干扰而趋于衰落，故海上丝绸之路受到重视甚至出现盛况空前的局面。"连天浪静长鲸息，映日帆多宝舶来。"唐代诗人刘禹锡的诗句，即可视作古代海上丝绸之路盛况的恢宏写照。除中国与南洋贸易往来外，由官方力量组织进行的郑和七下西洋，经行数十个国家，远及东非及赤道以南非洲。因为每次出访使命不尽相同，故船队每次累发为数支，由此形成多点交叉、多线出航的海上复杂的交通贸易网络。郑和庞大的舰队七次下西洋，更是成就了古代中国以官方力量开辟海上丝绸之路的历史性辉煌。

除上述三个方向之外，中国东北方向延伸到朝鲜半岛和日本，称东海路，也是古代丝绸之路所及的路线。远在张骞开通西域之前，这条路即已开辟。周武王时期（公元前1112年），中国养蚕、缫丝、织绸技术或通过陆路或通过黄海最先传到了朝鲜。至于日本，传说中就有秦始皇派徐福率三千童男童女东渡日本求取长生不老之药之说，青岛的琅琊台就被认为是徐福的出发地。徐福到日本后因传播养蚕技术，日本后人尊奉徐福为"蚕神"。日本古籍记载，西汉哀帝年间，中国的罗织物和罗织技术传到日本，到公元三世纪，中国丝织提花技术和刻版印花技术传入日本。②

二是太平洋航线。到明朝中后期起，基于地理大发现及造船航海技

---

① 方国瑜著：《中国西南历史地理考释》（上），北京：中华书局，1987年6月版，第7页。

② 韩国有研究者认为，新罗遗迹中出土了古波斯等国的文物，说明丝绸之路的终点不是中国，而是延伸到了庆州。此外，日本很多研究者认为奈良正仓院的西域色彩浓厚的广州文物也是经丝绸之路传到日本的。《日韩希望丝绸之路申遗范围延伸到本国》，《朝日新闻》2016年3月8日；《自称丝绸之路终点日韩积极谋求参与丝路申遗》，《参考消息》2016年3月9日；2014年甘肃瓜州的锁阳城与新疆吐鲁番的高昌故城、交河遗址一起纳入"丝绸之路：起始段与天山廊道的路网"项目在联合国申遗成功。

术的历史性进步，自漳州月港经马尼拉横渡太平洋到墨西哥的阿卡普尔科的太平洋新航线得以开辟。① 该航线后来被称为"太平洋丝绸之路"。

太平洋丝路则代表着古代海上丝绸之路的最后辉煌。自福建彰州月港启航的中国商船运载着丝绸、瓷器等商品前往菲律宾马尼拉，随后，这些中国商品与从日本起运的漆器、东南亚和印度出产的香料一同被大帆船运抵墨西哥阿卡普尔科。另一艘帆船则装着白银及葡萄酒和油等货物向相反的方向驶去。1565年6月，西班牙"圣·巴布洛"号大帆船满载从福建月港运来的生丝、丝绸、瓷器和香料等物品，从马尼拉出发，历时6个月最后抵达墨西哥南海岸的阿卡普尔科，一些商品又转运到加勒比海的维拉克鲁斯港口，成为开启连接亚洲和美洲的"马尼拉大帆船"（The Manila Galleon）贸易时代。② 1575年，广州至拉美航线开通，使最早始于汉代的官方海上丝路达到了最高峰。③

太平洋丝绸之路一直持续到1815年结束，历时250年。这条路主要由西方殖民者所控制，但这条运输线距离超过1万海里，可谓当时最长的一条贸易路线，它的开通大大延伸甚至改变了海上丝绸之路的传统路径与地理范围，更广远地扩大了海上丝绸之路航行路线。可以说，亚洲和美洲第一次实现运输联通，"意味着中国丝绸通过海上丝绸之路的外传，几乎遍及全世界"。④

作为海上丝绸之路的重要城市，广州此后成为中国对外贸易的最主要门户。1784年2月22日，美国商船"中国皇后"号满载美洲人参、棉花和皮草等离开纽约前往广州，并于次年5月装满中国茶叶、瓷器和

---

① 西班牙修士、航海家安德烈斯·德乌达内塔发现并绘制出了从菲律宾的马尼拉至新西班牙（今墨西哥）的阿卡普尔科的航海路径后，太平洋丝路才得以开辟。

② 大帆船是当时世界上最先进的船，由西班牙人雇佣中国工匠在马尼拉建造，载重300吨左右。每两年往返一次，大帆船贸易始于1565年。1813年10月，西班牙王室下令废止大帆船贸易。这种贸易实际上就是用美洲的金银换取亚洲尤其是中国的产品。货物抵墨西哥后，再用大轮车转运到危地马拉、厄瓜多尔、秘鲁、智利和阿根廷等。美洲的玉米、花生、西红柿、可可豆、羊毛等作物也传入中国和亚洲。

③ 李金明：《联系福建与拉美贸易的海上丝绸之路》，载于《广西师范大学学报》（哲学社会科学版）2013年第1期，第6页。

④ 孙玉琴编著：《中国对外贸易史》，北京：清华大学出版社，2008年6月第1版，第59页。

丝绸返回纽约，取得50000美元的巨额贸易收益。此次贸易成为广州数个世纪对外贸易辉煌的见证。与贸易相伴相随的是不同宗教与文化的融合。① 从另一种意义上分析，海上丝绸之路不只是中国与外国交往的单向通道，也是外国与中国开展贸易的重要通道。美国虽然是一个后起的大国，也可以说较早地卷入海上丝绸之路贸易之中。

自此，海上航道的开辟几乎涉及太平洋和印度洋可能的路线，这是自然地理的条件决定的。但是，古代对海上航道的探索远不止于此，而是尽可能所及地具有全球性的海域。在750—1050年的维京时代，拥有卓越的造船和航海技术的北欧维京人，依靠快捷、坚固的龙船，曾侵入欧洲沿海与地中海沿岸，及至发现冰岛等地，其掠夺经济或海盗行为的足迹远及北极水域和今天的加拿大北部沿海地带，成为迄今为止古代最远和最复杂海洋航线开辟的最早记录。② 当然，其目的与性质远不是正常的贸易行为。

葡萄牙人从15世纪早期起，就已经开始有系统地向外抵达大西洋的各个岛屿，并南下抵达非洲西海岸。在欧洲的东南方向，存在欧洲与亚洲旧文明之间的各贸易线路，但需要经过草原部落游牧民族的允许，香料、丝绸、藏红花、水银和其他奢侈品才能通过这些线路运输过去。在7—9世纪，阿拉伯人和土耳其人控制了这些线路，使它们常常保持关闭状态，15世纪就是一个关闭期。③

英国、法国、丹麦等西北欧国家曾顾忌西班牙和葡萄牙势力，长久地没有侵入西葡帝国已经掌控的航海范围，15世纪末到16世纪就转向伊比利亚活动范围之外的北大西洋。1553年由威洛比爵士和理查德·钱塞勒率领的英国远征队开始继续寻找驶抵中国的东北航道，结果面对的却是一道冰墙（即冰雪覆盖的北冰洋），他们只能止步于白海海岸，在那里与沙皇伊凡四世建立了联系，导致英国与俄国之间进行直接贸易

---

① "WHEN GUANGZHOU MEETS FORTUNE-A port city with rich culture", FORTUNE, June 1, 2017, p.39. 2017年12月6—8日，"《财富》全球论坛"在广州举办（笔者注）。

② 参见挪威奥斯陆维京航海博物馆，2017年8月。

③ ［英］埃里克·琼斯，陈小白译：《欧洲奇迹——欧亚史中的环境、经济和地缘政治》，北京：华夏出版社，2015年7月版，第56—57页。

的莫斯科公司的建立。因为地理气候原因，其他所有寻找东北航道的企图也是无效的。① 其实，在英国之前，葡萄牙考察者同样将视线投向北极。1550 年在好望角被发现后的第 3 年，葡萄牙的考特雷尔兄弟也同时沿纽芬兰岛一路向北乘船北上北极圈，试图探寻通向富庶中国的通道，只是由于不幸身亡于茫茫大海之中而未果。

三、海上丝绸之路的特殊性

而相对于陆上丝绸之路而言，海上丝绸之路有其特殊性，海上航路本来就一直存在着，需要的只是海上运载工具及港口等基础设施的支撑，当然也需要政策、法律的允许与支持。在公海，由于存在领土主权与海洋管辖权益重叠，以及需要经过地理位置重要、且穿行可能面临各种风险的海峡，海上航行通过权的取得较之于陆上更为复杂。海上贸易特别是小规模的贸易缺乏陆上贸易通道设关建卡的监管，导致其线路可能出现巨大的变异性。

历史上，海上丝绸之路在不同时期几乎可以以某种形式得以存续。明（郑和下西洋之后）、清（至康熙）时期，即使官方推行"海禁"政策，海上区域性的自发贸易仍然是存在的。明朝实行"海禁"政策之后，当时中国东部沿海与域外不法商人的走私贸易几乎就没有完全中断过。即使在清朝同样实行海禁政策，但广州仍得以设立船舶司保持了对外通商口岸的地位。

一些历史学家甚至断定，如果我们把历史作为一个整体，尤其将海上贸易史看做是连贯性的，而不是因朝代更替而发生中断的话，那么，无论秦汉还是唐宋，中国的海商们，都已经是国际性大商人了。因为商贸史未必与政治史同步，商业利益每每是跨越朝代、跨越国界和海洋的。② 这就是说，如果不按朝代划分历史，古代的海上贸易从出现开

---

① ［美］斯塔夫里阿诺斯著，吴象婴、梁赤民、董书慧等译：《全球通史——从史前到 21 世纪》（下）北京：北京大学出版社，2016 年 5 月修订版，第 430 页。

② 谭元亨著：《海国商道——来自十三商行后裔的报告》，北京：人民出版社，2014 年 6 月版，第 149 页。

始，就一直是存在着的，有些是以政府力量开展的，有些是自发性商业活动。

概言之，这种关系到人们经济、文化生活的国际、区际贸易具有某种自发性和延续性。当然，这种缺乏政府支持的贸易所面临的风险也是巨大的。海盗、恶劣天气、技术条件、贸易规模等因素，可能使贸易效益变得不如今天那么突出，也由于缺乏担保与保险等信用支持，一些海上贸易的安全与收益甚至没有任何保证。

第三节　丝绸之路断续的历史时空背景

一种社会现象之产生与发展包括出现中断，都有其历史原因。古代丝绸之路自出现开始、进而在长达数千年历史进程中时续时断，学界对其原因的分析仍是零星的、阶段性的。从历史长程看，对这一现象进行的原因分析因时期不同而有不同，也可能因不同的陆海条件变化而表现不同。总体而言，尽管各种各样的通商理由贯穿历史的长过程，但毕竟出现过断续情况，幸而其历史时空背景仍是有迹可循的，值得进一步探讨。

一、古代丝绸之路开通的背景

先是中央集权政治推动。封建社会能建立强大中央集权王朝，国家得以统一，国内市场日趋成熟，是开展贸易的重要政治前提与保证。汉代开辟丝绸之路也是这种条件下的必然产物。即"汉兴，海内统一，开关梁，驰山泽之禁，是以富商大贾周流天下，交易之物莫不通……"。[①]

当然，在古代，要真正打通亚洲国家之间的规模性贸易通道仍需政府作为。这种情况的例外也有，它是自发的、自然形成的，但可能难以形成大规模的贸易。因为互有需要，中国周边地区自发性的贸易与人员

[①] 司马迁：《史记·货殖列传第六十九》，京华出版社，1999年10月版，第548页；张永雷、刘丛译注：《后汉书·张骞传》，北京：中华书局，2010年11月版，第576页。

往来也是频繁发生的。古代国家之间由于没有严格管控的边界，因为地理原因难以与中原开展贸易的云南就出现以"自然状态形成"的自然贸易区，而不必出于统治者的有意为之。洱海地区的商人已经把生意做到洛江、保山、腾冲之外的缅甸一带，而保山腾冲等地的商人往东南亚和南亚的方向上应该比他们走得更远。①如古代印度文明与华夏文明"在文化、特产等多个方面都具有多方面的互补关系"，云南所处的地理方位，契合古代中印两国交往的前沿地带，因此"在很早的时期即具有商业活动并逐步积淀为商业传统"。应该说，"至迟不晚于西汉时期已经有商人来往于滇川之间，其足迹远至古代印度。"

彻底打通国家间的贸易通道，仍需要政府为之。公元前124年，汉武帝派张骞自蜀至夜郎，谋通身毒……但为昆明所阻。公元前109年，汉武帝发兵巴蜀征战亦未彻底开通。

至东汉永平十二年（公元69年），中国军政势力始达滇西边隅，设置永昌郡，乃得与缅甸、印度直接交往。②如果说，张骞通西域之首要目的是联外抗匈（奴），而在云南所进行的征战则是为了打通西南域，以利与域外交流。

自张骞开通西域后，从此及后的中央王朝在西域地区纷纷设立行政管理机构，建立军事要塞，护卫着中华帝国及与域外交往。汉代就曾设立西域都护、西域长史、戊己校尉等管辖西域。唐代以安西大都护为核心的"安西四镇"等一系列军政建置，是中央政府治理西域的重要举措，其中尤以西域都护府、安西大都护府最为重要。贞观十四年（公元640年）唐平高昌，置安西四都护府于西州交河城（今新疆吐鲁番交河故城址），管理西域地区的军政事务。

贞观二十二年，唐平龟兹、焉耆、于阗、疏勒四城修筑城堡，对于保护中西陆路交通、巩固西北边防到了十分重要的作用。2014年，中、哈、吉三国联合申报丝绸之路世界遗产时，世界遗产委员会在做项目评

---

① 熊清华著：《百年滇商》，云南人民出版社，2013年4月版，第7页。
② 熊清华著：《百年滇商》，云南人民出版社，2013年4月版，第4页。

估时称：正是强大的中央王朝的存在，有力保障了丝绸之路的通畅。①宋、金、西夏、河湟吐蕃通过丝绸之路和西域诸国仍保持着密切的联系。而蒙元帝国横跨亚欧大陆，东西方交流一直得以维系。

以国家力量开通的古代丝绸之路，有时有着明显的政治或军事目的，但军事与贸易之目的往往互辅。即军事目的支撑贸易发展，因为贸易的扩展更需要得到军事或安全上的必要支撑，以维护贸易路线的通畅和利益的保障。约1755年之际，清朝乾隆大帝大举讨伐，全部塔里木盆地同北边的准噶尔最后又直接归入中国统治之下。像汉唐一样，原属纯粹防御的政策，结果使中国扩展到广大的中亚，以及帕米尔和阿尔泰山地一带。② 这有益于贸易往来。

其次，互惠性的经济利益驱动。西域的开通固有联合外力牵制匈奴的本意，但经济原因是原始的，是人们生活交往的必需，对域外文明而言也有同样的需要。张骞所至的大宛就是如此。经过张骞的介绍，域外之国得以知道还有大汉统治的这样一个东方大国，他们对通商交往遂心向往之。即"大宛闻汉之饶财，欲通不得"。③而"大宛及大夏安息之多属奇物"。汉朝也同样有开展与域外贸易的需求。而大规模的贸易劳师动众，非国家力量难以通达。显然，西域贸易路线的开通本非汉朝一厢情愿，仍然可以通过互通有无而互利。斯坦因也认为："为着中国国内出产发达的利益起见，最要紧的是利用这新开的道路为中国的制造品，特别是贵重的丝织物求得新的市场。可见汉武帝所发动的向西发展大运动，于政治目的之外，还有与贸易有关的经济价值在内。"④

张骞凿空西域本为军事目的，但其附生的经济意涵相伴相随，何况此后张骞第二次出使西域完全是为了开展包括经济、文化等在内的相互交往。当然，政府的保障也是必不可少的。斯坦因进而所言：在历史上，为着贸易的利益和文化交流的和平侵略而需要政治力量和军事行动

---

① 王瑟：《探访神秘的通古斯巴什古城》，载于《光明日报》2015年9月7日第5版。
② [英] 斯坦因著：《西域考古记》，北京：商务印书馆，2013年3月第1版，第37页。
③ 司马迁：《史记·大宛列传第六十三》，北京：京华出版社，1999年10月版，第547页。
④ [英] 斯坦因著：《西域考古记》，北京：商务印书馆，2013年3月第1版，第25页。

以为维护，那是数见不鲜的。用国旗来保护贸易并不是稀见的事。中国经营中亚政策的开始，即决定了他们为着贸易的利益起见，其对于"俄属突厥斯坦"一带广大肥沃的地方，看得比塔里木盆地散漫而又比较狭小的几处沙漠田更为重要。①

即使中国历史上长城的修建，除军事防御功能外，也有安息民生、便利经济与贸易之目的。当公元前121年汉武帝将匈奴人逐出牧草地以后，为实行前进政策，立刻在向中亚前进的通路上建立了军事根据地。《汉书》说，在延展中国古代的长城同时，开始向西建立一道城墙。目的自然是为了要保护向塔里木盆地扩展的贸易和政治发展而开拓大道。②

仅以张骞通西域来探讨丝绸之路的目的也是片面的。中国远古文化本来并不是一直排斥商业往来的。中国最早的商业行为"肇始于神农氏而成于黄帝时期"。有学者总结，商汤感于夏朝灭亡的前朝之鉴，实行"不惊农市"的国策。可见商朝开始实行农商并举，把商业作为与农业同样重要的政务。到距今四五千年的黄帝时期，百工已成，各司其职，社会分工开始系统化。于是就有黄帝造车以利交通，隶首定数以利计算，仓颉造字以利交流，嫘祖养蚕以利纺织，胡曹制衣以利服饰，赤将造家具以利日用，共鼓、化狄造舟楫以利水运等发明问世。③

古代以官方力量开辟海上丝绸之路，在不同时期都有历史印记。唐朝推行市舶司制度，极为重视对外开放和南方海上贸易，导致唐代海上丝绸之路贸易空前繁荣。在官方开辟的海上丝绸之路进程中，郑和下西洋更是最为突出的例子。其经济原因也是有所考虑的。郑和曾向明仁宗进言："国家欲富强，不可置海洋于不顾。财富取于海，危险也来自海上……我国船队战无不胜，可用之于扩大经商，制服异域。"显然这一见解实际上就是一种以军事力量为后盾，以海上贸易为手段的早期海权论述。④ 至于郑和开展的贸易到底是赤字还是盈余，由于郑和病逝于第

---

① [英]斯坦因著：《西域考古记》，北京：商务印书馆，2013年3月第1版，第26页。
② 同上，第177页。
③ 苗延波：《华夏商路》，知识产权出版社，2014年1月第1版，第5页。
④ 季国兴：《中国的海洋安全和海域政策》，上海人民出版社，2009年版，第14页。

七次下西洋旅途之后,大多相关档案被付之一炬而无从考证。

郑和下西洋的目的,史学界的认识不尽一致,即郑和下西洋的目的是多重的,如确立明朝永乐盛世之威、寻找建文帝、麦加朝圣和开展贸易。有学者认为主要目的是政治方面的,即"耀兵异域,示中国富强""威制万方""宣德化而柔远人",以实现封建的"大一统"。[①] 但是,郑和下西洋体现了明成祖继位后朝廷对外政策的开放性、进取性与和平取向,对巩固中外之间的怀柔——进贡体制、保持周边地区的稳定、维护海上通道的安全有着直接的作用,因而具有加强中国海洋安全的功效。[②] 这些目的也是不容置疑的。

再次,国内交通设施的完善与延伸。丝绸之路的开通与国内交通的发展密切相关。中国封建专制主义为便利国家统一与经济发展,往往重视开山辟道,加强相互联通。在中国历史上,秦皇汉武朝代就创造了辉煌盛世,以汉族为主体的中华民族实现思想文化的真正统一,始于秦汉时期。除经济发展外,也建立与完善了纵横交错、相对发达的国内交通运输网络,"交通事业在秦汉时期得到了空前的发展。逐步建立完备的交通系统,成为秦汉王朝存在与发展的强大支柱。"[③] 而这一点,对于开辟并拓展为便利中外交流的古代丝绸之路提供了重要的前提条件。

当然,古代丝绸之路的开辟动因是多方面的,宗教的力量、文化的相互联系、语言的传播都会加强相互的联系与往来。以语言为例,马六甲作为东南亚海上集散中心,在其700年历史中,曾经有84种语言在此交流。[④]

[①] 国外的研究认为,郑和航海的最主要目的包括以下几方面:外交方面,与南海和印度洋沿海岛国建立朝贡关系;文化方面,宣传新明朝的强大、繁荣和权势;军事方面,恐吓、胁迫或强迫;经济方面,加速扩张已有的贸易线。参见[美]莱尔·戈尔茨坦、卡恩斯·洛德主编,董绍峰、姜代超译:《中国走向海洋》,北京:海洋出版社,2015年6月第1版,第239页。

[②] 高子川:《中国海洋安全问题研究》,北京:军事科学出版社,2015年9月第1版,第51页。

[③] 王子今著:《秦汉交通史稿》,北京:中国人民大学出版社,2013年6月版,第4页。

[④] 张志文等:《"一带一路",让马六甲看到复兴曙光》,载于《人民日报》2017年5月21日第21版。

英国历史学家汤因比指出："在草原的周围，由于草原上游牧民族的传播，在今天还有四种这样的语言：柏柏尔语、阿拉伯语、土耳其语和印欧语。"而对于为"欧亚草原"所中隔的东西两大文化系统来说，"这一大片无水的海洋便成了彼此之间交通的天然媒介"。海洋和草原的相似之处可以从它们作为传播语言的工具的职能来说明。[1]

二、古代丝绸之路被中断的缘由

相互交往本是人类社会属性的突出表现。古代丝绸之路的开拓与发展同样符合人类交往的社会属性，只是在以千年计的历史长河中，古代丝绸之路在不同时期依然出现过时续时断的情况。何以如此？

首先，战争与政变，统一与分裂割据，往往是造成此局面最直接的原因。从更大范围来看，公元8世纪中叶前后的"中亚和东部大草原的叛乱、起义与革命，在欧亚大陆形成多米诺骨牌效应，使相互的联通发生改变"。[2] 中国唐代中期的"安史之乱"，就成为中国西北陆上丝绸之路衰落的重要时间节点，也标志着从汉代以来丝绸之路繁荣的终结。到明朝永乐之后，中国在西北方向采取守势，退入嘉峪关自保，陆上丝绸之路彻底衰落。[3]

当然，这期间还有"奥斯曼帝国的崛起，阻断了东西方的交通"，也是"陆上丝绸之路不再像以前那样通畅"的原因之一。[4] 唐代之后，东南亚三国纷争不息，导致海上丝绸之路通道阻塞，一度空前繁荣的马六甲海峡也逐渐没落。与丝绸之路中断相伴随的甚至还有数不清的丝绸

---

[1] 汤因比著，曹未风等译：《历史研究》（上册），上海：上海人民出版社，1964年3月版，第234—235页。

[2] Chirstopher I. Beckwith, *Empires of the Silk Road: A History of Central Eurasia from the Bronze Age to the Present*, Princeton University Press 2009, p. 141.

[3] 何芳川著：《中外文化交流史》（上册），北京：国际文化出版公司，2008年5月第1版，第62页。

[4] 故宫博物院藏品中，来自国外的有1万件，都是明清两朝与逊帝溥仪小朝廷留下来的。晚明时开始，航海而来的西方传教士、使节、商人等通过各种途径接近皇宫，将西方的钟表、天文测绘工具等送入故宫。李文君：《"一带一路"与故宫》，载于《光明日报》2016年1月8日第5版。

之路历史文化遗迹的湮灭。

其次，政治体制的局限、安全关注与政策倾向也导致古代丝绸之路的中断。以农业文明为主的中国封建体制强调的立国之本，偏移了远古时代对商业交往的宽容。国土的拓展，利益的不平衡，使统治者对商业往来存在着固有的排斥性。农业的兴盛使粮价降低，可能导致大商人囤积居奇，在荒年出售谋利，这就侵害了农户利益，即谷贱伤农，又可能在歉收之年造成社会动荡。汉代政论家贾谊甚至痛斥弃农经商、奢靡淫秽为天下之大残大贼，提议朝廷要重农抑商，成为汉景帝重本抑末的思想来源。

明清实行海禁政策导致海上丝绸之路的中断，也是这一封建中央集权体制的思想使然。这一政策的出发点是为了维护沿海安全和国家政权稳定，但"本质上却是重农抑商政策在海洋方向的体现，是为了限制沿海居民，阻隔内外交往以维护封建专制统治的基本秩序"。[1]基于此一认识，对海外利益的保护几乎不会纳入统治者考虑之范畴。明朝实行海禁政策以后，就根本未意识到民间的海洋活动是国家影响力的延伸，是国家利益的组成部分，反而视华人赴海外谋生为"自弃王化"，不保护遭受殖民者压迫、屠杀的华人，致使百年来中国在海外积累形成的海外利益在西方殖民者东来后损失殆尽。不但东西贸易为西方所控制，中国在亚非各国心目中富强文明的形象也毁于一旦。[2]

至于陆、海丝绸之路的选择，则归因于陆上安全始终是统治者优先考虑和重点关注的问题。明朝在建国过程中依靠水军的河湖战斗起了重要作用，也可能正是这一点，使称帝后的朱元璋对水军和航海经济反而心存芥蒂。因此他很快宣布"片板不得下海"的禁令。因为他太熟悉水军，所以才更不放心，甚至认为他们是法令、秩序以及长治久安的威胁。何况航海经济是一个活跃的部门，对于中央集权而言很难控制。这也是明朝后来实行海禁政策从而导致海上丝绸之路难以持续下去的原

---

[1] 高子川：《中国海洋安全问题研究》，北京：军事科学出版社，2015年9月第1版，第50页。

[2] 刘迎胜：《三代海上丝绸之路衰落的教训与启示》，载于《参考消息》2017年5月2日。

因。因为，从国家安全战略考虑，北部满蒙部落的威胁使明政府不得不心存忌惮，在战略选择上陆上自然就成为封建王朝的优先考虑和主要安全应对方向。因此，海洋安全虽然逐渐成为国家安全的有机组成部分，但长期以来，在国家安全体系中只占据次要位置或从属地位。发展海上交通和贸易也只是作为陆地经济的补充。

总体而言，以农业文明为主的封建体制往往带有闭关自守性质，无论陆上还是海上对外贸易都难以得到持续的鼓励与支持。"过分依靠对外经济活动常常被认为是造成政权羸弱、易受外国摆布和影响的原因之一，因此被中国的许多统治者所抑制。"① 郑和下西洋被政府中止后，中国实行闭关守国的"海禁"，不仅使官方为主推动的海上丝绸之路陷入停滞，也"使中国失去了一次成为海洋大国的最好机遇"。②

再次，没有互利的经济原因使既有丝绸之路难以为继。中国自古即为世界经济大国，在相当长的历史时期里，"与世界其他地方比较起来极为富裕和技术发达。中国生产和拥有一切，它丝毫不需要与胡人从事交易。18世纪末东印度公司的英国人在想到用鸦片来交纳茶叶和瓷器价款之前就发现了这一事实。"③ 虽然这一贸易在汉代出于对西域汗血马的需求以备与匈奴交战而变得十分必要，但以备战形式展开的贸易在和平时期需要互惠才有动力。

到唐朝时，中外交流十分广泛，丝绸之路上的贸易与人文交流也获得前所未有的动力。美国《金钱》杂志借鉴世界货币价值研究网包括斯坦福大学古代史学家和经济学家设计的一种方法，比较个人财富所占当时全球经济总值的比例，也可以作为说明。根据这一统计发现，到唐朝武则天时期，中国的巅峰财富值占全球GDP的22.7%。在武则天统治的15年内，唐朝的边界远达中亚，成为当时世界上最大的帝国。

丝绸之路海岸线与西方国家的茶叶和丝绸贸易令国民经济欣欣向

---

① 吴杰章等：《中国近代海军史》，北京：解放军出版社，1989年版，第34页。
② 郑永年：《中国的海洋地缘政治与陆地地缘政治》，载于《外交评论》2014年第1期，第4页。
③ [法国] 阿里·玛扎海里著，耿升译：《丝绸之路——中国—波斯文化交流史》，北京：中国藏学出版社，2014年第1版，第15页。

荣。武则天的财富也居全球历史上最富的十个女人之首。[①] 但这种情况并没有持续。一个重要的原因在于，古代中国"历来没有通过外贸盈利的观念，丝绸之路真正的利益获得者是中间的商人"。[②] 郑和下西洋只进行了七次。开展这种航行的意图繁杂，但经济上最终证明无利可图，可以说是这一以官方为主展开的中外交流中断的重要原因。中国当时从海外的进口品多是犀牛角、象牙和珍珠，不具备生产重要性。海上探险活动不过是花费巨大，给宫廷贵妇对珍奇古玩的欲望搔了一下痒而已，只是为帝国皇宫的嫔妃进行采办的活动，抑制了贸易所可能产生的影响。[③]

郑和下西洋主要目的还不在于贸易，既使讲求一些交易，也没有互利性，张骞西域凿空堪与哥伦布和麦哲伦开创的事业媲美，但就海洋事业而言，郑和下西洋与哥伦布、麦哲伦所创造的辉煌不可同日而语。遗憾的是，"从经济角度而言郑和下西洋属于赔本的买卖，社会民众基础差，可持续性不强，当国家实力不济或社会趋向保守的时候，就难以为继了。"[④]

尽管难有官方准确统计，但有学者估计，从洪武到成化年间（1368—1487）的100多年里，大明共产白银3000万两，而郑和七下西洋的财政拨款加在一起是700万两。国家财政几乎要被七下西洋搞崩溃了。[⑤] 由于"缺乏内在的经济动因，且经济成本过大，劳师动众，郑和之后大规模的官方海外远征活动便告停止，永乐时期显现的对外积极进

[①] "The 10 Richest Woman of All Time", *Money*, February 1, 2016, http：//time.com/money/4133560/10-richest-woman-all-time/.

[②] 葛剑雄：《存在与影响：历史上中外文化交流对"一带一路"建设的启示》，原文刊于《思想战线》2016年第5期，第1—3页。

[③] ［英］埃里克·琼斯著，陈小白译：《欧洲奇迹——欧亚史中的环境、经济和地缘政治》（《中国的明清两朝》），北京：华夏出版社，2015年7月版，第163—165页。

[④] 胡波著：《后马汉时代的中国海权》，北京：海洋出版社，2018年5月版，序言，第9页。

[⑤] 梁二平：《郑和"示中国富强"的"下西洋"》，载于《丝绸之路》2016年2月号，第20页。

取性也为海禁政策所窒息"。① 一些学者甚至概括性地指出，我国历史上官方对外活动都不重视经济效益。② 没有互惠的贸易只能空耗国力，显然是难以为继的。

最后，陆海或技术替代效应导致丝绸之路变更，或至少使所交易的产品变得不那么必要。地理大发现后陆路运输变得不如海路。陆、海贸易本来相辅相成，但海路成本低、运量大，远非陆上丝绸之路依靠的一两个驼队可比。麦金德甚至对此一针见血地指出："海洋上的机动性，是大陆心脏地带的马和骆驼的机动性的天然敌手。"③ 因此，在某一个历史时段，陆上丝绸之路因为突然出现替代效应面临的后果甚至可能是毁灭性的。即"不要认为丝绸之路在18世纪是骤然间消失的，完全是因为葡萄牙人发现了海路"。④

西方船队的竞争使得香料之路最终超过了丝绸之路。换言之，一直到17世纪，尚没有应该放弃陆路的任何经济或政治原因⑤。在此之前，海路还会因为新航线的发现而出现格局性的变化。如在15世纪末，在地中海地区，随着地理大发现而来的西方力量初登美洲大陆以及环非洲航路的开辟，欧洲大西洋强国（荷兰、葡萄牙、西班牙和英国）就比地中海国家获得更广阔的地理进出空间。连接欧洲和地中海的强国（如拜占庭、威尼斯以及后来的奥斯曼帝国）的财富和战争杠杆作用被那些贸易转移至大西洋所削弱。⑥ 而且事实上，葡萄牙人经常封锁红海和波斯湾，流向亚历山大港和地中海其他港口的贸易（主要是香料）备受干扰。地中海和亚洲的联系受到威胁，从威尼斯到叙利亚和巴勒斯

---

① 高子川著：《中国海洋安全问题研究》，北京：军事科学出版社，2015年9月第1版。第51页。

② 葛剑雄：《丝绸之路：历史地理背景和未来思考》，载葛剑雄、胡鞍钢、林毅夫等编：《改变世界地理的"一带一路"》，上海：上海交通大学出版社，2015年9月第1版，第18页。

③ ［英国］哈·麦金德著，林尔蔚、陈江译：《历史的地理枢纽》，商务印书馆，2010年10月第1版，2015年6月第4次印刷，第64页。

④ ［法国］阿里·玛扎海里著，耿升译：《丝绸之路：中国—波斯文化交流史》，北京：中国藏学出版社，2014年第1版，第15页。

⑤ 同上，第462页。

⑥ 莱尔·戈尔茨坦、卡恩斯·洛德主编，董绍峰、姜代超译：《中国走向海洋》，北京：海洋出版社，2015年6月第1版，第109页。

坦的各个贸易城市也随之逐步衰落。当然，这其中充斥着世界地缘政治力量变化的环境，这就是新的大国（如西班牙和葡萄牙）的崛起所带来的改变。

同样，技术进步与传播也促成了丝绸之路的被替代效应。丝绸之路以产品交易为媒介。随着丝绸之路贸易的扩展，养蚕技术的传播，在古代即有丝绸生产本土化的情况，使通过丝绸之路交易的重要性降低。特别是近代产业技术革命的出现，使原来丝绸之路交易的传统产品出现巨大改变，有些甚至被彻底的替代了。一些西方学者甚至认为，在促使丝绸之路遭到遗弃的主要因素中，应提到近代技术工业的诞生和发展，这种工业以代用品取代了来自中国的传统产品。例如，过去波斯人前往中国采购的最古老的产品之一是麝香，这种产品的交易可能持续了 18 个世纪，而最后却由以石油副产品为基础的合成麝香所取代。铜镜、铸铁火炉和饭锅的情况也如此。① 这也就是随着新的技术出现和发展，一些行业或产品被淘汰或被替代、成为"创造性毁灭"的具体体现。

---

① 莱尔·戈尔茨坦、卡恩斯·洛德主编，董绍峰、姜代超译：《中国走向海洋》，北京：海洋出版社，2015 年 6 月第 1 版，第 4 页。

第二章
"一带一路"倡议的提出：历史的必然

"一带一路"战略倡议为习近平主席所提出。这一战略倡议顺应新时期全球形势和中国内外环境的深刻变化，成为"构建我国开放型经济新体制的顶层设计，是参与和完善全球治理体系的主动作为，是助力实现'中国梦'的重大举措"。[①] 这一倡议尚处推进初期，在总体上能否持续推进并产生联动效应，将决定其滚动与耦合进程，攸关"一带一路"建设的持续性。

第一节 "一带一路"的框架构建

"一带一路"仅就字面意义而言，主要反映的是运输通道，包括围绕通道沿线的基础设施建设与产能合作。通道包括陆海两大方向，主要有陆上的六大经济走廊及海上的东线、西线和北极航线。

[①] 徐绍史：《统筹国内国际两个大局中的战略决策——深入学习习近平总书记关于"一带一路"战略构想的重要论述》，载于《求是》2015年第19期，第10页。

一、倡议的提出

2013年9月7日，习近平主席访问哈萨克斯坦，在该国新首都阿斯塔纳的纳扎尔巴耶夫大学半圆形大礼堂，发表题为《弘扬人民友谊，共创美好未来》的重要演讲，首次提出共同建设"丝绸之路经济带"，并期望以点带面、由点到线、从线到片、逐步形成欧亚区域大合作。同年10月2—3日，习近平主席访问印度尼西亚，在雅加达与印度尼西亚总统苏西洛举行会谈，倡议筹建亚洲基础设施投资银行，3日在印尼国会大厦发表题为《携手建设中国—东盟命运共同体》的重要演讲，提出东南亚地区自古以来就是"海上丝绸之路"的重要枢纽，中国愿同东盟国家加强海上合作，使用好中国政府设立的"中国—东盟海上合作基金"，发展好海洋合作伙伴关系，共同建设"21世纪海上丝绸之路"。"丝绸之路经济带"和"21世纪海上丝绸之路"这两个术语统称为"一带一路"。

哈萨克斯坦是中国西北近邻，既是世界最大的内陆国家，也是中亚面积最大的国家：国土面积272.49万平方千米，人口1800多万，民族宗教众多。中哈两国山水相连，古代陆上丝绸之路率先将中哈两国紧密联结起来，两国睦邻友好可以追溯到很久以前。[①]

哈萨克斯坦具有贯穿亚欧的地理位置优势，占据中国西北方向连接俄罗斯、欧洲、南亚的枢纽地位。哈萨克斯坦总统纳扎尔巴耶夫上台后，曾提出加强基础设施建设的"光明之路"战略设想，其中就蕴含古代丝绸之路的元素。

印度尼西亚则是世界上最大的群岛国家，素有"千岛之国"之称

[①] 731年，突厥汗国伟大的次阙特勤去世，为了表示抚慰和友善，唐玄宗于时年12月23日派专使赴哈萨克斯坦吊唁，并亲自手书碑文，由特使领500名军士护送，以示纪念和吊唁。参见梅·若尔达斯别科夫：《序·世代相传的友谊》，参见阿斯塔纳《丝路驿站》2013年中文版，第9—11页。

誉，是海洋大国，也是东盟最大的国家。① 印尼自古是海上丝绸之路的重要站点，历史上郑和曾率庞大船队抵达印尼这个穆斯林国家，迄今在雅加达海上博物馆仍有郑和抵印尼的记载与雕塑。印尼新总统佐科上台后，中国与印尼关系进一步提升。基于地跨赤道，处于太平洋和印度洋、扼南中国海和南太平洋的特殊地缘枢纽位置，佐科总统提出赢得印尼国内广泛支持的"海洋轴心计划"，即把印尼建成"一个具有强大海洋经济、安全和文化的、发达和繁荣的主权国家"，使印尼成为"世界海洋轴心"。作为海洋大国之一，印尼海洋经济潜力巨大，包括捕鱼、水产、加工、海洋生物技术、能源和矿产资源、海上旅游、红树林产业、海洋运输、小岛资源开发、海洋产业和服务业及非常规资源等11大部门。这些部门年产值达1.2万亿美元，创造的就业机会达4000万个。② "21世纪海上丝绸之路"建设，包括通道与基础设施建设、产能合作等，为印尼发展经济提供了全新的机遇。

习近平主席选择在哈萨克斯坦和印尼提出建设陆、海丝绸之路的战略倡议，标注了"一带一路"陆海两大重要方向，具有十分重要的地缘经济象征性。首先，周边是中国外交的优先方向，哈萨克斯坦与印尼均处中国周边地区，分别处于陆上、海上联结亚欧非的重要位置；其次，两国均是所在区域的大国，地区性影响较大，而且对华关系友好，两国在历史上与陆海丝绸之路的发展有着重要关联；再次，两国均有发展经济、加快互联互通方面的重大需求，具备进行共商共建共享的客观必然性，"一带一路"倡议与他们各自国家的发展战略可以形成良好的对接与契合。

有国际学者感知到，中国与中亚各国的贸易额急剧增长，对于中亚而言，中国已成为最大的贸易对象。中国之所以选择在哈萨克斯坦宣布

---

① 印尼由分布在太平洋和印度洋之间的13667个大小岛屿组成，（印尼自己的估计则有17000个岛屿），其中有人居住的约6000个。参见：《世界地图集》，星球地图出版社2006年1月第3版，第80—81页。

② Ir. Rockhmin Dahri, MS, "*Sustainable Coastal And Ocean Development: Toward Indonesia As the World's Maritime Axis*", Roda Bahari Publishing, 2009, pp. 181 – 182.

"新丝绸之路"构想，无疑是因为"认识到了中亚的重要性"。① 而印尼正在加快发展海洋经济，且海洋经济发展与互联互通相辅相成，互为依托，也是印尼"世界海洋轴心战略"的重要内核。这种经济发展相近的战略性需求，为"21世纪海上丝绸之路"建设的提出，并与之实现战略对接提供了十分有利的客观条件与现实需求。

二、内涵及处延

"一带一路"标注了陆海两大方向，它既有古代丝绸之路的路线痕迹，但又远非仅仅是重建作为商贸路线的古代陆海丝绸之路，而是有着历史性的超越。它包括陆路、海路基础设施建设，从路线角度而言，包括铁路、公路、管道、通讯和空中及海域运输走廊，也包括沿线水、电、机场、港口、服务等基础设施建设，还包括产业园、科技园、产能合作、自贸区建设等方面的综合性支撑项目。用"带"来表述，说明不只是通道，还包括沿线、跨境由通道产业园等构成的经济带。海上航路是存在的，不分古今，不需要专门去建设，用"21世纪"来强调，在于指明是当代海上丝绸之路，也包括相关现代设施的支撑及产能合作项目建设。习近平主席指出，"一带一路"是多元的，合作领域涵盖基础设施建设、能源开发、物流交通、投资、产能合作以及人文交流等各个领域，合作方式也可以多种多样，民间资本、专业投资机构、各国企业以及各界有识之士都可以广泛参与进来。②

因此，从学术定义而言，"一带一路"即"丝绸之路经济带"与"21世纪海上丝绸之路"的简称，核心是指互联互通在全球或区域构成，包括陆地、海上、空中、管道、网络（光缆）、线路（输变电）等联通性基础设施，它是实现中国与周边和世界其他地区互联互通的复合性网络，以及相关支撑的基础设施与产业合作体系。显然，习近平主席

---

① 清水学：《中国政府的中亚战略——以与"一带一路"的关系为视角》，日本国际问题研究所，2015年12月，转自《参考资料》2016年2月29日第18页。
② 《坚持开放发展实现互利共赢》，引自新华网，http://www.chinanews.com/gn/2015//1102/7602014.shtml。

提出的这一战略性倡议,承继了古代丝绸之路的历史符号,同时又超越了丝绸之路的历史内涵与外延。

"一带一路"战略倡议提出后,其相关理念、外延也在继续发展之中。"一带一路"遵循"开放、多元、共赢"的基本理念,这是一个崛起中大国的基本遵循,也反映新时期中国走向世界的基本自信。这种理念与自信,将开辟互利主义的新时代。它的开放性表现在不是建立封闭性的小圈子,不搞排他性,不谋求势力范围,不针对第三方,不以此干涉别国内政。2015年11月,习近平主席在访问英国期间的演讲中强调,"'一带一路'不是某一方的私家小路,而是大家携手前进的阳光大道。"① 其具体内容可能相对确定,但参与方却是全球性的,即不只是亚欧非国家,其他地区国家都可以参与其中。拉美地区也在其中,2017年11月17日,习近平主席会见巴拿马总统巴雷拉时说:"中方把拉美看作'一带一路'建设不可或缺的重要参与方,巴拿马完全可以成为'21世纪海上丝绸之路'向拉美自然延伸的重要承接地。"② "一带一路"建设参与方的地理范畴是全球性而非特定地域的,"'一带一路'是开放包容的,不只是沿线国家的事,不同国家和组织都可以参与其中,即我们欢迎包括美国在内的世界各国和国际组织参与到合作中来",③ 合作与参与方则完全取决于其态度。

"一带一路"倡议进入实施年之后,参与伙伴越来越多。仅仅在实施后的第一年,就有70多个国家和国际组织表达了合作意愿,30多个国家同中国签署了共建"一带一路"合作协议。④ 世界银行行长金墉认为,当今世界面临很多难题,坚强的领导和拥抱多边,可以提供解决方案,而"一带一路"倡议就具有这样的特点。他认为,随着时间推移,

---

① 《习近平伦敦讲话时为何强调"一带一路"不是私家小道》,引自人民网,2015年10月22日。
② 《习近平同巴拿马总统巴雷拉举行会谈》,载于《光明日报》2017年11月18日。
③ 《习近平谈"一带一路":欢迎世界各国参与其中》,引自中国新闻网,2016年9月23日。
④ 《外交部长王毅就中国外交政策和对外关系回答中外记者提问》,载于《光明日报》2016年3月9日第10版。

越来越多的国家会参与"一带一路"建设。① "一带一路"的开放性也伴随着多元性与包容性,它没有设定一个涉及沿线国家的多边机制,②也不与现行的地区多边安排相冲突,更不会替代现有机制与安排。由于沿线国家众多,③ "一带一路"建设会考虑到不同国家、不同地区的特殊国情、域情。"一带一路"遵循"共商共建共享"模式,共享即共赢,本质要求是互利。合作共赢的理念既有助于推动亚欧共同发展,又可以促进全球繁荣,实现双赢、多赢、共赢的目标。④

三、六大走廊

"一带一路"战略倡议涉及的合作范围虽然十分广泛,但"基建"先行,以"路"为中介,仍然是实现沿线国家多元合作的主要承载。正可谓发展需要联通,联通必先基建。这甚至被认为是人类历史的铁律。⑤ 而在联通中,"路"是这一概念的主要体现,即"五通"目标中的设施联通,这是互联互通的基本保障。

就通道而言,根据中国政府发布的《推动共建"丝绸之路经济带"和"21世纪海上丝绸之路"的愿景与行动》,"一带一路"涉及陆海共计五大战略方向。陆上"丝绸之路经济带"的三大重点方向,旨在畅

---

① Zhano Huaxin, "World bank onside with Belt and Road Initiative", *China Daily*, October, 2017, pp. 14 – 15.
② 笔者认为在未来,不排除成立相关功能性机制,如成立具有中立法人地位的项目争议地区性多边仲裁机制,可更有效地处理相关纠纷。
③ 国家发改委、外交部、商务部联合发布的《推动共建"丝绸之路经济带"和"21世纪海上丝绸之路"的愿景与行动》并没有确定沿线国家数目,国内学者根据"一带一路"沿线确定的65个、67或68个国家只是通道沿线,或者基于某种分析进行统计需要而确定的,或者是企业界如中国出口信用保险公司根据业务需要确定的。即使根据通道来决定,沿线国家也并没有全部统计到其中。如中欧班列沿线所有国家等就未统计到68个国之内。因此,可以说存在沿线国家,也可以有固定数目,但合作参与方却是全球性的,没有固定地域或国家限制——笔者注。
④ 习近平:《共倡开放包容共促和平发展——在伦敦金融城市场晚宴上的演讲》,载于《新华日报》2015年11月10日。
⑤ [美]帕拉格·康纳著:《全球互联——描绘世界文明远景》,纽约:美国兰登书屋出版社,2016年4月版。

通中国经中亚、俄罗斯至欧洲（波罗的海）；中国经中亚、西亚至波斯湾、地中海；中国至东南亚、南亚、印度洋。"21 世纪海上丝绸之路"主要有两大重点方向：从中国沿海港口过南海到印度洋，延伸到欧洲；从中国沿海港口经南海到南太平洋。

（一）新亚欧大陆经济走廊

指依托"新亚欧大陆桥"建立的联通亚欧的经济走廊。"新亚欧大陆桥"是相对于老的欧亚大陆桥而言的。后者较早以铁路联通亚洲与欧洲，也可称亚欧大陆桥北线，主要是俄罗斯符拉迪沃斯托克（海参崴）、伯力、赤塔、新西伯利亚、彼得罗巴甫洛夫斯克、莫斯科、布列斯特、柏林、鹿特丹。这条铁路线支线可以与中国东北省份和朝鲜半岛相连。

"新亚欧大陆桥"可称亚欧大陆桥之中线，指从中国连云港、日照、郑州、西安、兰州、乌鲁木齐、霍尔果斯口岸出境，进入哈萨克斯坦与哈铁路相连，经俄罗斯、德国杜伊斯堡，最远抵达西班牙。随着义乌至伦敦的中欧班列 2017 年开通，实际新亚欧大陆桥已延伸到英国。中国其他东部城市、中部的郑州、武汉、长沙、重庆、成都等可从不同方向在兰州汇集与"新欧亚大陆桥"连通。

"新亚欧大陆桥"被认为是从中国西部到欧洲西部最好的运输通道，这条通道也是所有亚欧路线中唯一一条全线开通的路线，并且大多数的物流运输都通过它进行。这条路线的一个突出优点是，只需要通过中国与哈萨克斯坦之间的一个海关边境。此条铁路线虽然全线贯通，但为了保证路线的实际竞争力，必须对其做出改动。"新亚欧大陆桥"总长 8400 千米，其中，中国境内 3400 千米，在哈萨克斯坦和俄罗斯将修建或者被改建的路段分别为 2800 千米和 3400 千米。① 在义乌至伦敦的班列开通后，此线实际总长度达到约 12000 千米。

（二）中蒙俄走廊

中国与蒙古国拥有长度为 4700 千米的边界。蒙古国自然资源丰富、

---

① 《创建欧亚大陆：丝绸之路经济带》（阿斯塔纳：国际会议大纲），"瓦尔代"国际辩论俱乐部与民族领袖哈萨克斯坦首任总统基金会出版，第 22 页。笔者参加了 2015 年 4 月 17 日阿斯塔纳国际会议。

地缘位置重要，过境地位特殊，打通中蒙俄走廊可联结中俄两个大国的两大市场。2014年夏，蒙古国总统额勒贝格道尔吉在乌兰巴托与到访的中国国家主席习近平和俄罗斯总统普京会晤，三方同意举行年度三边峰会。2014年9月，首届中蒙俄峰会在塔吉克斯坦杜尚别举行，在实施铁路、公路建设和如何把中亚天然气经蒙古国过境到中国和韩国的通道等问题上，蒙古国的作用提升了中蒙俄三边关系的重要性。①

2015年3月，中蒙俄三边进一步磋商在政治、经济、地方政府、科技、人文交流和国际事务上的合作，在制定三方合作路线图和建立经济走廊方面交换了意见。2016年9月，根据2015年三方签署的谅解备忘录，以对接丝绸之路经济带、欧亚经济联盟以及"草原之路"为目标，以平等、互利、共赢原则为指导，中蒙俄三方发布了《建设中蒙俄经济走廊规划纲要》。此纲要为提升三方贸易量、加强过境运输便利、发展基础设施领域的合作创造了有利条件。

中蒙俄走廊由天津、北京向北抵内蒙古的二连浩特出境，进入蒙古国乌兰巴托、俄罗斯的乌兰乌德。2016年8月18日，中蒙俄启动了从中国天津港经乌兰巴托到乌兰乌德的国际道路货运试运行活动。9辆集装箱车队从天津出发，开始为期7天、2152千米的测试，中途在11个主要城市停留，最终抵达西伯利亚南部的乌兰乌德。这条线路可以替代现有的北京—外贝尔加斯克—伊尔库茨克线路，且运行距离缩短1500千米。未来，此条路线还可进一步延伸到伊尔库茨克和新西伯利亚。这条路线将推动中蒙俄三国基础设施发展与联通，刺激新产能发展，促成投资及贸易增长，增强人文交流以及在环保领域的协调行动。另一条路线始于中国东北的大连、沈阳、长春、哈尔滨，在满洲里出境，经俄罗斯赤塔到乌兰乌德，由俄罗斯波罗的海沿岸连接亚欧大陆桥北线，经伊尔库茨克、新西伯利亚、叶卡捷琳堡、喀山、莫斯科、圣彼得堡抵波罗的海沿岸。根据蒙古国规划，"草原之路"倡议由5个项目组成，总投资约500亿美元。项目包括连接中俄的997千米高速公路、1100千米

---

① Alicia J. Campi, "*Mongolia's Place in China's 'One Belt, One Road'*", The Jamestown Foundation, Publication: China Brief Volume: 15 Issues: 16, http://www.jamestown.org.

电气化铁路、扩展跨蒙古国铁路和天然气与石油管道等。中蒙俄有公路与铁路联通，跨亚欧运输走廊将建设从欧洲（以伦敦为起点）至俄罗斯的公路、高铁和普通铁路、电信网、管道、海关口岸。2017年6月21日，中蒙俄经济走廊（"3+2"）计划首期工程开工仪式在蒙古国第二大城市达尔罕举行，成为中国2017年5月举办的"一带一路"国际合作高峰论坛后开启的第一个重要项目。

（三）中国—中亚—西亚经济走廊

此通道是中国西出中亚、阿拉伯半岛和欧洲南部国家绕不过去的必经部分。这一通道与古代陆上丝绸之路地理上的走向多有相似性。当然，现代意义上的通道形式更为多种多样。在乌鲁木齐出境后，经哈萨克斯坦、吉尔吉斯斯坦、塔吉克斯坦、乌兹别克斯坦、伊朗抵波斯湾，可延伸到土耳其及地中海沿岸。这条通道的建成，可以使中国西北部经中亚、南亚连接到阿拉伯湾，直至北非、地中海通道，为中国进出口提供了可以绕开马六甲海峡的另一条可资利用的通道选择，也为该地区国家进入中国创造了十分有利的运输条件。

这一通道包括陆上和海上运输，也包括既有铁路与新建联通工程进行的运输。由于复杂的地理、气候自然因素，既有铁路、公路设施老化，效率低下，地区和国家间甚至一国之内相互畅通依然不便。"一带一路"国际合作加快了地区和国家内部的联通进程。例如，2016年，全长123千米、有"总统工程"之称的安格连—帕普电气化铁路干线建成，使乌兹别克斯坦铁路网络趋于改善，首都塔什干与东部费尔干纳盆地之间的联通无需再像过去一样绕道塔吉克斯坦。特别是此条铁路干线中的咽喉工程——全长19.2千米的卡姆奇克隧道建设难度最大，中国中铁隧道集团有限公司提前100天打通，开创了海外隧道施工的新纪录，受到包括时任乌兹别克斯坦总统卡里莫夫等人的称赞。

（四）中国—中南半岛经济走廊

亦称"中新经济走廊"。中国—新加坡经济走廊起自中国广西南宁和云南昆明，新加坡为终点，纵贯中南半岛的越南、老挝、柬埔寨、泰国、马来西亚等国家。由中国南部省份城市抵达新加坡的铁路线正在分段建设。这是中国南方连接中南半岛的"大陆桥"，也将成为中国与东盟的跨国经济走廊。走廊建设主要围绕基础设施互联互通、通关便利化、投资贸易便利化、跨国（境）经贸园区建设和促进走廊沿线区域及城市发展等逐步展开。

这条走廊在进入中南半岛后分东线、中线和西线，曼谷成为三线交汇的枢纽：东线由昆明、南宁分别进入越南东部城市河内、胡志明市抵泰国曼谷，柬埔寨金边抵曼谷；中线由南宁、昆明、大理到老挝万象抵曼谷；西线由昆明、大理经缅甸抵曼谷，目前昆曼高速公路已经开通。三线在曼谷汇合，如贯通马来西亚首都吉隆坡抵新加坡城，最终将打通中国南部城市与中南半岛的铁路工程。

中老铁路[①]已经开工。中泰铁路方面，全长253千米、时速250千米的曼谷至呵叻段高铁由中国与泰国公司共建（征地、路基、铁轨由泰国公司负责，中国负责轨道以上设施，包括列车、信号服务、运营、维修及基础设施建设等）。但呵叻至泰老边境的廊开段（355千米）高铁建设仍待磋商。[②] 2017年11月24日，中国与泰国第22次曼廊段合作联合委员会召开会议，泰国交通部长阿空表示，仅为3.5千米的首段刚东—邦亚速于同年12月21日开工。第2段、第3段和第4段，分别为11千米、119千米和110千米的施工设计，将在以后的14份合约确定时进行。这是一项缩水的合约，虽然取得了进展，但也说明长期谈判至今的中泰铁路建设的复杂与曲折性。

马来西亚吉隆坡到新加坡的高铁项目2017年展开招标，原定2019年9月底前选定承包方，但决策一再延迟。此前，作为中国在马亚西亚承建的最大的一项工程，全长688千米、客运设计时速为160千米、货运设计时速为80千米的马来西亚东海岸铁路（起点为吉隆坡北部的鹅唛，终点为吉兰丹州的瓦卡巴鲁）已经正式开工，这条铁路将连接马

[①] 自中国云南玉溪市至老挝万象，全长508.3千米，2016年4月、12月分别开工，预计2020年建成通车。
[②] State Railway of Thailand, "*Thailand China Railway Project（North Eastern Line）*", The Third Railway and Design Institute Group Corporation, China Railway Institute Co. Ltd. August 17, 2016. 资料来自笔者2016年8月15—20日赴泰国调研中泰铁路项目时，泰国铁路局副局长马拉（Voravuth Mala）所做的PPT资料。

来西亚的东部和西部，成为连接到马六甲海峡的重要运输通道。但东海岸铁路线在马来西亚新总理马哈蒂尔上台后被取消，主要原因在于马来西亚担心一些项目可能背上债务负担。这条线路变故，可能使中资建设企业遭遇一些损失，但从国家和区域经济发展角度而言，受到影响最大的仍然是马来西亚，对于中南半岛走廊建设的大体骨架的最终形成则不会产生重大影响。

马来半岛铁路将推进到马泰（南部）边境。马亚西亚考虑将该项目作为泛亚铁路的一部分和泰国的铁路连接，构建一条由中国西南地区到马来西亚的陆路运输通道。① 而且由于印尼雅加达与万隆高铁在建②，未来，中国—中南半岛铁路运输联通印尼的前景为时不远。笔者认为，大胆的设想还在于：一旦技术条件成熟并取得有关方的支持与共建，通过建设海底隧道，泛亚铁路可以连通到澳大利亚北部，这将形成一幅更为壮观的中国—中南半岛与南太平洋的陆海铁路运输通道线。③

（五）中巴经济走廊

中国与巴基斯坦是具有持久性友谊的友好邻邦。距喀什200多千米的红旗拉甫口岸曾是古代玄奘法师西行的必经点。20世纪70年代末，中巴两国建设了喀拉昆仑山公路（KKH），这条公路被称为世界八大奇迹和人类力量的里程碑。复兴中巴两国历史联系通道，仍以当时被誉为地缘政治、经济产物的喀拉昆仑山公路为基础。2006年起，中巴签署扩大这条路线的协定，拓宽到30英尺，双向两车道，部分路段四车道，运输时间减少1/3。④

"一带一路"倡议提出后，中巴经济走廊建设加快提上日程。在新

---

① 温源：《中国企业境外在建最大工程开工》，载于《光明日报》2017年8月11日A7版。

② 自印尼首都雅加达至万隆，全长150千米，2016年1月22日开工，预计三年建成通车。

③ 傅梦孜：《"一带一路"沿线中国企业经营意识问题》，载于《世界知识》2017年第15期，第66页。

④ Dr. Talat Ayesha Wizarat, "*Historical Trade Road：Case Study of Silk Road*", Reviewing Historical Trade Routes, Case Study of Silk Road：Gateway to China, Karachi Council on Foreign Relations, pp. 8 – 20.

通道方面，由新疆喀什抵巴基斯坦瓜达尔港，全长 3000 多千米，巴方境内 1700 千米，分铁路、公路与管线。这条公路已贯通，一旦穿越喀喇昆仑山的铁路打通，将为中国提供一条绕开可能存有困境的马六甲海峡的更为便捷的战略通道，化解可能存在的"马六甲困局",[①] 可以为波斯湾石油进入中国开辟另一条可替代的路线。

中巴经济走廊涉及总计 28 个能源项目，包括 17GW 煤电、水电、风电和太阳能项目及两条输变电线路，总计投资 337 亿美元。核电项目包括 5 台机组，全部采用中核集团百万千瓦计压水堆"华龙 1 号"，涉及总投资约 150 亿美元。瓜达尔港口建设包括连接港口和沿岸线的高速公路、防波堤建设、自贸区基建、国际机场等 9 个早期收获项目。巴基斯坦与中国签署了经营瓜达尔港 40 年的协议，将有助于该港口及基础设施和工业园建设持续推进。2016 年 11 月，瓜达尔港正式通航，可承载 5 万吨级的中国货船由此出海，标志着瓜达尔港口建设早期收获取得标志性进展。一俟中巴经济走廊建成，巴基斯坦不仅能成为地区交通枢纽和转运中心，由于其带动与辐射效应，拥有 1 亿人口的巴基斯坦也将自然成为该地区一个重要的经济中心。

（六）孟中印缅经济走廊

这条走廊在 20 世纪 90 年代初就已提出，并于 2013 年 12 月得到全部 4 个国家的正式批准。这条联通中国昆明、缅甸、孟加拉和印度、直抵印度洋的经济通道全长 2800 千米，目前有两段约 200 千米的距离尚未畅通，其余均为可通行汽车的公路。这条走廊建设将为中国南方城市提供一条西向南亚、中亚、到土耳其抵地中海的战略通道，也可以为中国获得又一条绕开马六甲海峡的公路、空中交通和水上通道，总投资额达 220 亿美元。

走廊设计并非仅仅为商品、服务和流动提供道路联通，走廊沿线富有自然、矿产和其他资源，而且覆盖 16.5 万平方千米的地域和 4.4 亿人口，在贸易、投资、能源、交通、通信方面发展潜力巨大。根据世界

[①] "马六甲困局"一般指由于战争、封锁、恶劣气候如海啸以及海盗等因素使通道失去通行效用的局面。

银行的数据，南亚地区内部贸易占全部贸易的 5%，而东南亚为 25%，东亚为 35%，欧洲则高达 60%，而南亚地区内投资整体不到 1%。地区内存在的安全问题阻碍了贸易投资，基础设施严重不足影响了地区经济融合。如能够化解政治上的不信任，推动这条走廊建设进程，可以重振古代丝绸之路的西南贸易路线，这条路线历史上也是中印之间最短的贸易线路。而印度也将从加尔各答港的开发，以及其东北各邦经济开发中获益，有助于印度西北部地区的经济发展。

四、海上通道

海上通道承载着中国对外贸易的 90%。"21 世纪海上丝绸之路"主要有两条线：一是东线，由中国东部沿海经南海抵达包括澳大利亚、新西兰在内的南太平洋各国，这条航线亦可形成海空联运的局面，除海路以外，从中国南部起飞经新西兰的奥克兰，再飞抵南美洲地区，从而构成一条跨越大洋洲至南美洲的空中丝绸之路；二是经南海抵东南亚或过马六甲海峡抵印度洋、非洲东部、阿拉伯海，经苏伊士运河抵地中海进入北非和欧洲。其通道可以是海上通道，也可以是陆海结合通道，其方式可以是海运、陆海联运和管线等。

至于北极航线，《愿景与行动规划》中没有明确提及，这是一条超越古代海上丝绸之路的新路线。为了进一步与沿线国家加强战略对接与共同行动，保护和可持续利用海洋资源，实现人海和谐、共同发展，共同增进海洋福祉，共筑和繁荣 21 世纪海上丝绸之路，2017 年 6 月国家发改委、国家海洋局联合发布了《"一带一路"建设海上合作设想》。此一构想提出，除海上既有通道建设外，要"积极推动共建经北冰洋连接欧洲的蓝色经济通道"。[①] 北极航线对一些国家而言其运输距离更短，因而也更省时。地缘政治学家斯皮克曼早就深信：在北半球两座城市之间的最短距离往往是穿越北极点的一个大圆弧。他期望建立北极地区的陆海空中运输线，但认为北极地区的气候条件仍然是一个重大障

---

① 国家发展改革委员会、国家海洋局联合发布：《"一带一路"海上合作设想》，2017年 6 月 19 日，http://www.xinhua.com/politics/2017-06/20/c_1121176798.htm.

碍，不利于建立辅助性的海、陆常规线路。① 随着气候变暖，北极航线将具备开通的技术与自然条件。从相关统计比较上看，北极航线的重要性也随之显现。

表 2-1　北极航道相关数据

航次细节	通过苏伊士运河	通过东北航道	通过好望角
距离（海里）	11800	6800	15075
船型	巴拿马型	巴拿马加强型	巴拿马型
载货能力	68000 吨	68000 吨	68000 吨
航速/节	14.4	14.4	14.4
油耗（吨/日）	36.7	36.7	36.7
航次油耗/吨	1248	734	1578

资料来源：《中国航海》。

中国是近北极国家，是地球陆上最接近北极的国家之一，也是北极理事会观察员国。总部设在美国华盛顿的北极研究所创建人、执行所长冯帕特（Malte Humpert）教授认为，对中国而言，北极代表着一个稳定、缺乏冲突、也无霸权国家即美国影响的地区。美国的经济触角本可以延伸到北极，但未来美国更大卷入在经济上并非有利可图，美国目前仅有一艘老旧的极地级破冰船，这就被认为是美国无力对该地区承诺投资和扩大在该地区的作用的一种象征。中国在北极地区的利益表现于两方面：一是获取该地区丰富的自然资源，包括俄罗斯的油气；二是使用北极航道——北方航线和西北航线，因为中国的经济和地缘安全利益有赖于获得无障碍进入的一些航道。②

中国在北极设立了科考站进行环境与科学考察。多数北极国家是中国发起的亚洲基础设施投资银行的成员国，他们期待中国参与北极事务，中国与北极国家进行合作具备良好条件。除航道开发以外，北极地

---

① ［美］斯皮克曼著，林爽喆译：《边缘地带论》，石油工业出版社，2014 年 3 月第 1 版，第 26 页。
② Malte Humpert, "China Looks to the Arctic", CHINA ~ US Focus Digest, Vol 17, May 2018, p. 59.

区资源蕴藏量十分丰富。2008 年，美国地质测量局（USGS）估计，北极拥有世界未探明天然气的 30% 和未探明石油的 13%。[①] 北极地区也被认为是"中国尚缺乏重大能源存在的少数几个地方之一"。直到 2016 年，亚马尔项目（Yamal project）也只是中国"唯一的在北极参与和投资的天然气项目"。[②] 从目前看，北极地区资源开发成本高昂、国际油价低位徘徊和中国经济减速导致对能源资源进口的下降，被认为是中国对北极能源开发能力与限制因素不足的原因。虽然，除个别项目外，北极地区目前尚未进行包括油气在内的大规模资源开发，但是，在加强环境保护的同时，未来有效利用北极地区资源具有良好的前景。

表 2-2　北极地区能源资源储量分布

含油区	原油	天然气	液态天然气	总量
（10 亿桶）	（万亿 m²）	（10 亿桶）	（10 亿桶油当量）	
西伯利亚盆地	3.66	651.50	20.33	132.57
北极阿拉斯加	29.96	221.40	5.90	72.77
东巴伦支盆地	7.41	317.56	1.42	61.76
格陵兰东部裂谷盆地	8.90	86.18	8.12	31.39
叶尼塞—哈坦加盆地	5.58	99.96	2.68	24.92
美亚海盆	9.72	56.89	0.54	10.75
格陵兰西—加拿大东	7.27	51.82	1.15	17.08

资料来源：《中国航海》。

中国公司在位于北极地区的项目合作中，**丝路基金收购了亚马尔液化天然气项目 9.9% 的股权，中石油天然气集团公司拥有 20% 的股**

[①] Christopher Weidacher Hsiung, "China and Arctic energy: drivers and limitations", Fridtjof Nanshen Institute, Norway Published online, October 26, 2016, *THE POLAR JOURNAL*, Vol. 6, No. 2, p. 243.

[②] Christopher Weidacher Hsiung, "China and Arctic energy: drivers and limitations", Fridtjof Nanshen Institute, Norway Published online, October 26, 2016, *THE POLAR JOURNAL*, Vol. 6, No. 2, pp. 243-258.

权，其他各方为俄罗斯诺瓦尔泰克公司持有50.1%，法国道达尔持有20%。亚马尔液化天然气项目成为中国"一带一路"倡议在北极投资的资源与基础设施项目。2017年8月，俄罗斯一艘可破两米浮冰、从而无需专门破冰船开道的超级油轮装载液化天然气，从挪威启航，通过俄罗斯北方近岸航线运往韩国，标志着北极航线的商业通航已经成为现实。

"冰上丝绸之路"也包括沿岸铁路建设，连接芬兰罗瓦涅米和挪威希尔克内斯的铁路修建方案已获得芬兰和挪威两国政府认可，双方将成立联合工作组，确定项目后续步骤和时间表，并在2018年12月底前完成最佳路线、环境影响、许可程序、成本核算等评估工作。此铁路建设项目预计在2030年以前完成。这条铁路一俟建成，欧洲北部与中国及俄罗斯北冰洋港口即可实现联通，成为中国"一带一路"的北极门户。尽管对像中国这样的"外来闯入者"进入北极引发过对环境保护的担心，但中国企业对北极显示的兴趣对该地区的很多国家而言都是好消息。[1]

2018年1月国务院新闻办公室发表的《中国的北极政策》白皮书指出，中国愿意依托北极航道的开发利用，与各方共建"冰上丝绸之路"，鼓励企业积极参与北极航道相关的基础设施建设，开展商业性试航，稳步推进北极航道的商业化利用和常态化运行。除航道建设以外，中国参与北极事务已经较为全面地展开。白皮书进一步指出：中国的北极活动已从单纯的科学研究拓展至北极事务的诸多方面，涉及全球治理、区域合作、多边和双边机制等多个层面，涵盖科学研究、生态环境、气候变化、经济开发和人文交流等多个领域。中国的资金、技术、市场、知识和经验在拓展北极航道网络和促进航道沿岸国经济社会发展方面可望发挥重要作用。[2]

"一带一路"建设在陆上需要依托既有的国际大通道，并从公路、

---

[1] "The Arctic: A silk road through ice", *THE ECONOMIST*, April 14th 2018, p.28.
[2] 国务院新闻办公室：《中国的北极政策》，2018年1月26日发布，http://baike.baidu.com/item/

铁路（包括高铁和货运铁路线）、管线、网络建设等方式予以新建与完善，以沿线城市为支撑，以重点经贸产业园区为合作平台，共同打造六大走廊：新亚欧大陆桥、中蒙俄、中巴经济走廊、中国—中亚—西亚、中国—中南半岛、孟中印缅等国际经济合作走廊；海上以重点港口建设为节点、共同建设通畅安全高效的运输大通道。中巴、孟中印缅两个经济走廊与推进"一带一路"建设关系紧密，要进一步推动合作，取得更大进展。①

第二节 "一带一路"倡议提出的现实性

"一带一路"作为一项宏大倡议的提出，有其历史渊源和现实的感召力。中国作为一个崛起大国的影响力以及全球化条件下各国相互依存显现对互联互通的需求，使之具有现实的吸引力。

一、古代丝绸之路精神的延续

丝绸之路源于中国，及于世界。"一带一路"借用古代"丝绸之路"这一名号，对中国而言，具有历史合理性与自然性。作为一个和平、开放、互鉴、共赢的符号，古代丝绸之路演绎出的丝路精神在人类历史发展长河中不断发扬光大。自张骞凿空西域开始，和平的目的一直贯穿其中。张骞第一次出使西域的使命也是为了和平，即联合大月氏抗击匈奴，消除匈奴对中原和西域和平的威胁。第二次出使虽然仍有军事目的，但开展与西域的规模贸易成为一项重要的考虑。与相互贸易相伴随的是宗教、文化、文明的交流，它们一直贯穿于丝绸之路。

古代丝绸之路呈现出巨大的开放与包容性，它没有恒定的地域局限，也非单向的往来。古代丝绸之路所体现的不只是贸易路线，也是文

---

① 《推动共建"丝绸之路经济带"和"21世纪海上丝绸之路"的愿景与行动》，2015年3月国务院授权发布。

化交流、文明交融的符号,其内涵与外延随着时代的变迁而扩大。①丝绸之路增进了中国与世界的联系与沟通,促进了人类文明的相互激荡与交融,成为世界文化史上极为卓越的记忆。②习近平主席2017年5月14日在"一带一路"国际合作高峰论坛上指出:"古丝绸之路绵亘万里,延续千年,积淀了以和平合作、开放包容、互学互鉴、互利共赢为核心的丝路精神。这是人类文明的宝贵遗产。"③

"一带一路"倡议的提出秉承了丝路精神的合理内核,在新的时空背景下,既是改革开放以来中国共产党人具有强烈的时代性、先进性、正当性、合法性的外交战略的承继与发展,也充分体现了以习近平同志为核心的党中央在新的历史时期符合时代发展的外交理念。"中国梦""两个百年"目标确定了新时期中国进一步发展的总体目标。中国作为一个迅速崛起的大国,有着强烈的建立人类命运共同体情怀,"一带一路"建设将成为一个重要的抓手。

基于地理方位、自然环境和相互关系,实现与周边良性互动成为以习近平同志为核心的党中央在外交方面的一项优先选择。2013年10月中央周边外交工作座谈会上强调了与邻为善、以邻为伴,坚持睦邻、富邻、安邻和亲诚惠容理念的周边外交基本方针。习近平主席指出,要着力深化互利共赢格局。统筹经济、贸易、科技等方面资源,利用好比较优势,找准深化同周边国家互利合作的战略契合点,积极参与区域经济合作。要同有关国家共同努力,加快基础设施互联互通,建设好"丝绸之路经济带"和"21世纪海上丝绸之路"。④周边是优先方向,但"一带一路"是开放的。它"根植于丝绸之路的历史土壤,重点面向亚

---

① 秦汉史籍中的交通往往取交往之意,狭义的交通指有意识地完成人和物空间位置的转移;广义的交通则除此之外又包括通信等信息传递的运用。参见王子今:《秦汉交通史稿》,中国人民大学出版社,2013年6月版,第3页。

② 傅梦孜:《对古代丝绸之路源起、演变的再考察》,载于《太平洋学报》2017年第1期第59—74页。

③ 习近平:《携手推进"一带一路"建设:在"一带一路"国际合作高峰论坛上的演讲》,《光明日报》2017年5月15日第03版。

④ 《习近平在周边外交工作座谈会上发表重要讲话强调为我国发展争取良好周边环境推动我国发展更多惠及周边国家》,新华社2013年10月25日。

欧非大陆，同时向所有朋友开放"。不论是来自亚洲、欧洲，还是非洲、美洲，都是"一带一路"建设国际合作的伙伴。①

"一带一路"倡议正在形成中国与外部世界互联、互通、互动、互赢的方式，是中国坚持和平发展的具体遵循。习近平主席强调，为了和平，我们要构建人类命运共同体意识。偏见与歧视、仇恨和战争只会带来痛苦；相互尊重、平等共处、和平发展、共同繁荣才是人间正道。为了和平，中国将始终坚持走和平发展道路。②

历史上，大国纷争的世界充满着动荡与战争，掠夺、侵略、殖民扩张相伴相随。在如何实现与世界互动方面，很多崛起大国似乎并未找到一条合适或正确的道路，为自身和世界带来惨痛教训。中国在成长为世界大国的过程中，"中国威胁论"时隐时现，霸权国家对中国崛起的遏制与制衡也一直存在。但是，中国共产党在总结历史经验教训的基础上，在改革开放并积极参与经济全球化的进程中，领导社会主义中国开创出一条全新的崛起道路，即中国和平崛起的全新道路。它既不同于第一次世界大战时的德国和第二次世界大战时的德国、日本，也不同于冷战时期的苏联依靠建立军事集团和展开军备竞赛与美国争夺世界霸权的道路。③ 一个发展的中国始终坚持走和平发展道路，这已经成为中国战略选择的最好注脚，也将成为丝绸之路精神和平内核的时代体现。

"一带一路"倡议倡导共商共建共享，开创了国际合作的新范式，具有不同以往国际经济协议的重要特点，充满时代性、正义性、合理性与公平性：一是符合基本的国际规范及国际关系准则，恪守联合国宪章的宗旨和原则，以遵守和平共处五项原则作为基础；二是不以意识形态、经济发展程度等作为限制条件，对所有的沿线国家，无论大小、富穷与强弱，均能够一视同仁予以对待，体现出了公正公平性；三是遵循

---

① 习近平：《携手推进"一带一路"建设——在'一带一路'国际合作高峰论坛上的演讲》，《光明日报》2017年5月15日第03版。
② 习近平：《在纪念中国人民抗日战争暨世界反法西斯战争胜利70周年大会上的讲话》，新华社2015年9月3日。
③ 傅梦孜：《世界大转折、大机遇与当代中国发展战略》，载于郑必坚主编《当代世界经济》，中共中央党校出版社，2003年6月第2版，第326—339页。

世界历史整体发展规律和经济全球化趋势，顺应和平发展、合作、共赢的时代潮流，秉承和平合作、开放包容、互学互鉴、互利共赢的丝路精神，通过政策沟通、设施联通、贸易畅通、资金融通、民心相通这五大领域的合作，带动各国的发展，各国都能从中受益。"一带一路"成为建立和实现人类命运共同体的"最佳路径"。①

二、中国日益扩大的实力与辐射力

一项重大国际倡议的提出并得到响应，与国家实力存在着相关关系。经过数十年经济高速发展，中国国家面貌发生了历史性变化，中国国家实力处于一个全新的发展阶段。实力是基础，影响力则是动员力。中国处于实力与影响力同步上升的态势，使中国提出一项伟大的倡议具备所需的一切支撑条件，这是中国与世界良性互动进入新历史时期的最根本保证。

以历史方位而言，按实力与影响力评估，中国自古就是一个大国。尽管不同时期实力的评价标准不同，衡量国家实力的方法有多种多样，但是，无论按古罗马时代的"银力论"（强调白银对国家富强的作用）、"农力论"（强调农业是国家富强的基础），还是近代以欧洲资本主义萌芽时期的重商学派（看重贸易，把国家富强主要归结为贸易盈余）所涉及的元素来衡量，中国经济实力均长期处于世界领先地位。按照一般古代经济统计指标衡量，如按耕地面积、粮食等主要作物产量，以及煤炭、制铁等主要工业产量指标衡量，再考虑到满足巨大人口规模的基本需求而进行的产出而言，历史上的中国长期保持着全球第一经济大国地位。有评估认为，1000—1800 年中国几乎是一个"霸权"国家。美国外交政策聚焦网站甚至载文认为，"过去 20 个世纪中，有 18 个世纪中国引领着全球经济"。② 19 世纪早期开始，由于因循守旧、帝国主义侵

---

① 胡德坤：《世界历史整体发展与中国"一带一路"倡议》，载于《"一带一路与边海合作"第三届边界与海洋研究国际论坛会议论文集》，2017 年 9 月，第 4 页。

② John Feffer, "*The Next Great Transformation—Should the United States Look to China for Inspiration*", http//www. fpif. org_ the_ next_ _ great_ inspiration/.

略与掠夺等众所周知的原因，近代中国落伍了。新中国成立后，建立了独立发展的工业体系。到改革开放初期，中国经济规模竟然不及美国的1/10。但经过30多年的持续快速发展，中国迅速成长为世界第二大经济体。习近平主席指出："今天，我们比历史上任何时期都更接近中华民族伟大复兴的目标，比历史上任何时期都更有信心、有能力实现这个目标。"①

从现实方位看，中国作为一个发展中的大国，国家力量与角色仍在经历重大转变。而且，中国的经济力量具有向上的巨大潜力，这种转变尚在进行之中。

一是由世界经济大国向全球经济强国转变。中国正在成长为一个世界经济大国，这已是不争的事实，在引领世界经济增长方面，中国也是全球贡献率最大的国家，在产出、投资、贸易方面发挥了重要的引领作用。2010年中国成为世界第一工业制造大国，占世界制造业产出的19.8%，美国占19.4%，这一小幅优势的意义是十分重大的。一些西方学者敏锐地注意到，这可谓第一次"终结了美国保持110年之久的世界制造业大国的领导地位"，甚至认为这标志着"世界经济史上500年周期的终结"。② 也就是西方主导世界经济的局面正在发生变化。

在很多具体指标上，中国也处于全球第一的位置。如中国有220多种工业产量指标居世界第一，2013年中国成为第一货物贸易大国、最大的外汇储备国、新兴的对外投资大国等。但是，我们清醒地看到，根据人均国民生产总值计算，中国与发达国家差距仍然较大，仍属发展中大国，将在较长时期内处于社会主义建设的初级阶段。随着经济发展，人力、土地等要素成本上升，资源、投资驱动经济增长存在局限，经济、社会转型期的问题也日益突出地表现出来。因此从经济、科技、军事等指标衡量，中国还不是世界第一强国。即使成为第一经济大国，由

---

① 习近平：《在庆祝中国共产党成立95周年大会上的讲话》，人民出版社，2017年7月第1版，第27页。

② "China became world's top manufacturing nation ending 110 year US leadership"，http：//en.mercopress.com/2011/03/15/china-became-world-top-manufacturing-nation-ending-110-year-us-leadership.

此向经济强国过渡还需要较长的时间。这个过程也是中国由发展中经济体走向发达经济体的过程。按照党的十九大政治报告的要求，到2035年我国将建设成为社会主义现代化国家，到本世纪中，中国将建设成为富强民主文明和谐美丽的社会主义现代化强国，成为综合国力和国际影响力领先的国家。①

二是中国正在由地区大国向全球大国过渡。中国经济规模（GDP）在2011年超过日本，成为亚洲第一经济大国。虽然根据国际货币基金组织按购买力平价计算，中国经济在2014年即超过美国，占全球份额为16.5%，美国为16.3%，但是，按市场汇率计算，中国GDP还是次于美国。中国实现由地区大国向全球性大国转变，还需要较长的时间，需要从经济、科技、军事等方面进一步做强自己。根据国际经济组织和美国国家情报委员会的一般估计，无论如何计算，中国经济规模将在2030年前超过美国。而因为中国的体量及新兴经济体的发展，到2030年，基于经济和人口规模、军事支出和技术投资，亚洲具备的全球力量将超过欧洲和北美的总和。②

三是中国处于由发展硬实力的大国走向软、硬实力并重的大国。作为一个大国，光靠提升硬实力仍不够，软实力同样是一个崛起大国的应有标配。冷战后，包括美国在内的大国都开始重视软实力及其运用。对中国而言，软实力的提升有助于贡献中国智慧、提出中国方案。这既包括发展模式、政策理念、规则规范与标准等，也包括思想、文化、价值观和公平正义等富含中国元素的东西。坚持创新、协调、绿色、开放、共享五大发展理念，坚持和平合作、开放包容、互学互鉴、互利共赢的丝路精神等，符合各国发展的基本诉求，符合人类寻求相互交往的固有属性，有助于支撑中国与外部世界的更好互动。

---

① 习近平：《决胜全面建成小康社会夺取新时代中国特色社会主义伟大胜利——在中国共产党第十九次全国代表大会上的报告》，人民出版社，2017年10月第1版，第28—29页。

② Charles Riley, "Intel report: China's economy to surpass U. S. by 2030", December 10, 2012, http://economy.money.cnn.com/2012/12/10/china0us-economy/.

三、区域、内外平衡发展的巨大潜力

在不同的阶段,中国经济发展的动力有所不同,或者依赖外部市场即出口驱动,或者靠国内投资等要素驱动。中国经济规模的扩大及中国成为世界第一制造业大国的现实,使中国经济发展模式不可能再像以往一样完全靠单一要素驱动,既不能完全靠国外市场,也不能完全靠国内市场驱动;既难以完全靠投资、资源驱动,也难以完全靠某项单一技术来驱动。而最可能的发展模式是内外联动,整体推进。

"一带一路"倡议的提出是与中国国内发展需求相适应的。经过40年的改革开放,中国经济总体水平得以提升,但囿于历史与现实各方面的原因,地区之间不平衡问题依然存在。近年来,中西部地区一些省市发展在加快,但从整体上看,差距与不平衡还很突出。基于重型经济发展的引擎和带动中国经济整体发展的客观考虑,总体规模提升后的中国经济仍需要龙头带动,中央确定京津冀协同发展、长江经济发展带、粤港澳大湾区建设等国家战略后,习近平主席还强调,各地区加强共建"一带一路"同这些战略的对接,以促进西部地区、东北地区在更大范围和更高层次上的开放,助推内陆沿边地区成为开放前沿,带动形成陆海内外联动、东西双向互济的开放格局。"一带一路"同京津冀、长江经济带和粤港大湾区发展战略对接,将延伸中国区域战略的空间范围与外部支撑,助力支撑中国经济发展的新巨板,并带动东北、西北、西南地区经济跟进,以实现中国国内区域经济平衡,同时为中国经济与外部的进一步互动和融合提供了全新的条件。

显然,我们所处的时空背景与条件,成为"一带一路"倡议提出并得到国内外积极响应与支持的重要基础。

这种支撑基础不能凭空想象,其未来还主要取决于中国经济增长的前景。总体上看,中国经济进入新常态后,其增长速度虽然放缓,但仍然是大国中最高的。中国人口政策的松动将在一定程度上弥补劳动力的不足,加之经济发展转型、技术升级等因素,转型中的中国经济仍具有发展的持续性。中国成长为现代化国家和现代化强国的前景将标志着世界力量格局的一个历史性变化。当然,中国经济跃居世界第一,按人均

收入比,中国与发达国家仍存在较大的差距,也意味着中国持久发展仍有潜力。在中国由经济大国向世界经济强国演变的过程中,中国经济的引领力会不断加强,将对全球散发出持久的辐射力和影响力。

这种引领力与中国经济增长转型的大背景相关。中国经济转变增长方式,实现由投资与出口驱动的增长方式向内需为主的增长方式转变,将产生具有全球意义的带动效应。中国改革开放由初期"三来一补"、扩大特区范围,以及沿边沿江沿海的大规模开放,促进投资与出口的规模性增长,助推了中国企业的成长,使中国迅速成长为今天的世界第一制造业大国和出口大国。

中国经济转型将使内需增大,进而增大对外部的进口需求。一些经济研究者提出,"国家规模与外贸依存度呈反比例关系"。其根据还在于对160个经济体1996—2011年的数据进行实证分析,同样表明贸易开放度随着国家规模的增大而降低。从一般性的比较分析,大国更偏向内向型发展。但是实现资源与生产要素的全球配置仍可以获得红利,任何国家不可能关起门来搞建设,因此,中国的出路"就是实现基于内需的全球化战略,依托大国国内需求的规模优势配置全球化优质资源,促进经济转型升级"。①

基于内需化驱动的转型也是中国经济发展势所必然。有外媒称:"中国经济在以两个速度增长,一个是从钢铁、煤炭到水泥的旧式工业,一个是消费、服务与技术。前者'出现锈迹',后者则'做得更好'"。美国前财长桑莫斯曾在英国媒体上撰文称,"2011—2013年,中国消耗的水泥和混凝土数量可匹敌美国在整个20世纪的消耗量",他援引这样的数据警告:一直由基础设施巨额投资来支撑中国经济增长已经难以持续。② 而实质上,中国经济正在转型,因为经过30多年的高速发展,中国居民收入水平在不断提升,由此推动居民消费水平的提高。中国"城乡居民消费结构正处在由生存型消费向发展型消

---

① 欧阳峣:《发展中大国的经济发展形式》,载于《光明日报》2015年10月2日第5版。

② 萧达等:《6.9%的增长率备受关注,四大洲股市闻讯上涨,世界解读2015年中国成绩单》,载于《环球时报》2016年1月20日第16版。

费、由物质型消费向服务型消费升级的重要时期"。①

实现这种效应靠的是中国进口幅度的大幅增加,以满足国内需求,从而直接扩大其他国家工业化进程中的外部市场,促进其经济发展,也使"一带一路"具有持久的活力。古代中国历史兴盛时期人民勤劳、国家富裕,与域外经济贸易联系有限,即使有古代丝绸之路,对个别国家具有更为积极的效应,但对中国整体经济的影响却很有限。今天的时空背景已然不同,中国经济已与外部世界融为一体,外贸占中国经济规模的40%以上,如果中国进出口更为平衡,甚至进口大于出口,这种贸易的吸附性会进一步增强,中外贸易与投资形成的利益捆绑进而会持久加深。中国依靠出口驱动的增长已然开始转变。2017年中国进出口总额为277921亿元,而且进口增长(18.7%)大大超过出口增长(10.8%)。② 2018年11月中国在上海举办世界进口博览会,作为发展中国家,举办以进口为专题的博览会,为世界贸易史上首次,在世界上是少有的。表明中国将延续扩大进口的转变,服务于内需驱动型增长,未来"中国将持续释放国内市场潜力,扩大进口空间"③。这将进一步增强中国对世界各国经济的吸引力,成为"一带一路"持续推进的重要的长期利好条件。

四、新型全球化呈现新动力

对全球化的历史发展,学术界不乏探讨。麦哲伦的环球航行、工业革命的发生以及西方殖民扩张,甚至包括东方蒙古帝国的世界性扩张等,都被视为全球化的先声。但是,今天西方学术界则在反思西方中心主义视域局限的同时,也开始把全球化的起源追溯到更久远的时期,即注意到旨在加强各国人民之间从封闭走向开放、从相互隔绝走

---

① 《工业软实力》编写组:《工业软实力》,电子工业出版社,2017年7月第1版,第4页。
② 根据国家统计局数据,"2017年经济运行稳中向好、好于预期",2018年1月18日国家统计局发布,http://www.state.gov.cn/tjsj/zxfb/201801/t20180118_1574917.htm
③ 习近平:《共建创新包容的开放型世界经济——在首届中国国际进口博览会开幕式上的主旨演讲》(2018年11月5日,上海),引自2018年11月6日《光明日报》。

向相互联系的古代丝绸之路,同样视之为全球化现象。他们认识到,虽然全球化是一种非同凡响的现代现象,然而2000年前,它也是一种活生生的现实。①

按地理大发现后开始的西方殖民扩张,或按技术革命推动的资本加快奔走于世界各地并引发的全球性联系,或者按战争编年史锁定的标准划分全球化的发展阶段,都有各自的依据与学理性。冷战结束引发的全球市场的真正统一,可谓使全球化进入最具有实质意义的新阶段。告别冷战紧张对峙后释放的宽松安全环境,促进了各国施政重点的转移,经济自由化、市场化等浪潮,使各国都被卷入到一个全球统一的市场。各国改革开放,引发市场经济全球发展,多边机制的转型与制度环境的确立也使全球化跃上一个新的水平。

全球化是曲折发展的。但冷战后这一次全球化变化周期可能比历史上其他任何一次短暂。既有理念上的,也有实践上的。特朗普"购美国货、雇美国人"的政策宣示,英国脱欧以及欧洲右翼势力在欧洲国家政治舞台上的崛起,都是其典型表现。美国《外交》双月刊针对西方国家是否支持全球化的民调表明,"强烈支持"者和"支持"者的与"持中立态度"者的各仅占5%,"反对"和"强烈反对"的占14%和4%。② 这也说明全球化在欧美民意中的地位。有学者甚至断言,2008年以后,全球化的黄金时代宣告结束。③ 曾经认同全球化的学者立场也开始变化。弗里德曼主义(以汤姆·弗里德曼为代表)提出的早期预测认为,接受自由贸易和自由移民原则的人将创造一个更为繁荣的世界,种族、宗教和国家之间将不再有冲突。全球化的经济力量终将战胜民族主义以及种族和宗教矛盾。但是,全球主义事业失败了。④

---

① Peter Frankopan, "*The Silk Roads, A New History of the World*", Bloomsbury Publishing, 2015, p. 11.
② "*Will Globalization End?*", FOREIGN AFFAIRS, July/August 2017, p. 162.
③ 周穗民:《21世纪民粹主义的崛起与威胁》,载于《国外理论动态》2016年第10期第3页。
④ Leon Hadar, "*Nationalism Isn't Replacing Globalism*", June 30, 2016, http://nationalinterest.org/blog/the-skeptics/nationalism-isnt-replacing-globalism-16792.

全球化是一种历史进程，作为一种曲折发展的现象，其过程出现反复并不奇怪，在某种条件下甚至呈现阶段性反转。如今在欧美国家，经过二十多年全球化快速发展，许多认为被全球化所带来的巨变伤害的人想扭转这一进程。孤立主义被誉为光荣独立。但是，也有学者认为，那些认为全球化已死亡的人，切切实实误读了正在发生的事情。在世界上大部分地区、国家、企业和社区之间，仍然在缔结更加紧密的联系。无论特朗普那些愤怒的支持者或者那些投票支持英国脱欧的选民喜欢与否，全球化并没有收缩，而是在深化，在扩大。①

全球化确实面临一个关口，但并没有退缩。全球化的推动力量正在发生角色替换。作为推动世界经济的一支新力量，以中国为代表的新兴国家正在成为推进全球化的主要角色，成为新全球化之重要特征。2017年初，习近平主席在瑞士达沃斯世界经济论坛发表《共担时代责任，共促全球发展》的主旨演讲，强调"面对经济全球化带来的机遇和挑战，正确的选择是，充分利用一切机遇，合作应对一切挑战，引导好经济全球化走向。"②

一些学者认为，尽管21世纪的前半叶将更加困难、更加令人不安，但却比我们在20世纪所知道的一切更有开放性。③ 美国《外交》民调表明，虽然多数受调查者目前对全球化持负面态度，但从中长期发展看，受调查者也并不否定全球化的未来，即"尽管短期内全球化势将减速，但长期看，全球化仍将推进"。④ "一带一路"建设旨在推进全球范围内的互联互通，这一倡议和建设实践，使亚欧国家在经济、物流和政治上变得越发一体化，从而有利于促进全球化深入发展，而在全球化背景下，"一带一路"亦将具有良好的建设环境。

---

① ［美］迈克尔·舒曼：《世界仍然是平的》，载于《商业周刊》中文版2016年第98期，第12页。
② 习近平：《共担时代责任共促全球发展——在世界经济论坛2017年年会开幕式上的主旨演讲》，http://news.xinhua.net.com/2017-01/18c_1120331545.htm。
③ ［美］伊曼纽尔·沃勒斯坦著，冯炳昆译：《所知世界的终结——二十一世纪的社会科学》，社会科学文献出版社，2010年第1版，第3页。
④ "Will Globalization End?", FOREIGN AFFAIRS, July/August 2017, p.162.

从世界整体发展史观看,世界历史发展有着自身的规律,顺之者兴,逆之者衰。埃及前总理伊萨姆·沙拉夫认为,互联互通是人类的自然需求,人类是不能容忍相互隔离的,"一带一路"倡议响应了当前全球需求,而且提出了一种"全新的公正的全球化"。① 因为自古及今,世界历史是不断从封闭走向开放,从孤立走向联系,从分散发展到整体发展的。这是一个必然出现且将继续进行的大趋势,构成"一带一路"建设的时空背景。② 一些研究者甚至认为,针对"如何应对世界历史整体发展必然出现的经济全球化?中国的'一带一路'倡议就是在这种背景下出台的"。③ 不仅如此,从全球角度看,"一带一路"倡议使中国成为一种新型全球化运动的领导者。④

这种新型全球化初步显现的一些特点在于:一是动力更为多元,不再只由西方一家驱动,发展中国家也成为一支重要力量,对全球经济增长的贡献甚至超过发达国家;二是规则更求公平,不再由西方主导,新兴市场国家和其他发展中国家在影响全球化规则制定方面的发言权逐步增大;三是方式更为灵活,由于WTO多边自由化进展滞缓,双边的、三边的、区域的自贸协定成为支撑全球化重要力量;四是更为公平的全球化,既讲权利与义务的平衡,也尊重有差别的责任与义务承担,强调的是开放、包容、平等、互利、共赢的理念。

第三节 案例比较:"一带一路"与新丝路计划

"一带一路"倡议能够得到世界关注,自然有其非凡之处。这里,

---

① 伊萨姆·沙拉夫:《实践"一带一路"发展项目,联通全球每一个人》,载于《21世纪经济报道》2017年10月16日第9版。
② 胡德坤:《世界历史整体发展与中国"一带一路"倡议》,载于《"一带一路与边海合作"第三届边界与海洋研究国际论坛会议论文集》,2017年9月,第1页。
③ 同上。第2页。
④ Jonathan E. Hillman, "China's Belt and Road Initiative: Five Years Later", January 25, 2018, http://www.csis.org/analysis/chinas-belt-and-road.

以"一带一路"与美国"新丝绸之路计划"为例,予以比较,以做说明。

冷战后,为发展区域经济,实现互联互通,曾有不少国家和国际组织,如美国、土耳其、哈萨克斯坦、伊朗和联合国,都提出过有关承继古代丝绸之路元素的各种倡议。在这些倡议中,美国时任国务卿希拉里·克林顿也于2011年提出过"新丝绸之路计划"。美国是全球唯一超级大国,其资源动员力、话语权与影响力巨大。因此"新丝绸之路计划"提出之初,相较于其他类似倡议而言应该最具影响力。

"9·11"事件之后,阿富汗成为美国反恐怖战争最早的战场,但是直到2011年5月拉登被击毙后的近十年,阿富汗并未实现稳定。实现阿富汗重建目标因此成为美国的"新丝绸之路计划"首当其冲的战略。美国之所以钟情于此就在于一个"稳定、安全、繁荣的阿富汗是南亚中亚地区稳定、安全、繁荣的核心"。[1]"新丝绸之路计划"确实一度象征着冷战后美国中亚政策的代名词,目的在于"帮助"中亚国家独立并提供形成他们自己外资和贸易政策的机会,助力阿富汗建立长期稳定,减轻中亚国家对俄罗斯的依赖。[2] 这一计划覆盖南亚中亚,美国政府寻求通过推行一项大规模的经济组合,包括建设天然气管线、铁路、电力和贯穿阿富汗境内的现代化公路来完成其政策目标。

时隔两年之后,习近平主席提出"一带一路"倡议,并日益受到国际社会重视,其建设进程也迅速推进,而"新丝绸之路计划"则在有关方欢呼一时之后几乎陷入停顿状态。其原因如下。

一是资金条件不同。与"一带一路"倡议相比,"新丝绸之路计划"自正式提出后就面临资金和资源不足的情况。而"一带一路"倡议提出以后,迅速成立亚投行并得到几乎全球范围众多国家与机构的响应。与此同时,丝路基金、金砖国家新发展银行运营,以及寻求与现行

---

[1] Steve Levine: "Foreign Policy: Afghanistan's New Silk Road", November 8, 2011, http://www.npr.org/2011/11/08/142128687/foreign-policy-afghnistan-new-silk-road.

[2] Josehua Kucera, "The New Silk Road? —The United States hopes that a combination of trade and infrastructure can help steer Afghanistan away from unrest-and Russia", http://thediplomat.com/2011/11/the/the-new-silk-road/.

地区性金融组织合作，使项目融资具备了重要支撑。

二是"新丝绸之路计划"的地域局限。该计划"缺乏从太平洋到大西洋的视野"。它仅仅局限于一域，因此很难说是开放性的。美国自己独自主导计划的实施也可能是作茧自缚，地缘政治目标注定美国的"计划"不乏使中亚远离俄罗斯的考虑。美国对影响力日益上升的中国亦抱持警惕，为防止中国在中亚、南亚影响力坐大，"新丝绸之路计划"还可以通过加大对该地区的投入来限制中国的影响。这种试图限制特定大国影响而设计的计划自然会引起反感和抵制。而"一带一路"则是开放性的，旨在畅通亚欧非更大范围内的互联互通，注定会得到更大的支持。

三是项目局限。即"新丝绸之路计划"主要在于连接中亚与南亚的通道建设，没有更多的合作项目作为支撑。"一带一路"通道建设则在多线展开，基础设施与产能合作项目同步推进。而美国仍坚持集中在受到很大限制的"南部走廊"项目，以实现把巴基斯坦和印度日益增长的消费和能源需求与中亚的石油、天然气、水电和农产品对接起来的目标。《美国丝绸之路计划的失败给中国的教训》的评论者指出："不论中国的'一带一路'倡议存在什么问题，就跨欧亚贸易来说，'一带一路'取得的成就已超过美国的'新丝绸之路计划'，而这大概也是可预见的未来。"[①]

此外，地区冲突与矛盾也影响美国发起的从中亚到南亚建立电力网的项目计划。从有限的项目设计来看，土库曼斯坦气田能够满足巴基斯坦和印度日益增长的能源需求，并为阿富汗和巴基斯坦提供过境收益，塔吉克斯坦的棉花可出口到印度，阿富汗的家具和水果可出口到阿斯塔纳和孟买等地。但是，在阿富汗拟建的很多项目并无坚实支撑基础。如上述的"土印管线项目"（TAPI）讨论多年，但一直没法达成任何成果。部分原因在于印巴关系不好，加之地区安全上的隐患，美国的一些

[①] Robert Delaney, "*Lessons for China in failed US Silk Road initiative*", May 9, 2017, http://www.scmp.com/news/china/diplolacy-defence/article/2092218/lessons-china-failed-us-silk-road-inittiative.

大企业十分担心建立并运营这些管线的利润风险，特别是美国从阿富汗撤军后的安全形势可能变得更为严峻。①

总而言之，中美丝绸之路计划虽然都强调地区互联互通，但中国的"一带一路"倡议涉及地域广泛，不只局限于一个地区，具有显而易见的开放性与包容性。美国的丝绸之路计划则主要在中亚，也包括打通中亚、阿富汗到印度的区域通道，促进地区经济发展。即使在中亚地区，就战略性质而言，美国的丝绸之路计划具有制约第三方的性质，这项计划既未与中俄等地区大国磋商，也谈不上邀请中俄进行共建。除了确实具有经济整合和物流畅通考虑外，还在于"能够对中国、俄罗斯等大国形成较强的战略遏制"。而中国"一带一路"则无排他性，谁都可以参与其中。而且其目的是"以中亚、南亚和东南亚为近期重点合作对象，以更为开放的理念，通过经济手段解决中国与周边国家的经济均衡增长问题，最终实现中国与周边国家的共同发展"。②

---

① Josehua Kucera, "*The New Silk Road? —The United States hopes that a combination of trade and infrastructure can help steer Afghanistan away from unrest-and Russia*", http://thediplomat.com/2011/11/the/the-new-silk-road/.

② 赵江林：《中美丝绸之路战略比较研究——兼议美国新丝绸之路战略对中国的特殊意义》，社会科学文献出版社，2015年5月第1版，第15页。

第三章

"一带一路"建设的持续性：内生动力

"一带一路"建设已然在全球展开，这是有史以来全球最大的基础设施建设工程。一项"倡议"的提出及其实践，必然有着深刻的社会、经济和政治等诸多方面的原因，"一带一路"倡议自然也是这样。对"一带一路"建设持续性进行研究，首先要探讨这一项倡议具备的内生动力。

第一节 超大规模经济的外溢效应

自古代起，中国就是一个人口大国。中国历史盛期，巨大的人口规模必然产生相应的规模经济。在工业化条件下，特别是在改革开放条件下，这种基于巨大人口规模创造的需求更为多元、规模经济更为巨大。而一种超大规模的经济产出必然产生外溢效应，成为"一带一路"倡议提出的重要条件。

一、规模经济优势

在经济学中，规模创造更大的效益。因为，生产具有规模会导致市场扩大，从而导致边际成本下降，成本下降导致消费增加，进而导致市场的进一步扩大，形成生产规模扩大—市场扩大—成本下降—生产再扩大的内生性循环。而且随着规模的扩大，技术创新、产品设计、管理与推进也相对更快。

生产规模的扩大，取决于市场规模。古典经济学认定，大规模生产能否代替小规模生产，首先取决于市场规模。① 而市场首先在于国内人口规模。相对于欧洲国家而言，中国自古是一个人口大国。巨大的国家人口规模，使满足经济、社会、民生和国防等方面基本需求的市场更大，从而使生产规模扩大成为必然。与此同时，不同地区（东西南北中）、不同人口（皇亲国戚、富商巨贾、黎民百姓等）的不同需求导致生产类别的多样化，从而导致生产分工更为细密。因为，"市场的规模足够大时，更需要进行细致的分工。企业愈大，分工也就可以愈细"。② 而分工的出现会"大大地提升生产力"，③ 从而推动整体规模的数量与质量相应提高。这也是亚当·斯密认为历史上中国和印度的技术长期领先于西方的原因。这一结论也颠覆了西方关于人口规模与技术进步反论的一般认知。④

古代中国，满足衣食住行的各种产品需求都具有如此效应，甚至有助于民族融合和国家统一。周朝的周文王非常注重农业生产，任贤使能，团结族众。周朝名闻天下，于是"天下闻之而归者四十余国"。⑤ 到汉代，中国仍予域外世界富甲天下之印象。史记中就有"大宛闻汉之饶财，欲通不得"⑥ 的记载。这其中既有人口规模优势与技术进步之因素，又得益于更为强大的国家力量所促成。

---

① ［英］约翰·穆勒著，赵荣潜等译：《政治经济学原理及其在社会哲学上的若干应用（上册）》，商务印书馆2009年7月第1版，第167页。
② 同上。第157页。
③ ［英］亚当·斯密著，朱丹译：《国富论》，时事出版社，2014年9月第1版，第1页。
④ 即认为人口增长阻碍了对节约人力和生产机械技术进步的需求，欧洲较低的人口增长则产生了这种刺激——笔者。
⑤ 郇恒著：《国史源》，齐鲁书社2015年2月第1版，第109页。
⑥ 司马迁：《史记·大宛列传第六十三》，京华出版社，1999年10月版，第547页。

一些西方学者甚至认为，丝绸之路仅仅依靠中国，而完全不依靠西方。这不仅是由于中国发现和开辟了这条通向西方的道路，而且，这条路后来始终都依靠中央帝国对它的兴趣，取决于该国的善意或恶意，即取决于它的随性。只要中国愿意，这些古代贸易通道就可以保持通畅。因为，疆域辽阔的中国是 19 世纪之前世界上最富饶和最发达的国家，丝毫不需要西方及其产品。因为在中国国内可以得到一切。[1] 中国当时与世界其他地方比较而言极为富裕和技术发达。这一切还是因为中国巨大的人口规模导致形成更大的市场使然。考虑到中国当时的人口规模，中国的富裕实际反映的是一种基于人口众多而必然形成的巨大生产规模，使中国与域外的交换变得更具有成本优势。

二、超大规模经济的形成

中国失去近代工业革命的发展机遇，沦为半殖民地、半封建社会，工业发展几乎处于世界边缘地带。新中国成立后实行社会主义计划经济，重新开展建立独立的国家工业体系布局，经过努力基本建立了相对独立的工业体系。但是，由于十年内乱，中国经济发展曾受到严重影响，满足人民日益增长的物质需求与生产不足的矛盾十分突出。十一届三中全会后实行改革开放，在由计划经济向有计划的市场经济及随后向市场经济转轨的历史进程中，中国经济的高速增长与生产不足的矛盾仍维持了相当一段时间，由于生产力水平不高，人口规模并没有形成相应的生产与市场规模。

20 世纪 90 年代开始，与冷战结束、全球化深入发展相适应，中国经济进入持续快速发展时期，中国巨大的人口规模使基础设施建设、住房、汽车等需求不断扩大，同步引发产能的扩大。中国经济巨大的发展潜力与国内需求迅速喷发，吸引着外国直接投资与世界跨国企业进入。这一时期，中国政府通过政策引导推进企业与行业的合并重组，倾力打造大型航母级国企、央企，一些民企也顺势成长做大，实现了中国巨大

---

[1] [法] 阿里·玛扎海里著，耿升译：《丝绸之路：中国—波斯文化交流史》，中国藏学出版社，2014 年第 1 版，第 10 页。

产能规模的初始形成。

2001年中国"入世"后,面对激烈的全球竞争,中国企业迎难而上,显示出巨大的成长能力。1996年"世界500强"榜单初创时,中国仅有中国银行和中粮集团两家上榜,美国是151家。2001年中国有12家企业上榜,美国则达到最高纪录,这一年美国有197家企业上榜,美国上榜企业的收入占到了500强企业总收入的42%。

中国入世后,企业经受住国际竞争的巨大考验,并得以迅速成长。晋身500强的中国企业数一年一年迅速增加。在2010年《财富》世界500强榜单中,共有61家中国大陆公司上榜,如果计入中国台湾地区的上榜企业,则为69家。2016年7月20日公布的2016《财富》世界500强榜单中,中国共有110家(内地+香港103家、台湾地区7家)中国企业名列其中,比上一年增加4家,成为世界上仅次于美国的国家。[1] 2017年7月公布的世界500强中,在中华区上榜公司连续第14年保持增势,达到115家(内地+香港109家,台湾地区6家),特别是阿里巴巴和腾讯等10家企业首次上榜。[2]

表3-1 世界500强大中华企业上榜数

	中国内地及香港	中国台湾地区	数量
2010年	61	8	69
2016年	103	7	110
2017年	109	6	109

资料来源:美国《财富》杂志。

近年来,中国南车、中国北车合并重组,中国宝钢集团与武汉钢铁集团合并组建宝武钢铁集团,首钢集团与河北钢铁集团合并创建北方钢铁集团等,都在加快打造制造业、钢铁业等的"巨无霸"。中国不仅彻

---

[1] "Ranked within Countries", FORTUNE, Asia Pacific Edition, No. 10, August 1, 2016, pp. 16 – 18.

[2] FORTUNE, "The FORTUNE 500, The Lists 500", Asia Pacific Edition, August 1, 2017, No. 10, http://www.fortunechina.com/fortune500/c/2017-07/20content_ 286799.htm.

底告别商品短缺时代，而且显示出全球性超大规模生产能力。2010年中国成为世界第一制造业大国，占世界制造业产出的19.8%，超过美国（19.4%）。[1]

中国地域广阔、人口众多、需求旺盛，大规模的生产能力带动中国基础设施建设，公路、铁路、港口、机场、能源管网、住房、新农村建设、城市基础设施建设等在全国迅速展开，这种高速发展的状况持续多年，也同步促进了相关产业形成超大规模的产能。

规模的积极意义和经济价值不容忽视。在美国也是这样。美国国际集团资产价值超过1万亿美元，业务覆盖130多个国家，在全球范围内拥有7400多万个企业与个人客户，雇员总量多达1.06亿人。美联储前主席伯南克认为，如果一个金融公司规模足够大，就能提供范围更大的服务，就能高效服务于全球的非金融类企业。[2] 大规模的金融企业是这样，实体企业也是这样。新兴经济体的巨无霸企业在迅速增加，其中，中国的占比更为明显。2015年世界500强排名榜上，新兴经济体共有156家挤入（1995年仅18家），中国占110家。麦肯锡咨询公司预测，到2025年，《财富》全球500强中47%的企业将来自新兴国家。这些都是拥有国内巨大市场规模、致力于投资创新且现在已能生产世界级产品的企业。[3]

三、超大规模经济必然产生外溢效应

中国企业这种超大规模的产能必然形成外溢，而"一带一路"倡议正好契合这种客观需要，承载着产能外溢的历史性重任。以铁路建设为例，自2004年国务院批准《中长期铁路网规划》以来，我国铁路发

---

[1] "China became world's top manufacturing nation, ending 110 year US leadership", http://en.mercopress.com/2011/03/15/china-became-world-top-manufacturing-nation-ending-110-year-us-leadership.

[2] [美]本·伯南克著，蒋宗强译：《行动的勇气——金融风暴及其余波回忆录》，中信出版社，2016年5月第1版，第455页。

[3] "Driving forces: Why giants thrive", by "Special report companies: The rise of the superstars", THE ECONOMIST, Sep. 17, 2016, pp. 3–15.

展取得了显著成效。至 2015 年底，我国铁路营业里程已达 12.1 万千米，其中高速铁路 1.9 万千米，2016 年底达到 2 万千米，高铁里程占全球高铁总里程的 65%。① 2017 年底，中国铁路营业里程达到 12.7 万千米，其中高铁增加到 2.5 万千米，占全球高铁总量的 66.3%，为世界第一。②

在此基础上，为实现扩大铁路有效供给、强化铁路支撑引领、发挥铁路绿色骨干优势、提升铁路应急保障水平、建设现代化铁路基础网络的目标，国家发改委对我国 2016—2025 年铁路发展进行了全面部署。2016 年 7 月 20 日，国家发改委发布修订后的《中长期铁路网规划》，按照规划，"十三五"规划期间，中国将投入 3.5 万亿元（约合 5030 亿美元）促进铁路建设。到 2020 年，一批重大标志性项目建设完成，铁路网规划达到 15 万千米，其中高铁 3 万千米，覆盖 80% 以上的大城市，为完成"十三五"规划任务、实现全面建成小康社会目标提供有力支撑。到 2025 年，铁路网规模达到 17.5 万千米左右，其中高铁达到 3.8 万千米左右，网络覆盖面进一步扩大，路网结构更加优化，骨干作用更加显著，更好发挥经济社会发展的保障作用。到 2030 年，我国铁路将基本实现"内外互联互通、区际多路畅通、省会高铁连通、地市快速通达、县域基本覆盖"。③

对于"稳增长""补短板"，以及实施"走出去"战略而言，铁路的作用依然重要和多样，中国铁路正承担着越来越丰富的角色。2014—2016 年，铁路固定资产投资连续保持 8000 亿元高位。"十二五"规划期间，全国铁路固定资产投资完成 3.58 万亿元，新线 3.05 万千米，全国铁路建设投资规模创下历史最高水平。与此同时，中国铁路已经成为国际产能合作和企业走出去的龙头。中国国家领导人的"推销"和"一带一路"倡议的实施，使得中国铁路建设在海外取得长足发展，已

---

① "$500b to boost high-speed rail plan", CHINA DAILY, December 30, 2016.
② 《中国高铁里程占世界 66.3%，四纵四横基本形成》。引自新华网，2018 年 2 月 14 日。
③ 《我国铁路到 2030 年将实现内外互联互通》，引自中国经济网，2016 年 7 月 21 日，http://www.ce.cn/cysc/201607/21/t20160721-14003380.shtml.

经成为我国出口主导产业之一。① 取得这样巨大成就的主要原因在于，中国铁路产业本身规模巨大，形成了开发、创新与建设的各项有利条件。以高铁建设为例，中国高铁网络所耗费的单位成本比其他任何国家的类似项目都要低。林毅夫、王燕在分析其中的原因时强调，这是由于超大规模的调整铁路网络规划，实现了规模经济，这使得对各个建筑要素的设计能够标准化，有利于提高设备制造和工程建设的创新能力和竞争能力，以及将建造设备的资本成本在一系列工程中进行摊销。② 规模效应使中国高铁企业"走出去"具有明显的国际竞争力。

受益于"一带一路"的铁路、建筑、运输行业，在中国工程类企业排名中都有增长，或首次进入世界500强。一些企业在世界500强中的排名进一步靠前。如中国铁路工程总公司从37位跃居到27位，中国铁路建筑总公司则从79位提高到62位，中国南北车经过合并重组后，新组建的中车集团也首次进入世界500强，排名第266位。上榜企业包括中国远洋运输集团总公司（第398位）、中国机械工业集团有限公司（第434位）、中国船舶重工集团公司（第462位）、航空油料集团公司（第42位）、中国建筑材料集团有限公司（第484位）、中国铁路物资总公司（第429位）。③

一种超大规模的经济，必然具有全球性效应。以钢铁产业为例，据世界钢铁协会数据，我国粗钢产能约为12亿吨，占世界总量的一半，几乎是第二大钢产国日本的8倍，是美国的10倍，是德国的近20倍。这样一种产能规模，基本产品除满足国内市场外，着眼于全球市场是势所必然。世界各地巨大的基础设施建设，必然伴随巨大的产品消耗，部

---

① 2004—2015年全国铁路固定资产投资情况：2004年901亿元，2005年1364亿元，2006年2088亿元，2007年2521亿元，2008年4168亿元，2009年7046亿，2010年8427亿元，2011年5906亿元，2012年6310亿元，2013年6638亿元，2014年8088亿元，2015年8328亿元人民币。参见王子约：《连续三年投资，逾8000亿美元，铁路驶入"黄金时代"》，载于《第一财经日报》2016年1月18日A02版。

② 林毅夫、王燕著，宋琛译：《超越发展援助——在一个多极世界中重构发展合作新理念》，北京大学出版社，2016年9月第1版，第128—129页。

③ 数据来源：http://fortune.com/2016/07/20/fortunes-global-500-list? iid = recrc-f500file-zone?，http://beda.fortune.com/fortunes500.

分中国富余优质产能也会以一定规模走出去,这是"一带一路"建设的客观需求。

根据英国外国直接投资市场研究公司的统计,到 2016 年 6 月的 18 个月内,中国投资者宣布在"一带一路"沿线国家参与了 315 个新项目的投资,总值达 759 亿美元,是此前 18 个月的两倍。自 2013 年"一带一路"倡议提出以来,56% 的中国对外直接投资最终投向了"一带一路"沿线国家。英国《金融时报》网站称,"一带一路"引导了中国的投资流向。因为对于建筑、能源资源、重工业等而言,这是"利用过去 20 年来国内累积起来的庞大过剩产能的重大机遇",为"输出过剩产能创造了条件"。[1] 除了传统的中国对外投资大户之外,中国迅速崛起的大型企业,如电商集团阿里巴巴和消费电子产品专业公司海尔集团,也同样在持续走出去,成为对外投资大户,它们都在将生产从中国转移出去,加速布局诸如印度等潜力巨大的消费市场。

四、产能外溢:空间与限度

巨大的产能规模,也明显存有高耗能、高污染等特征。以水泥为例,这个产业被认为是世界高污染的行业之一。全世界一年消耗的水泥为 43 亿吨,中国占一半,其次是印度和美国,占人为制造二氧化碳排放的 5%。[2] 这种巨大的产能不可能像日本在 20 世纪 70 年代一样,通过"雁阵模式"逐步实现产业外移。因为,不只是"亚洲四小"不可能承受如此大规模的产能,其他地区和国家也不可能承受这么巨大规模的产能转移。而且,高污染、高耗能产业的转移,也会受到国外的抵制。

尽管"萨伊定律"认定"一切生产出来的东西都可以按照合理的价格出售,因而决不会发生一般的过剩情形",但中国的情况却并非如

---

[1] Jacopo Dettoni, *Silk Road revival drives Chinese push*: 'One Belt, One Road' policy increasingly guides capital projects", http://ft.com/cms/s/c2f9f388 - 5b38 - 11e6 - 8d05 - 4eaa66292c32.

[2] "*Cement Manufactures*: *Cracks in the Surface*", THE ECONOMIST, August 27, 2016, p. 56.

此。即使不以一国、一个地区市场为局限，就是面向全球，这种转移也是难以彻底实现产能消化的。对中国而言，大规模生产事实上形成了产能过剩。根据亚洲开发银行2015年的一份报告给出的标准，它结合美国（1967—2013年）、欧元区17国（1991—2013年）、日本（1978—2013年）、韩国（1988—2012年）等历史数据，指出正常的产能利用率应该在79%—83%之间，一旦高于90%，即表示产能不足，而低于75%则表示产能过剩，相当一部分生产的产品不能全部销售出去，只能闲置。中国国家统计局对国家层面的产能过剩没有进行全面的统计，但有一些关键行业的数据可以查询。

表3-2 部分行业的产能利用率（2014年）

种类	单位	产能	产量	产能利用率
水泥	万吨	346613.7	249207.08	71.9%
平板玻璃	万重量箱	94678.84	83128.16.	87.8%
粗钢	万吨	112851.03	82230.63	72.9%
钢材	万吨	153842.59	112513.12	73.1%
电解铝	万吨	3459.42	2752.54	79.6%
汽车	万吨	3051.65	2372.52	77.7%
焦炭	万吨	66472.62	47980.86	72.2%

数据来源：国家统计局网站。

从表3—2可以看出，水泥、粗钢、钢材、焦炭等已经或接近产能过剩状态。因此，传统行业中"压缩一批、转移一批"，既是产业结构调整的需要，也是防治大气污染、改善生态环境的治本之策。河北省2014年推出《化解产能过剩矛盾实施方案》，明确化解产能过剩工作的"6643工程"，即是"压缩一批"的例子。河北省计划到2017年大幅削减全省产能，包括压减6000万吨炼铁产能、6000万吨水泥产能、煤炭消耗4000万吨、3000万标准箱平板玻璃产能。①

大规模产能必然形成外溢效应，这是"一带一路"建设必然展开所拥有的具体条件。但是，化解产能过剩并不能完全依靠转移。那种指责中国通过"一带一路"建设转移国内过剩产能的说法并无充分的依据。中国政府为实现严控增量、主动减量、优化存量的目标，要求抓紧时间化解过剩产能、消化不合理库存、促进企业降本增效，并率先从钢铁、煤炭行业突破。2016年1月，国务院常务会议要求，在近几年已经淘汰落后钢铁产能9000多万吨的基础上，再压减粗钢产能1亿—1.5亿吨，较大幅度压缩煤炭产能，同时停止审批新建煤矿、新增产能的技改和产能核增项目。② 从2016年开始，用3—5年时间退出煤炭产能5亿吨左右、减量重组5亿吨左右。如2017年中国政府再压减钢铁产能5000万吨左右，退出煤炭产能1.5亿吨以上。同时，要淘汰、停建、缓建煤电产能5000万千瓦以上，以防范化解煤电产能过剩风险、提高煤电行业效率、优化能源结构，为清洁能源发展腾出空间。③

实际上，根据国家发改委数据，2016年共淘汰400立方米及以下高炉39座、落后炼铁产能677万吨，30吨以下转炉和电炉71座，落后炼钢产能1096万吨。④ 这样的动作也说明，消化产能过剩，中国不完全靠转移到国外，而会动真格自行压减。习近平主席在G20杭州峰会上指出，中国在去产能方面力度最大，举措最实，说到就会做到。⑤ 从实际发展状况看，2017年中国煤炭、钢铁行业已经圆满实现全年化解

---

① 《河北实施"6643"工程，前10月过剩产能大幅缩减》，http://report.hebei.com.cn/system/2014/10/30/014224889.shtml。
② 冯彪：《国务院定去产能目标：再减粗钢1亿—1.5亿吨》，载于《每日经济新闻》，2016年1月25日，http://www.gov.cn。
③ 李克强2017年3月5日在第十二届全国人民代表大会第五次会议上所作《政府工作报告》，载于《人民日报》2017年3月17日第01.02.03版。
④ 董鑫：《去产能政策救活过剩产业》，载于《第一财经日报》2017年8月1日A03版。
⑤ 习近平在二十国集团工商峰会开幕式上的主旨演讲：《中国发展新起点 全球增长新蓝图》，载于《光明日报》2016年9月4日第03版。

产能过剩目标任务,"三去一降一补"取得明显成效。[①] "一带一路"为部分产能实现外移创造了条件,但不是全部的,去掉一批产能也是必不可少的,近年来中国企业的相关调整也取得了成效。

第二节 价值链的延伸与攀升效应

全球产业分工并非固定不变。全球化条件下形成的产业分工始终处于变动之中,主要体现于价值链,包括供应链、生产链和物流链之中。中国企业在经历国际竞争的过程中,得益于创新驱动,在全球价值链中处于一个不断由低端向中高端上移、也需要由国内向国外转移的过程,这种价值链的延伸与攀升效应成为"一带一路"倡议提出的必然。

一、价值链

价值链是指一件商品或一种服务从设计、制造、市场营销、技术支撑、售后服务等所有环节在一国或一个地区到全球范围的分工,形成覆盖世界各国和地区的庞大生产网络的价值链。全球价值链涉及产业链、供应链。产业链是指产品设计、制造、销售、维修过程中形成的网络化链条。供应链则涉及原材料、半成品生产、冻藏、仓储、运输及相关技术支持等。

价值链理论在20世纪80年代逐步发展。从价值链—增值链—全球商品链—全球价值链的研究演进过程,形成了相对完整的价值链理论建构。波特(Porter)认定,企业价值链包括基本活动和辅助活动两个部分,通过相互独立又相互联系的生产经营环节实现价值创造。[②] 波特认为,"每一个企业都是在设计、生产、销售、发送和辅助其产品过程中进行种种活动的集合体。所有这些活动可以用一个人均值来表明。"在

[①] 张翼、刘坤:《经济建设:提质转型 全新气象》,载于《光明日报》2018年3月4日。

[②] [美]迈克尔·波特著,陈丽芳译:《竞争优势》,中信出版社,2014年6月版。

同一时期，价值链的概念范围进一步扩大，科古特（Kogut）从企业、区域和国家层面，提出价值增值链概念。他认为，不同国家和地区的资源禀赋有差异，这就决定了整个价值链的各个环节在不同国家和地区之间如何在空间上进行配置。克鲁格曼（Krogman）等则进一步将价值链延伸到全球价值链条的片断化和空间重组问题。阿德特（Arndt）等认为，生产过程在全球的分离是一种全新的现象。西方国家的企业在全球市场一体化进程中发现，将一些非核心的生产和服务分享出去更有效益。21世纪初，格雷弗（Gereffy）等多以全球价值链取代全球商品链，并从价值链角度分析全球化过程，任何企业通过参与价值链活动，可以获得所需要的技术能力与服务。这对发展中国家企业而言非常具有针对性。[1]

全球化条件下，特别是跨国企业发展、国际直接投资的推动等因素，使企业产业链具有全球性质。着眼于资源最佳配置与利润最大化，国际分工更为紧密、专业。产业分工更细，产业间分工进一步向产业内分工转变。理论上的国际分工从国家间分工，向产业内分工并进一步深入到企业内的全球分工方向发展，推动全球化在更高水平上展开。

二、中国嵌入全球价值链

新中国成立后建立了相对独立的工业体系。但东西方阵营的对峙，一段时期分割了社会主义与资本主义的市场体系。中国真正嵌入全球产业链进程，起始于改革开放之初。在冷战结束前的20世纪70年代末，中国做出实行改革开放的重大国家决策，使中国较早形成参与全球分工必要的政策基础与市场条件。冷战结束后，全球化迅速发展，加快了资源、劳动、技术在世界范围内更为合理的配置过程。中国拥有劳动力等生产要素在内的后发优势，这种优势在冷战后全球化助推下进一步表现出来。

---

[1] Paul Krugman, "*Growing World Trade：Causes and Consequences*", Brookings Paper on Economic Activity, 1995, pp. 327 - 362; Seven W. Arndt, Heneryk Kierzkowski, Fragmentation, "*New Production Patterns in the World Economy*", Oxford University, 2001; Gereffy G, "*A Commodity Chain Framework for Analyzing Global Industries*", Durham：Duke University, 1999, p. 72.

适应世界市场需要,生产进一步国际化,在贸易与国际投资驱动下,中国企业参与的国际分工日益细密。中国产业水平提升与全球产业转型的有机结合,使中国企业参与全球产业链更加明显。在这种产业链中,一些产品与其说是中国制造,还不如更确切说是全球制造。国家之间、企业之间、产品之间甚至零部件之间形成了密切的全球性联动。这种产业链、供应链和价值链的特征使生产的联通,以及附带其间的信息联通、人员往来等联系变得日益紧密。

产业链、供应链的形成与变化,再向价值链上方游动,可以成为观察中国产业、产品品质变化的端口。在出口形态上,由以纺织为主的劳动密集型产品出口,到轻工业劳动密集型产品出口,再到资本密集型产品出口,向包括智能制造等更高级的知识密集型产品出口,已经并将进一步成为中国企业在产业价值链攀升的必然路径。

国际分工条件下大规模生产必然有大规模的物流。供应链构成这种物流的主要环节。20世纪70年代末改革开放开始后,深圳等几个经济特区主要通过"三来一补"实现供应链的循环,其进出口路径相对固定或单一。经过数十年经济的快速发展,中国已成为世界第一制造业大国,进出口的全球化格局基本形成又使中国成为全球供应链的重要环节,而且具有双向、多元、网络化特征。

相关的研究也提供了一些依据与结论。1978—1991年,在由计划经济转向市场经济过程中,通过吸引外资,中国成为低端制造业供应链中发挥关键作用的组成部分;1992—2000年,改革开放加速条件下,中国进出口同步加快,逐渐成为供应链重组的主要支柱和竞争者;2001—2008年,中国以加入WTO为契机,通过产业重组,与全球跨国公司的生产进行深度整合;2009—2012年,为应对国际金融危机,增大投资以刺激经济,中国吸收的投资和出口商品更多;2013年以来实行结构改革,"一带一路"倡议出台,并成立亚投行,中国企业加快走出去,更多资本进入更广泛的领域,为"新经济"的发展带来新的机会。[①]

[①] 李文龙、刘心一:《中国40年改革开放的经验、展望以及对东盟的影响》,载于《第一财经日报》2018年10月26日。

世界价值链并没有也难以在短时期内发生具有转折性的变化，在研发设计与销售网络方面，发达国家仍处于这两个高附加值价值链端口，发展中国家处于加工制造这个价值链的低端。中国制造业面貌虽然发生了巨大变化，但是，从价值链方面看，中国制造业在国际分工中的地位仍偏低。[①]

中国制造业的国际分工地位经历了先下降后上升的 V 形发展轨迹。在低技术制造业方面，中国在国际分工中的地位有所改善，但中高技术行业参与全球价值链分工的被锁定效应明显。中国在资本和资源密集型产品全球价值链的中端，分工地位提升较大；在劳动密集型产品全球价值链中的中低端，分工地位有一定提升，但升幅有限；在技术密集型产品全球价值链的中低端，分工地位没有提升或提升幅度很小。[②]官方的评估可能更具实际参考性。即中国企业虽然大而不强，臃肿虚胖体弱问题相当突出，但经过改革开放以来 30 多年的飞速发展，时至今日，中国"已经具备建设制造业强国的坚实基础"。[③]

中国在全球国际分工地位的提升是自我要求的必然过程，因为唯此方可改变长期被锁定在中低端的命运。如果中国产业长期处于国际分工价值链条的中低端，集中于劳动密集型和资源密集型产业，将只能付出高昂的资源和环境代价。改变这种局面就需要依靠创新。只有创新，才能跟上潮流，把握发展主动权。因为"当前中国局部领域创新走在世界前列，但是，整体创新水平还有提升的空间，要建设国家创新体系，就要抓好主体、平台、载体、机制、专项、人才等关键环节。目前科技与经济的结合还不够紧密，创新人才还比较欠缺，制约科技发展的体制机制障碍还比较多，只有通过补齐这些短板，才能提高国家创新体系的整

[①] 胡昭玲、宋佳：《基于出口产品的国际分工地位研究——基于产品内分工的视角》，载于《世界经济研究》2013 年第 3 期，第 15—25 页。

[②] 聂聆、李三妹：《我国在制造业产品全球价值链中的分工地位研究——基于价值链高度指数的分析》，载于《天津财经大学学报》2016 年第 6 期，第 10—11 页。

[③] 工业软实力编写组：《工业软实力》，电子工业出版社，2017 年 7 月第 1 版，第 16、116 页。

体能力"。①

2016年5月19日,中共中央、国务院印发《国家创新驱动发展战略纲要》,提出到2020年进入创新国家行列、到2030年跻身创新国家前列、到2050年建成世界科技创新强国的"三步走"目标,这将推动中国企业创新跃上新台阶,从而为中国企业晋升全球价值链的中高端提供有力支撑。

依据《"十三五"国家科技创新规划》,国家科技实力和创新能力将大幅跃升,国家综合创新能力世界排名进入前15位,迈进创新型国家行列。与2015年相比,科技进步贡献率从55.3%提高到60%,知识密集型服务业增加值占GDP从15.6%提高到20%。《规划》突出支撑国家重大战略,充分发挥科技创新在推动产业迈向中高端、增添发展新动能、拓展发展新空间、提高发展质量和效益中的核心引领作用。《规划》还体现出全球视野,要求打造"一带一路"协同创新共同体,全方位融入和布局全球创新网络,深度参与全球创新治理。《规划》的一个重要特点是分层次设计了一些区域创新举措。因为各地不可能齐步走,更为关注创新的全链条和各要素。②

三、中国攀升价值链形成全球联动

在对中国创新能力评估方面,国际著名的"全球创新指数"③的评估报告中提供了一些依据。这项指数涵盖82项具体评估指标,在这项综合排名中,2016年中国创新能力居第25位,较前一年度上升4位。中国科技创新能力还包括推动创新所具备的潜在要素,在有些方面,中国已出现一些显著性的变化。如在高科技出口比例、知识型员工、15岁青少年能力(阅读、数学)评估、公司培训等10项评估中全球居

---

① 张岩:《向科技创新强国迈进》,载于《中国报道》2016年第7期,第16—17页。
② 《"十三五"国家科技创新规划发布》,载于《光明日报》2016年8月9日,第1、8版。
③ 全球创新指数自2007年起每年发布一次,该指数由世界知识产权组织、美国康奈尔大学、英士国际商学院联合发布,对大约130个经济体进行从专利申请到教育支出等数十种指标的调查评估。

首,在全球性公司研发投入、知识与技术产出、无形资产等方面优势明显。① 2017年中国在全球创新指数中的排名上升3位,居第22位,成为前25名中唯一的中等收入经济体。中国科学技术发展战略研究院发布的《国家创新指数2016—2017》英文版显示,中国国家创新指数排名比上一年提升1位到第17位。此报告认为,由于中国创新资源投入持续增加,创新能力发展水平大幅超越了经济发展阶段,遥遥领先于其他发展中国家。② 英国《经济学家》刊文认为,由于中国正在由以制造业为基础的经济向创新者之一的方向转变,它作为技术变化驱动者的地位日益得到世界的认可。③

中国扩大了"逆创新"④ 的领域,特别是表现在对社会生活影响很大的领域。中国科技公司过去一直模仿西方,但美国学者注意到,美国公司最近开始模仿中国,加利福尼亚州圣马特奥的LimeBike在美国采用了中国无桩停放共享单车的模式,苹果公司在其iMessage即时通讯服务中增加了支付功能,效仿了腾讯的做法。美国国家科学基金会发布的报告表明,中国已成为不容置疑的世界第二研发大国,中国的研发开支已接近欧盟的总和。当"一带一路"沿线20个国家的青年被问及"最想把中国什么带回自己的国家"这一问题时,回答竟是中国的"新四大发明",即"支付宝、网购、高铁和共享单车"。⑤

以高速铁路交通技术而言,2016年7月,在郑(州)徐(州)线上,我国自主研制的中国标准动车组"金凤凰"和"海豚蓝"分别以420千米的速度交汇而行。这一世界最高速交会试验的成功,"标志着我国已全面掌握高速铁路核心技术,高铁动车组技术实现全面自主

---

① 何农:《2016年全球创新指数发布,中国首次跻身世界创新前25强》,载于《光明日报》2016年8月17日第1版。

② 胥会云、王玉凤:《中国形成三大科创高地,创新发展动力强劲》,载于《第一财经日报》2017年10月10日。

③ "The Changing Nature of Chinese Competitiveness", THE ECONOMIST, May. 19, 2018, p.5.

④ 指求新求异、甚至以前在技术上处于相对弱势的一方通过创新在某些方面起到引领作用——笔者。

⑤ 冯蕾、詹媛等:《创新驱动发展的中国法宝——十八大以来党中央推进创新发展述评》,载于《光明日报》2017年7月3日第1版。

化"。这一测试"对于打造中国标准动车组品牌,助力中国高铁'走出去'具有重要意义"。① 中国正在承建莫斯科—喀山高铁段,这条全长770千米、覆盖俄罗斯7个地区2500万人口的高铁,是中国高铁走出去的一个范例。2020年中国将为此高铁提供时速最高达400千米的子弹头列车,全段运行3.5小时。铁路专家认为这将加强中国作为高铁生产和服务的"世界领导者地位"。② 中国轨道交通技术的跃升在取得美国市场方面也是一个证明。中企长春轨道客车股份有限公司在2014年马萨诸塞州面向全球招标波士顿地铁车辆时,击败许多国际知名制造商获胜,按美国标准进行设计,但知识产权完全掌握在中国人手中,标志着中国轨道装备首次进入北美市场,首次向美国出口技术。此批284辆地铁车辆于2017年12月运抵波士顿营运。这被认为对"中国相关行业甚至国家制造业意义重大"。③ 中国高铁甚至已经逐步取代了"欧标"和"日标",2016年9月第三十九届国际标准化组织大会上,中国标准正式被确定为世界通用标准。④

中国与法国承建英格兰南部的欣克利角核电项目(欣克利角、赛兹韦尔和布拉德维尔,其中布拉德维尔核电站由中国自主设计),也是一个明显的能力证明。由于在核技术上投入巨大,中国已经打造了一个重要的民用核电供应链,而成功打入英国市场,就可以在其他国际性场合证明中国的信誉。对于中国的创新水平,一些国际技术专家已经予以充分肯定。虽然中国曾经被认为是世界的复制基地,但现在正在成长为创新的获益者。⑤

---

① 《乘客一秒"飞"过117米》,载于《深圳商报》2016年7月16日第A01版。
② Zhong Nan, OUYANG Shijia,"*China sees faster train ahead*",CHINA DAILY,February 7, 2017.
③ 《中国制造地铁年底抵波士顿营运》,载于《东方日报》2017年10月17日。
④ 《中国高铁进程已占全球七成,中国高铁标准成世界通用标准》,中国高铁网,2018年2月11日。http://news.gaotie.cn/tielu/2018-02-11/447079.html
⑤ "*Innovation in China: Out of the Master Shadow*", THE ECONOMIST, July 9, 2016, pp. 70; Douglas fuller, Paper Tiger, Hidden Dragon, "*Firms and the Political Economy of China's Technological Development*", OUP, 2016; George Yip, Bruce Mckern, "*China's Next Strategic Advantage: From Imitation to Innovation*", MIT Press, 2016.

信息技术的日新月异及其迅速与先进制造技术的结合运用,会推升价值链攀升的前景。即信息技术在改变企业生产方式的同时,也缩短了价值链中复杂的交易环节,使价值创造过程发生改变。① 在这一过程中,全球价值链由产业资本驱动日益转变为产业、物流、供应、信息渗入与服务、甚至购买者等更为多元的要素驱动。除了直接服务于企业基础设施之外,所有的辅助活动与每一种基本活动都有着直接联系,并支持着整个价值链。对以购买者驱动的全球价值链而言,它由商业资本作为驱动力,由流通环节的购买者管理和协调全球价值链,大型国际购买商把生产制造环节外包给劳动要素较低的发展中国家,将核心资源用于开发销售渠道和品牌经营,以获得规模经济。② 这种价值链塑造过程也是一种着眼于全球的产业重新配置过程。国际观察者认为,"一带一路"也有利于中国重建并管理沿线国家的供应链,因为"一带一路"沿线国家将生产低端商品和半成品,而中国则将提供成品。③

价值链的形成,还取决于物流链、产业链的有机配合。依据物流成本论④,在生产地和消费地没有直达线路时,就需要建设物流枢纽。目前,即使许多商品生产地与消费地存在直达线路,但在今天的世界,生产地和消费地不再单一,而是更加多元、分工也更为细密,使得现代物流枢纽成为实现价值链之必需的聚散地。

立足"一带一路"经济区的经济现状、贯穿东中西的空间格局和低附加值的产品结构,可以在每个地区,按照吞吐量和产品种类,筛选一些竞争力强、辐射面广的空间节点作为物流枢纽,建设多个能够衔接海、陆、空物流方式的聚焦点,构建陆路经济和海洋经济纽带,以规模

---

① 邱醒杰:《"工业 4.0"对中国制造业企业带入全球价值链的影响分析》,载于《中国经贸》2016 年 5 月第 325 期,第 44 页。
② 邱醒杰:《"工业 4.0"对中国制造业企业带入全球价值链的影响分析》,载于《中国经贸》2016 年 5 月第 325 期,第 45 页。
③ 拉菲克·多萨尼:《中国雄心勃勃的计划》,见:《美国新闻与世界报道周刊》网站,2017 年 5 月 26 日。转自《参考消息》2017 年 5 月 29 日。
④ [美] 埃加·胡弗著:《区域经济学导论》,商务印书馆,1982 年版,第 57 页。

效应降低产品流通、产品转移进程中的成本。①这种客观需求，自然客观上推动"一带一路"物流条件建设。

在"一带一路"经济区，物流强弱与经济合作涉及的"物"密切相关。从"物"的属性看，包括产品和产业两个层面，从"物"的主体看，涉及物流通道上所有国家和地区可交易的"物"。就产业而言，专业化分工使任何一个产业的诸多环节分布于不同地区，且不同产业之间更需要紧密合作，产品的有效形成和产业的可持续发展均有赖于高效的物流系统推进供应链一体化。经济研究者注意到，"一带一路"经济区介于亚太经济圈和欧洲经济圈之间的落后地区，在产业梯度转移规律的作用下，经济区承载其他地区的产业转移，产业部分环节落户经济区成为必然，为达到以承接产业转移为介质发展区域经济的目的，必须优化软硬件环境，打造现代物流体系。而包容性、专业化、高效率、低成本等是经济区物流能力的基本指标。②

"一带一路"承载着供应链、产业链、价值链的自然转移过程。以油气资源为例，关键技术和核心装备联合攻关，先进标准和工程服务合作的加强，区域与全球能源供应作为保障能力与产业融通的发展，使传统油气合作由过去主要集中在上游资源开发，逐步转向中国与沿线国家全产业链的方向发展。即包括由过去的油气开发向炼化、管道、工作技术服务在内的全产业链迈进，并且逐步向科技研发、人才交流和教育培训等领域的更深层次扩展，形成新的全产业链和价值链。这种客观现实有助于"打造以油气为核心的经济共同体和利益共同体"。③

对相关行业贸易的进一步研究表明，中国、印度等油气进口大国的产业链竞争力主要体现在合成纤维等下游环节，主要油气出口大国拥有原油和天然气贸易竞争力，但在合成纤维等下游环节缺乏竞争力和比较

---

① 王娟娟：《"一带一路"经济区现代物流体系构建》，载于《物流管理》2016年第6期，第6页。
② 王娟娟：《"一带一路"经济区现代物流体系构建》，载于《物流管理》2016年第6期，第4页。
③ 张翼：《"一带一路"能源合作俱乐部呼之欲出》，载于《光明日报》2017年6月5日第4版。

优势，通道国的不同油气产业链环节竞争力都很弱，中等油气国家在油气产业链环节中的竞争力和比较优势也不突出。鉴于中国在"一带一路"建设中对合成纤维和合成树脂品类的进口需求较高，而"一带一路"沿线主要国家有机化学品和合成橡胶品类竞争和合作位势较弱，因此，在"一带一路"油气产业链合作中，各国竞争力互相嵌入、按比较优势匹配就势所必然。① 显然，从通道建设、产能合作方面，以价值链的视角看，"一带一路"倡议具有内在的理论解释力。

这种产业链过程超越了国家和地区范围，延伸到全世界，形成复杂、多元的网络结构。这种产业转移过程，无论是通道建设、还是产能转移与合作，都成为经济发展过程中必然发生的现象。像其他任何发达国家产业转移一样，处于价值链高端的国家并非一开始就是如此，也未必长期保持如此；处于价值链中低端的国家，不会满足于其既有地位，他们的进步会推升全球价值链的水平（如果不是颠覆性的话）。当然，这既取决于创新能力，也将是生产、流通全要素自然外溢以形成合理的产业链条分布的结果。

中国创新能力的进步，必然引发产业链向上游移的过程。一些国际企业咨询公司的调查表明，中国已不再是廉价外包业务的目的地，而是已成为全球产业链的中心，在供应链方面甚至成为唯一的中心。中国的制造业也正在"快速地向价值链上游移动"。② 中国创新引发的价值链位移效应必然带动其他国家的经济发展。这种以技术进步和创新引发的变化，必然产生产业的外溢性布局。"一带一路"沿线国家客观上具有不同的需求。中国自身技术与创新的进步不可能一步到位，即使到时攀升到全球价值链的高端，也非一劳永逸可以维持不变，因此，实现产业转移的过程不会一蹴而就，保持在全球价值链的高端地位更需要不断创新，这也注定"一带一路"建设具有迁延不息的动力与持续性。

全球价值链的发展，为后进国家实现国家经济工业化开辟了一条全

---

① 王耀青、囤凤华等：《"一带一路"油气贸易竞争力测度与合作位势评估：一个全产业链视角》，载于《太平洋学报》2017 年第 5 期，第 68 页。
② "China Climing Up the Value Chain", http://www.videowired.com/video/4121021930/.

新的路径。一般认定，工业化早期阶段，一个国家制造一种产品，需要在国内完成几乎所有重大复杂的连带工序，包括设计、制造、组装及服务，由于技术初期的垄断性及国际分工的明显差异导致横向链条缺失，其他国家参与某种产品制造的可能性很小。

如今，随着技术的整体性进步与扩散，加之发展中国家的逆向创新的发展和技术水平的提高，发展中国家可以专注价值链的某些特定任务，而非产品生产的全部，从而降低了出口的投资门槛和成本。而发达国家除掌握核心技术外，基于劳动力成本劣势，也可以分散生产或转移生产。如汽车类产品，虽然品牌和最后的组装仍主要集中在富裕国家，但点火线等零部件现在已经从尼加拉瓜、突尼斯、越南和斯里兰卡等众多国家进口。①

再如大型客机，作为一个技术高度成熟、高度产业化的产业，全球化、国际化和子系统招标已经成为国际惯例。空中客车由欧盟多个国家联合研制，波音飞机包括导航、发动机等超过50%的部件也是在全球配套，中国也成为机翼等部件的制造方。伴随着技术研发与能力的提升，中国自己亦正在向成为大飞机制造国转变。

自从2008年7月进行大飞机研制以来，C919飞机走上了一条"中国设计、系统集成、全球招标，逐步提升国产化"的发展道路，坚持"自主研制、国际合作、国际标准"技术路线，攻克了包括飞机发动机一体化设计等在内的100多项核心技术、关键技术，形成了以中国商用飞机有限公司（以下简称"商飞"）为平台，包括设计研发、总装制造、客户服务、适航取证、供应商管理、市场营销等在内的我国民用飞机研制核心能力。C919飞机的气动设计、结构设计、系统设计需求均由中国商飞公司提出，具有完全自主知识产权。由于C919项目涉及上万个配套件，同时有数百家企业参与这个重大项目。

作为当代一个非常复杂、先进的飞机，C919在设计制造过程中，引进了一些国外先进技术与部件，如C919发动机由国际供应商提供，

---

① 塞勒斯汀·孟加：《通往和平与繁荣之中非洲工业化的全球红利》，载于《国际社会科学杂志》2016年12月期，第41页。

是美国通用电气和法国赛峰公司合作研发的最新一代 LEAP 发动机。其实，美国的波音、欧洲的空客、加拿大的庞巴迪以及巴西的巴西航空工业，这些研制方都在使用国际供应商的发动机。这既是利用全球资源实现突破的需要，更是因应全球价值链分工的结果。①这样的产业链吸收了各种先进技术，可以确保飞机的质量。2017 年 10 月 27 日，美国联邦航空局与中国民航局签署一份适航认证协议，打开了中国向美国和其他国家出口飞机的大门。欧洲航空安全局（EASA）也受理了 C919 型号合格证申请，意味着国产飞机向"卖出去"迈出了第一步。实际上，中国商飞已与俄罗斯联合航空制造集团（UAC）联合研制新一代远程宽体客机项目（相当于空客 330 系列和波音 787 系列）。

按照现代工业体系划分，中国拥有 39 个工业大类、191 个中类、525 个小类，是全世界唯一拥有联合国产业分类中全部工业门类的国家。这种大而全的产业优势有利于高效便捷地配套。中国具备迈向全球价值链中高端工业的基础，部分行业迈向全球价值高端的硬性规定要求已经先行一步，取得成效。② 中国作为迅速崛起的发展中大国，制造水平正在向全球价值链中上端移动。中国既可承接发达国家中下端技术制造，也可带动发展中国家下端技术的进步。从地理范围来看，中国在全球价值链中尚没有处于领先地位，但中国"具备主导'一带一路'地区价值链的条件"，这是"一带一路"对外投资、输出管理和规则等性质决定的。考虑到中国与周边国家日益紧密的经济联系，如果中国"能同周边新兴国家组成地区价值链，将有机会从全球价值链中的技术落后方转为地区价值链中的相对技术先进方，接触甚至控制价值链的中高端环节，通过主导地区价值链，使中国经济的发展迈向中高目标"。③

从这个意义上看，作为世界制造业大国，在全球分工中，中国处于

---

① 《C919 国产化率超 50% 首飞开启万亿航空产业盛宴》，参见凤凰网，2017 年 5 月 7 日；新浪网，2017 年 5 月 9 日。
② 黄汉权：《我国具备迈向全球价值链中高端的产业基础》，《21 世纪经济报道》，2017 年 11 月 6 日。
③ 魏龙、王磊：《从嵌入全球价值链到主导区域价值链——"一带一路"战略的经济可行性分析》，载于《国际贸易问题》2016 年第 5 期，第 105、113 页。

一个有着重大影响的独特位置,即在全球价值链以及地区价值链中具备全面的上接下引的能力。中国作为全球创新版图中越来越重要的一极,正在引领国内产业向中高端迈进,努力推动产业链再造和价值链的提升。习近平主席指出:要把"一带一路"建成创新之路,合作建设面向沿线国家的科技创新联盟和科技创新基地,为各国共同发展创造机遇和平台。①"一带一路"倡议实际上正是这一现实需求强烈喷涌而出的结果。

第三节 通道适切性与区位导向

通道建设反映地缘经济发展的客观需求,已有通道或正在建的通道已经或将形成经济带动效应,运输上的通畅使产能合作具备有利条件,而这种区位导向形成的国家间的产能合作必然支撑通道的运营,从而有利于促进全球与区域的互联互通。

一、地缘经济需求

以经济走廊为骨架的"一带一路"的设计服从于市场需要,成为"一带一路"可持续的基础性判断条件。它基于一种自然地理条件,也基于一种地缘经济的需要。

首先,发达市场规模潜力局限显现。以外贸而言,发达市场是中国进出口贸易的重心。中国与美国、欧洲、日本等发达市场的贸易份额占中国对外贸易的60%以上。中国GDP突破12万亿美元,成为仅次于美国的经济大国,中国进出口贸易突破5万亿美元,成为世界第一大货物贸易大国。受发达市场经济增速缓慢的局限,加之双边贸易规模已然很大,中国对发达国家的贸易已难有更高速度的增长。例如,中美经济关系的正相关性变得不如过去突出,学界甚至提出中美经济"脱钩论"。

---

① 习近平2018年5月28日《在中国科学院第十九次院士大会、中国工程院第十四次院士大会上的讲话》,引自《光明日报》2018年5月29日第02版。

中美经济"脱钩论"不一定有长程的论证，但即使美国经济状况较好时，对中美外贸的拉动作用已不如过去突出却是一个基本的事实。这也可以间接说明，在到达较大的市场规模时，进一步扩大市场份额将面临局限。过去，美国经济向好对中美贸易也有相应的拉动作用，但现在已不如过去。2010年第二季度美国经济持续向好，但当年5月中国对美出口出现-1.6%的增长，自2012年11月起中国对美出口甚至出现负增长。中国对美出口增长率从之前2009年和2010年的两位数，持续下降到个位数及负增长。同时，美国从中国进口总额的比例，在2008年达到20%峰值后，近几年一直在15%—20%之间，而中国对美国出口占中国总出口的比例从23%的峰值下滑到目前15%的水平。美国经济复苏不仅在金融上对中国产生资本外流的风险，即使在实体经济层面，也会通过加剧中国产能过剩的方式，加剧中国经济的风险，如美国在2015年底退出"量宽"进入加息周期后产生的影响等。[①]

中国出口产品竞争力的提升，也使中国产品更为频繁遭遇发达市场的制约与歧视，在贸易方面如此，在投资方面也同样面临保护主义的影响。一些国家对国有企业的投资限制一直存在，即使像华为、中兴、三一重工等这些在中国改革开放后发展起来的民营企业，在发达国家的市场也经常遭遇以国家安全为由的限制，也说明中国企业对发达国家的市场经营的环境并未变得有利。特朗普开启的中美贸易战必将损及中美经济关系。为避免过于依赖单一大国，中国从地缘经济安全方面考虑企业与产业布局显得更为紧迫。

其次，新兴与发展中市场空间更为广阔。这种前景寄望于经济增长潜力。在中国周边地区，东亚、东南亚、南亚等仍保持比世界经济增长更快的发展，印度2015年的经济增速为7.5%，超过中国的6.9%。即使在非洲，经济的后发效应也逐步显现。中亚整体经济发展虽然缓慢，但哈萨克斯坦仍保持一定增幅。蒙古国依赖资源出口，其经济甚至取得超过10%以上的增速。

---

① Fu Mengzi, "*China and U. S. Should Treasure Their Economic Mutual Dependence*", *CHINA ~ US FOCUS DIGEST*, September., 2015. http://www.chinausfocus.com/finance-economic/.

其三，以走廊建设为骨架的陆海丝绸之路代表一种国际分工的全新地缘布局。这就是要贯通连接生产—资源—消费的经济大通道及其支撑设施。六大经济走廊设计与中国的对外贸易和投资布局密切相关，成为中国参与国际分工的新路径。中国已成为世界最大的制造品生产国，中亚、南亚和中东欧是世界资源出口集中区。"一带一路"沿线国家的天然气储备占全球的53%，石油占17%，煤占25%，铁矿石占20%。国务院发展研究中心与英国查塔姆联合发布的《引领新常态，中国与全球资源治理》称，过去10年，中国与丝绸之路经济带上中亚国家的贸易增长了680%。① 在自然资源方面，"一带一路"沿线国家多数油气资源丰富。数据显示，"一带一路"沿线区域油气剩余探明量为1338亿吨和155万亿立方米，分别占世界剩余探明总储量的57%和78%，而且这些沿线区集中了俄罗斯、中亚和中东地区的重要国际油气资源国。②

"一带一路"倡议并不是单纯的资源战略，而是涉及丰富的合作领域，中巴经济走廊就是一个明显的例子。在全球范围，一些战略海运通道攸关中国的国家利益。海运方面特别是适合"超级油轮"的通道，如霍尔木兹海峡、马六甲海峡和曼德海峡都非常拥挤。马六甲海峡是亚洲最重要的资源活动通道，每天通过1100万桶左右的石油。2014年，中国进口的近70%的石油、28%的铁矿、21%的铜矿通过该通道。霍尔木兹海峡，中国进口的42%的原油、2%的铁矿、1%的铜经过该海峡，约10%的铜经过苏伊士运河和曼德海峡。③ 在"一带一路"最远端的欧盟，则是世界最大的消费区。"一带一路"实现以中国为主的东亚、中亚、南亚、中东欧和欧盟的生产、资源和消费的经济通道，代表着亚欧大陆已经形成的一种新的分工格局，因而，其通道建成具有持续发展的潜力。

---

① 即"Navigating the New Formal: China and Global Resource Governance"。
② 张翼：《"一带一路"能源合作俱乐部呼之欲出》，载于《光明日报》2017年6月5日第1版。
③ 《"一带一路"的资源机遇与风险》，载于《第一财经日报》2016年2月18日A12版。

二、走廊的适切性

经济走廊服从于一国经济地缘扩张与国家间相互联系加强的需要。它以运输通道功能的建立为标志，会带动沿线产能合作及基础设施建设。海运、管道输送和铁路是世界货运的主要方式。以铁路建设为例，这种运输方式在大陆或陆海结合地带尤其显得重要，甚至不可替代。

铁路是伴随着世界工业革命的发端产生的。其布局随着资本主义扩张而延伸到全球，承载着世界经济发展的历史与现实需求。麦金德指出，一个多世纪以前，铁路的作用主要是远洋贸易的供应者，但是现在横贯大陆的铁路改变了陆上强国的状况。铁路在任何地方都没有像在闭塞的欧亚心脏地带，像在没有木材或不能得到石块修筑公路的广大地区内所发挥的这种效果。① 今天，中国作为铁路大国，需要有联通世界的更合理的布局。

"一带一路"建设中，六大走廊成为主要骨架，它并非凭空设计。它既有历史的脉络，也是以中国国内畅通工程、边境运输拓展、周边及更大范围交通运输对接可能性等支撑为条件的。

首先，中国国内交通建设的巨大成就是中国实现更大范围互联互通的基本条件。特别是在"十二五"期间，中国交通运输实现了大发展，现代综合交通运输体系建设取得"显著成效"。这5年中，交通固定资产投资超过12.5万亿元，"五纵五横"综合运输大通道基本贯通。其中铁路运营总里程达到12万千米，高铁1.9万千米，公路通车总里程达到457万千米，沿海港口万吨级以上泊位超过100个，民航运输机场达210个，邮政局所网点数达到5.3万个，我国交通运输综合实力和国际竞争力大大提升，正加快由"交通大国"向"交通强国"迈进。② 具体表现在，根据世界经济论坛发布的交通基础设施质量指数排名，中

---

① ［英］哈·麦金德：《历史的地理枢纽》，商务印书馆，2009年10月版，第66页。
② 杨传堂、何建忠：《加快打造现代综合交通运输体系》，中国交通新闻网，2016年3月16日，http://www.chinahighway.com/news/1004227.php。

国由 2010/2011 年的 4.44 稳步上升到 2011/2012 年的 4.63,① 可谓进入了中等偏上发达国家行列。

"十三五"期间，全国交通基础设施网络布局将进一步优化，高铁运营里程达到 3 万千米，新建改建公路通车里程 3 万千米，新增和改善航道里程 4500 千米左右，新增民用机场 50 个。② 按照新规划，到 2020 年，一批重大标志性的运输基础建设项目将建成投产，铁路网规模达到 15 万千米，其中 3 万千米高铁覆盖 80% 以上大城市。到 2025 年，铁路网规模达到 17.5 万千米左右，其中高铁 3.8 万千米。一方面，打造以沿海、京沪等"八纵"通道和陆桥、沿江等"八横"通道为主干，城际铁路为补充的高速铁路网，另一方面不断完善普速铁路网，扩大中西部网覆盖。

未来 5—10 年，中国将实现相邻大中城市间 1~4 小时交通圈、城市群内 0.5—2 小时交通圈，铁路交通基本覆盖县级以上行政区。除完善全国大中城市交通布局外，《"十三五"交通扶贫攻坚规划》工作重点目标指向支持贫困地区，建设 1.6 万千米国家高速公路和 4.6 万千米普通国道，实现贫困地区国家高速公路主线基本贯通，具备条件的县级城通二级及以上公路。贫困地区国家高速公路、普通国道、农村公路和县乡公路客运站建设的中央投资为 8480 亿元。到 2020 年，贫困地区全面建成"外通内联、通村畅乡、班车到村、安全便捷"的交通运输网络，总体实现"进得来、出得去、行得通、走得畅"。③ 中国交通质量指数将得到进一步提升。

其次，冷战结束后，与建立市场经济体制总体要求相适应，中国更为迅速地融入全球化、区域化进程之中。国内交通建设的巨大成就也随势成为推动中国与周边互联互通的重要条件与保证。2016 年中国加入

---

① 此指数中注明的交通设施质量指数，1 为欠发达，7 为最发达。美国为 5.68，日本为 5.69，德国为 6.35，参见 *ASEAN, PRC, and INDIA, The Great Transformation*, Printed in Tokyo, 2014, p.140.

② 杨传堂．何建忠：《加快打造现代综合交通运输体系》，中国交通新闻网，2016 年 3 月 16 日，http：//www.chinahighway.com/news/1004227.php.

③ 《"十三五"交通扶贫蓝图绘就，中央投资亿元提速贫困地区公路网》，载于《光明日报》2016 年 8 月 12 日第 1 版.

"一带一路"建设的持续性

国际公路运输公约，公约于 2017 年 1 月在中国生效，中国成为第 70 个缔约国。目前，在中国出口到欧盟的货物中，只有不到 10% 的货物是通过陆路运输的，大多数货物贸易都是通过海路或航空运输的。开货车从中国西部到欧洲大概只需要 8—12 天，虽比海路更贵，但可省下很多时间。在边境等待的时间只需要 1 小时，而不是 3—4 天。①

1991 年中国与蒙古国签订了首个双边汽车运输协定，截至 2014 年，我国已与毗邻的 11 个国家签署了双边汽车运输协定和 3 个多边汽车运输协定。依据这些协定，我国与周边国家共开通国际客货运输线路 304 条，其中客运 146 条、货运线路 158 条，客货运输总长度超过 5 万千米，基本建成了以沿边重点城市为中心、边境口岸为节点，覆盖沿边地区并向周边国家辐射的国际道路运输网络。缅甸、蒙古国、俄罗斯、哈萨克斯坦等均成为我国重要的客货运输大国。② 目前，我国与周边国家 53 个常年开放的公路边境口岸，年通过能力超过 5000 万人次和 8300 万吨货物，已初步形成了对接中亚、南亚、东北亚等地区的道路交通口岸体系，大部分边境口岸与二级以上公路或高速公路连接。

表 3-3 中国与周边国家客、货运量（2014 年）

国 家	客运（万人次）	货运（万吨）
缅甸	223.8	307.6
蒙古	184.5	2500.1
俄罗斯	153.9	185.7
哈萨克斯坦	46.2	122.3
朝鲜	19.6	186.5
老挝	16.1	117.1
越南	13.6	419.5
吉尔吉斯斯坦	1.6	74
巴基斯坦	1.1	3.9

资料来源：2016 年 3 月 14 日《第一财经日报》。

---

① 《中国加入联合国货运公约》，参见《环球邮报》网站，2016 年 7 月 27 日。
② 《"走出去"重在"打通关"》，载于《第一财经日报》2016 年 3 月 14 日 A9 版。

第三，周边承接着中国走向亚欧非的关键位置，互联互通网络逐渐成形。以中巴、中俄蒙等经济走廊建设为标志，基础设施、金融、人文等领域取得一批重要的早期收获。如中巴经济走廊建成后，将开辟一条新的距离更短的连接中国西部至阿拉伯海、印度洋的陆海联运快线。中国西部如新疆地区最终出口不必再绕经距离4500千米的太平洋沿岸港口，也不必再多行10000千米的距离抵达南亚、非洲和欧洲。① 到2015年底，已有成都、重庆、郑州、武汉、苏州、义乌、哈尔滨、长沙、昆明、石河子、合肥、长春、厦门等多个城市开通了23条中欧班列线路，包括渝新欧、汉新欧、蓉欧快线、郑新欧、苏满欧、湘欧快线等，途经蒙古、哈萨克斯坦、俄罗斯、白俄罗斯、波兰、法国、西班牙等国，行程约10000～13000万千米。从中国中欧班列贯通欧亚，匈塞铁路如与比雷埃夫斯港连接，将进一步连通中国经海上进入中东欧国家的路线。

2017年元旦，浙江义乌至英国伦敦的中欧班列于当日零时启程。该班列装载88个标箱，由阿拉山口出境，途经哈萨克斯坦、俄罗斯、白俄罗斯、波兰、德国、比利时、法国等国，穿越英吉利海峡隧道，经过近20天运行，最终抵达伦敦，全程12451千米。穿越欧亚大陆的中欧班列提供的物流便利对于其他国家的作用同样是突出的。俄罗斯、哈萨克斯坦的智库报告称，欧亚大陆在建立连接亚洲和欧洲生产和消费长廊和枢纽方面具有独特的优势。因此，欧亚大陆的关键任务和发展方向就是扩大交通物流基础设施建设。

与苏伊士运河相比，"丝绸之路经济带"的建立将缩短货物运输距离。除已开通的货物运输通道外，所有的交通物流支线都将得到发展，进行货物运输的可能性增大，因为这些路线与区域内国家经济潜力息息相关。② 自2011年渝新欧班列开通以来，中国16个城市与欧洲的12个城市开通了中欧班列。2015年运行815次，比上年增长165%。到2017

---

① Dr. Talat Ayesha Wizarat, "*Historical Trade Road: Case Study of Silk Road*", Reviewing Historical Trade Routes, Case Study of Silk Road: Gateway to China, Published by Karachi Council on Foreign Relations, 2014, p. 15.

② "瓦尔代"国际辩论俱乐部与民族领袖哈萨克斯坦首任总统基金会，《创建欧亚大陆：丝绸之路经济带》（国际会议大纲），第22—25页。

年 10 月，超过 50 个中国城市开通了定期或不定期的中欧班列。到 2018 年 8 月，中欧班列已运行 10000 列。中欧班列服务中国和"一带"沿线国家的商品运输。同样，这种洲际运输也可以为中国的邻国创造通道便利，如直接为日本、韩国输欧货物提供运输通道。[①] 迄今为止，中欧班列大致可分为四种模式运营：一是以基础货运为主，同时支撑产业发展与产能合作的重庆模式；二是依靠处于中国路网和枢纽优势地位的郑州模式；三是买全球、卖全球的义乌模式；四是海陆联运、陆桥必走的连云港模式。

在亚洲，雅万高铁已在开工建设，中老、中泰铁路等泛亚铁路网建设也迈出重要步伐，马新铁路仍在争取之中。实现路线性的连通，中国—中南半岛走廊的贯通将不再是一项难以企及的工程。与道路建设同时推进的是，中国与 20 多个国家开展了机制化的产能合作，如开创了中国—哈萨克斯坦合作新模式，一大批重点项目在各国落地生根。[②] 值得提及的是，进展稍缓的孟中印缅走廊攸关中国西南连通亚洲、非洲和欧洲，可谓亚欧大陆桥的南线，为中国云南、广西等省提供了一条连接南亚、西亚直抵地中海的重要路线，并推进相关地区的经贸人文合作。中国—中亚—西亚将使中国与中亚更紧密相连，并直接延伸到波斯湾，除运输成本以外，同样可以提供一条中国西北连通波斯湾的战略资源获取的重要路线。2015 年 4 月，习近平主席访问巴基斯坦，中巴签署了 300 亿美元的中巴经济走廊项目合同，为推进这条走廊建设创造了良好的条件。

总体而言，六大走廊设计与建设将拓展并延伸中国边疆地区对外开放的新格局，也将改变使中国更为有效地实现区域经济的协调发展。与《愿景与规划》所期望的一样，新亚欧大陆桥、中国—中亚—西亚以及中巴经济走廊建设成功，将极大地改变我国西北地区长期以来在对外开放中的区位劣势，加快西北各省区的发展。中国—中南半岛和孟中印缅

---

① Xinhua, "*China-Europe cargo trains create wealth*", *CHINA DAILY*, August 16, 2016.
② 《外交部长王毅就中国外交政策和对外关系回答中外记者提问》，载于《光明日报》2016 年 3 月 9 日第 10 版。

经济走廊的建设对加快西南地区对外开放将产生积极的推动作用，加快云南和广西的经济发展。中蒙俄经济走廊建设同样有利于提升东北地区的对外开放度，为东北振兴提供新动力。

可以说，六条走廊的设计既有国内交通基础设施的支撑，也有与边境重要口岸运输联通创造的先行便利，更有着眼全面贯通亚欧非通道的长远考虑。这是一种攸关中国面向未来可持续发展的地缘经济路线，从中国东北、西北、东南、西南等方面全面延伸中国活动的"臂膀"，既改变对外开放过程中一些地区的区位劣势，也将改变由于发展不平衡形成的东部带动西部、沿海带动内地的梯度发展秩序，使发展的动力更为多元，内陆与边境地区重要节点为支撑的城市更多，布局更为广阔，国内区域协调发展更顺畅。与此同时，六条走廊的设计将加强中国与周边、与世界互联互通互动的程度与方式，扩大中国活动与影响的地域空间，为区域经济一体化、促进全球化发展打下颇具时代色彩的全新烙印。

三、通道辐射型的区位导向

与"一带一路"通道建设相伴随的必然是产能合作，没有产能合作，通道建设只能是摆设。20世纪末期，中国企业如青岛海尔，已走出国外投资办厂。但当时中国并没有完全融入全球价值链，营销体系、后勤支撑体系没有相应地建立起来，与全球性跨国企业的竞争力不在同一个档次。因此，当时走出去的中国企业的艰辛程度可以想象。经过"入世"10多年的洗礼，中国企业得已快速成长。21世纪初以来，走出去的条件日趋成熟。而"一带一路"倡议提出之后，已具备资金、技术实力的中国企业走出去已拥有前所未有的条件。

新时期中国企业为什么要走出去，即其对外投资的动因，既可从传统国际直接投资理论中寻找一些线索，如以"小岛清理论"为内核形成的"雁形模式"，以"崭新产品"阶段、"成熟产品"阶段、"标准化产品"阶段和"产品老化、转移产品"阶段为特征分析的"产品周期理论",以及邓宁的"国际生产折衷理论"等①,都有助于理解对外投资的发生与发展,也可为中国企业走出去提供一些理论依据。

但是,今天的时代已然发生巨大变化。一些评估认为,同样曾为亚洲最大的经济体,日本当年可以通过向周边转移消化过剩产能,通过周边经济体"威权政府"的接受而得以逐步展开,客观上也有助于东亚地区20世纪60—80年代的经济发展。今天,东亚经济体的政府效力不再,全球市场也变得日益复杂。② 显然,服从于"一带一路"建设的企业走出去与对外直接投资,仍然缺乏经典的经济学理论可以界定和说明。

"一带一路"形成的对外产能合作,有其内生和特殊性的动因。资金投向哪里,有其特殊性并与区位选择存在直接关联。为了分析的方便,这里构建一个术语,即"通道辐射型的区位"导向。通道建设是"一带一路"的基本骨架,而开展包括基础设施建设在内的各种产能合作导致的对外投资发生,则决定资金重点或优先投向的区位选择。投资需要直接服从于通道建设,并能有效运用通道。离通道越近,运输成本会越低,离通道越远,运输成本则会越高。通道建设需要充分考虑人口、资源、消费水平、市场布局、地理条件等。但从成本角度考虑,通道建设需要综合考虑多种因素,而非仅仅考虑某一方面的约束与难度。基于"通道与区位"导向的"一带一路"建设,才可能具有持久的效率。

"一带一路"要贯通亚欧非通道,实际上是要使产品生产区、资源富集区与消费市场区实现互联互通,这正是"一带一路"建设过程中"通道辐射型的区位"导向所决定的基本布局,也是服从"一带一路"建设的中国企业走出去的主要动因所在。

韦伯的区位理念可以为此提供某种视角的佐证。韦伯在其《工业区位论》第三章《运输指向》中指出,工业被吸引到那些具有最低运

---

① 傅梦孜:《世界直接投资——发展、理论与现实》,时事出版社,1999年8月第1版。
② Henry Wai, Chung Yeung, "*Strategic Coupling East Industrial Transformation in the New Global Economy*", Cornell University Press, 2017.

输成本的地方,既要顾及消费地,又要顾及原料地。[①]他还指出,工业必须不断地、坚决地从消费地向原料产地移动。事实上,这种普遍发现促使我们了解我们所目击的 19 世纪工业革命的基本特征,即在运输决定工业区位的范围,工业区位需要具备同消费地相一致的条件。[②]

韦伯也注意到,运输不必是直线的,而是要综合考虑其他因素。因为运输路线呈现的"曲线是因其他中心的存在以及地理环境而造成的。无论采取什么措施,连接原料地、生产地、消费地的几何直线,在实际情况中只能呈曲线状,这是不言而喻的……因为在现实情况中,区位位于运输网络之中。因而只能选择那些接近理想区位的区域,从运输网络的现状来看,选中的是那个最接近理想的区位点……"。[③]

通道建设引发工业区位跟进,也是有利于使各行为体成本最小化的选择,而这种选择通常会带来总体的成本最小化。黑格甚至提出,厂商选择区位在于收益最大化,并且使摩擦成本最小化。[④] 工业向消费地转移,这样的事例在过去普遍存在。20 世纪世界直接投资见证的不乏有生产向非消费地转移的例子,特别是从发达国家向发展中国家的转移则成为普遍现象。它可以以直接投资的方式发生,也可以外包形式展开。

在"一带一路"建设实践中,在中国企业走出去的过程中,生产向资源富集区转移就是一项重要的政策选项,也决定对外投资的区位选择。中国与哈萨克斯坦的产能合作也是这样。哈萨克斯坦资源丰富,但在国家独立前,其生产被置于前苏联庞大产业体系的个别环节,因而独立后缺乏自己独立的生产体系。作为"丝绸之路经济带"沿线的重要国家,哈萨克斯坦处于中欧班列的枢纽位置。中哈通过产能合作有助于哈萨克斯坦建立相对独立的工业体系,或者在全球和地区价值链中处于

---

① [德]阿尔弗雷德·韦伯:李刚剑等译:《工业区位论》,商务印书馆,2010 年版,第 56 页。
② 同上。第 86 页。
③ [德]阿尔弗雷德·韦伯:李刚剑等译:《工业区位论》,商务印书馆,2010 年版,第 93 页。
④ [美]威廉·阿朗索著,梁进社等译:《区位和土地利用——地租的一般理论》,商务印书馆,2010 年 10 月第 1 版,第 122 页。

更佳的位置，通道优势也可以有效充分地予以利用。通道与产能合作的有效配合也是这样。里海之滨的阿塞拜疆巴库新港处于被认为是毫无生气的广袤沙漠之中，是一个"完全激不起有关国际贸易和文化、经济融合宏大幻想的地带"，但是，由于巴库位于连接中国和欧洲的"一带一路"中部走廊地带，包括新开通的"巴库·第比利斯—卡尔斯铁路"，通过伊朗，连接印度与俄罗斯的新兴的南北通道走廊贯穿其中。这两条走廊使巴库新港突然成为具有卓越地理位置的枢纽。巴库新港作为节点城市，通畅的通道优势使其日益成为经济迅速发展和产业多样化的国际区域，物流与产业具有广阔的发展前景，也将为阿塞拜疆经济起飞创造前所未有的条件。希腊的比雷埃夫斯港也是一样。中国中远集团2016年持股经营一年后，仅集装箱码头的营业额就同比上升了53.1%，集装箱运输量则上升了70.6%。[①] 作为中国进入欧洲的主要海上门户，这个港口连接着中东、东非、北非、南亚及东南亚地区其他由中国管理的港口，正在形成一个由陆上和海上运输及制造业枢纽组成的全球网络，承担着未来以此为支撑形成更大区域范围"新丝路"的轮廓。

具备天然通道优势的国家也需要国内进行管道建设和产能合作。中国与尼日利亚油气合作就是这样。尼日利亚临大西洋，尽管拥有大量石油储量，但该国几乎所有燃料都是进口的，因为其陈旧的炼油厂无法在原地加工原油。2016年6月，尼日利亚宣布，与中国企业签署价值800亿美元的初步协议，拟对该国的石油和天然气基础设施进行升级改造。协议涵盖该国能源行业的各个方面，从改造陈旧的炼油厂和建造新管道，到开发被忽视的天然气和电力行业。产能合作转向包括发达国家在内的世界各地，将成为日益成长的中国企业走出去的一种合作趋势。英国英格兰西部的欣克利角C核电站就由中广核、中核和法国联合融资承建，表明中国企业在高端技术领域的合作具有国际竞争力。

发展工业需要与运输通道相关联，在一些极落后的国家更是如此。孟加拉国2016年公布了300亿美元的铁路计划，该国铁路网将得到全

---

① Wade Shepard (Forbes Contributor), "FORBES: 5 New Silk Road Projects to Alter your View of How the World Works", March 16, 2018, http://www.1news.az/mobile/news/forbes-5.

面升级，其中包括对火车站进行翻新、购买新列车以及铺设新铁轨。中国以低息提供 90 亿美元贷款。孟加拉国政府希望用这些资金建设至少 6 个铁路项目，将首都达卡与一些重要工业区连接起来，并将铁路修到该国与印度的边境地区。①

至于贸易与运输成本，理论上归属不同的经济学分支，前者属于贸易理论范畴，后者则属于经济地理学。诺贝尔经济学奖得主克鲁格曼（Paul R. Krugman）把规模经济融入区位与贸易的一般均衡模型，并使早期的定性分析量性化。他认为，推动贸易增长的一个非常重要的因素是运输成本的下降，而产地靠近最大市场可使运输成本最低。② 运输通道便利既可以带动沿线经济，也可为靠近最大市场创造全新条件，这种便利同时使运输成本得以下降，有利于促进贸易的发展。

"一带一路"沿线国家多是穷国、弱国、小国，有些国家甚至处于世界或地区经济的边缘地带，但具有发展潜力或者说是后发优势。服从于通道建设的对外投资与产能合作需要考虑投资的要素成本。工业区位论注意到，如果迁到劳动力成本最低点所节省的成本大于迁移所增加的运输成本，劳动力指向的区位是合理的，反之就是不合理的。③ 这有别于一般的国际直接投资理论，也为"一带一路"建设过程中的企业走出去提供了一些理论依据。投资需要考虑运输成本，这在"一带一路"建设实践中已经有所体现。

在通道与区位选择上，存在着相关关系，通道上的便利有利于吸引外来投资的区位选择。重庆、成都地理位置偏僻，对外陆上通道缺乏，自古有"蜀道难，难于上青天"的描述，面向亚欧的陆上运输自然成为吸引外来投资的障碍。但是渝新欧班列④开通后，其面向欧洲的出口

---

① "Rail in Bangladesh Brings trains to Asia Longest Beach", BLOOMBERGNEWS, July 1, 2016.
② 何光辉、庄雪峰等：《新国际贸易与经济地理理论及其发展》，载于《经济理论与经济管理》2009 年第 2 期。
③ [德] 阿尔弗雷德·韦伯著，李刚剑等译：《工业区位论》，商务印书馆，2010 年版，前言第 7 页。
④ 2016 年 6 月起，所有中国运行到欧洲的货运班列统称为"中欧班列"。

通道不再是问题。加之重庆拥有3000万人口，周边有3亿人口的巨大消费市场，发展潜力巨大。重庆有发达的河道网，面向东南亚和欧洲的远途陆上通道的建立，进一步吸引外来电子产品及高端制造商的投资。因为通过渝新欧铁路，重庆可以低成本向欧洲发送产品。美国福特汽车、通用汽车和惠普公司、德国大众汽车也将生产基地转移到重庆和武汉等中国内陆城市。总部设在北京、生产半导体显示器的北京东方科技集团将该公司最大的工厂设在重庆。通道优势也有利于国内企业进驻。重庆生产了世界1/3的笔记本电脑，在机器人制造方面也有飞跃式发展，甚至提出打造"全球机器人之都"，到2020年将使机器人产业销售额达到1000亿元的目标。

得益于陆水空运输通道与优越的地理位置，成都在吸引外资企业的同时，也为国际金融企业所青睐。成都成为国际金融企业在中国西部地区的首选城市，作为人民币跨境结算、跨国公司总部外汇资金集中运营管理，以及个人本币外币兑换业务的试点城市，吸引着伦敦、纽约、法兰克福等全球资本进入。在金融方面，成都领先西部的优势"推动成都站上内陆开放的新高地"。[①] 再加上充分利用内联外通等各种优势要素，自然为中国西南城市进一步拓展自身经济发展空间提供了基本保障。

在发展互联互通的进程中，广西也是一个突出的例子。这个曾经是中国相对封闭、偏远的省份，因为靠海、临边、沿江，拥有"面向东南亚、背靠大西南"的区位优势，在中国加强与东盟区域合作进程中，经过近十多年中国—东盟自贸区建设，较快地实现国际经济整合，广西从而一跃跻身地缘经济的中心，正在成为连接中国内陆地区与东盟的重要通道，成为中国对外开放的新前沿、中国与东盟自贸区的核心区，成为多区域合作的交汇点和交通枢纽。[②] "一带一路"建设既是广西与东南亚经济紧密发展的需要，也为广西实现与东盟地区互联互通创造了历

[①] 胡旭等：《成都：国际金融机构纷至沓来》，载于《新华每日电讯》2016年7月22日，第7版。

[②] 梁颖：《多区域合作的新视野：广西加强对东盟重点区域开放合作的若干思考》，载于秦红增主编：《多元视角下的中国—东盟研究》，民族出版社，2012年9月第1版，第2页。

史性机遇。

"十八大"以来,国家实施"一带一路""京津冀协同发展"和"长江经济带"三个重大区域经济发展战略,其显著特点是"打破了省级行政边界的束缚,呈现出明显的'整合特征'"。如京津冀三地以协同发展为目的,就是要通过进一步相互融合、协同发展,形成北方经济发展新高地,为整个环渤海经济区注入发展新动能,为中国经济增长提供全新动力。[1] 但是,一个更重要的着眼点还在于,这三个区域重大经济发展战略所在地区也是客观上互联互通最为发达的地区,具备战略启动点与支撑点。"一带一路"沿线涉及全国18个省,"长江经济带"覆盖11个省,"京津冀协同发展"有三个省和直辖市。而且,一些研究发现,在三大国家重大区域发展战略的关键节点上,都设立了国家级新区作为战略支撑点与启动点。仅以"一带一路"为例,在国家设立的15个国家级新区中,有9个位于"一带一路"沿线。包括"丝绸之路经济带"2个:陕西新咸新区、兰州新区;"21世纪海上丝绸之路"7个:哈尔滨新区、大连金普新区、天津滨海新区、青岛西海岸新区、浙江舟山群岛新区、福州新区、广州南沙新区。[2] 这些新区成为引领经济发展的新平台。如天津滨海新区设立的科技发展资金以每年15亿美元的额度,在重大创新平台建设、关键技术攻关、"科技+金融"等方面加大支持力度。近3年来,天津滨海新区GDP年均增长13%,2016年生产总值突破1万亿元,成为国内首个GDP过万亿元的国家级新区。[3]

在新的时空背景下,通道建设与开发区建设同样有着积极的相关关系,但开发区建设要有新的跨越。如长江经济带作为"一带一路"主要交汇区,修复生态环境已摆在压倒性位置。习近平总书记在深入推动

---

[1] 《京津冀协同发展将为中国经济提供全新动力》,载于《21世纪经济报道》2017年3月1日第1版。

[2] 赫寿义、曹清峰:《论国家级新区》,载于《区域与城市经济》2016年第6期,第20—21页。

[3] 陈建强:《天津滨海新区:创新平台支撑产业转型》,载于《光明日报》2017年3月1日。

长江经济带发展座谈会上强调:"共抓大保护,不搞大开发,努力把长江经济带建设成为生态更优美、交通更顺畅、经济更协调、市场更统一、机制更科学的黄金经济带,探索出一条生态优先、绿色发展的新路子。"这就要求沿线经济带地区"破除旧动能,发展新动能,推动长江经济带建设现代化经济体系"。①

"一带一路"是立足中国、面向周边与世界的战略设想,如果考虑到中国边境跨境经济区、产业园、物流枢纽、运输口岸建设、沿边沿海重要开发开放试验区等,以及现有通道延及的"一带一路"沿线,可以发现,中国境内并延及境外的通道(已有或待建)优势吸引的产业群几乎难计其数。② 随着沪昆线、成(都)贵(阳)及贵阳—南宁—西藏线的开通,新线路将在进一步联通中国南部、西南经济区与东盟国家,并在"一带一路"倡议中发挥重要作用,③ 从而全面带动呈现后发效应的中国西南部地区经济与东盟经济的进一步整合。

第四节 基础设施短缺与建设的长程性

基础设施与人类生存、生活息息相关。因应技术革命与人类生活质量的提高,基础设施的建设与完善是一个持续不断的过程。它虽非决定"一带一路"倡议形成的必要条件,却可谓是其形成的充分保证。

---

① 《习近平在深入推动长江经济带发展座谈会上强调加强改革创新战略统筹规划引导 以长江经济带发展推动高质量发展》,参见:《光明日报》2018年4月27日第1—2版。
② 《国务院关于支持沿边重点地区开发开放若干政策措施的意见(2015)72号附件》中公布的沿边重点地区名录包括:广西凭祥等5个重点开发开放试验区、云南河口广西东兴等72个沿边国家级口岸(其中11个铁路口岸、61个公路口岸)、广西东兴等28个边境城市、广西东兴等17个边境经济合作区、1个跨境经济合作区(中哈霍尔果斯国际边境合作中心),http://www.gov.cn。沪昆线全长2633千米,被誉为中国最美高铁,已于2016年12月全线通车。川藏线全长1838千米,桥隧总长1413千米,全线通车后两地交通时间将从目前的40多个小时缩短至13个小时左右。——笔者注
③ "$500b to boost high-speed rail plan", *CHINA DAILY*, December 30, 2016.

一、基础设施效用

在当今信息时代，基础设施的内涵与外延进一步扩大，传统与现代基础设施对各国经济社会发展的作用非常显著。

一是支撑国际贸易与投资。英国工业革命开启规模制造以来，运输性基础设施成为大规模对外贸易的先导条件，中东欧、印度、非洲与拉美的铁路建设，以及世界各地港口、海运线的支撑设施建设，就最早、最直接服务于工业革命对世界资源与产品出口的需要。铁路被称为19世纪最有前途的发明，因为正是铁路取代运河最终解决了陆路运输距离问题。约翰·S.戈登（John·S·Gordon）分析，正如伊利运河的开通使得五大湖区和纽约市之间的货物运输成本减少为原来的1/20，铁路的开通将它连接的所有内陆站点之间的货物运输费用以类似的比例大大降低。他甚至认为，历史上从来没有哪一项发明能像铁路这样对世界产生如此迅速和决定性的影响。正是铁路把无数小规模的地方经济联系在一起，创造了真正意义上的世界经济。[1] 一些经济史学家对19世纪国际贸易大爆发的相关研究表明，基础设施建设包括运输方式的革新是推动19世纪末国际贸易增长的真正原因。[2] 在一些国家，铁路建设对经济增长、劳动就业、相关行业的连带发展都发挥着十分重要的作用，工业化时期的德国就是一个突出的例子。

表3-4 德国工业化时期铁路建设及连锁行业发展（1830—1935年）

年份	1830	1840	1850	1860	1870	1880	1890	1900	1935
铁路里程（千米）	6（1835年）	2300（1845年）	8290（1855年）14690（1865年）	18876	33645	41818	49878	57043	—

---

[1] ［美］约翰·S.戈登著，祁赋译：《伟大的博弈——华尔街金融帝国的崛起（1653—2011）》，中信出版社，2011年1月第2版，第79页。

[2] 高雅婷、代谦：《河流上的繁荣：宋朝水路运输与海外贸易》，载于《经济评论》2016年第2期，第113页。

续表

年份	1830	1840	1850	1860	1870	1880	1890	1900	1935
生铁产量（千吨）	46	182	216	529	1390	2729	4659	8521	—
铁路企业就业人数（人）	—	1648	26084	85608	161014	—	—	—	—
煤炭工业就业人数（千人）	4.5	8.9	12.7	83.2	125	179	262	414	—
铁路运输量（百万人）	—	—	—	—	—	215.2	434.1	871.1	1541.8

资料来源：Rainer Fremdling, Eisenbahnen and deutsches Wirtschaft swachstum 1840－1879，Murechun，1975，p.24，p.30－31，中国社会科学院经济研究所世界经济研究室编：《主要资本主义国家经济统计集》，世界知识出版社，1962年版，第264、266、274页；《苏联和主要资本主义国家经济历史统计集》，人民出版社，1989年版，第492、493、494页。

基础设施对贸易的推动作用在今天仍然突出。英国皇家国际问题研究所等出台的一份报告指出，中国的投资和欧盟的"容克计划"有助于欧盟消除一些基础设施瓶颈，特别是加强中欧和东欧港口和铁路设施建设，以及中欧之间建设新的铁路货运线路。而一旦所有有关项目完成，跨地区之间的运输成本会进一步降低，中欧双方会扩大相互的进出口贸易，欧盟的全球贸易额甚至可能增加大约6%。此外，与"一带一路"有关的新投资、贸易和工业合作有助于欧盟及邻近地区的经济增长。[1]

19世纪迄今，全球范围内基础设施的建设与完善之潮一直迁延不息。基础设施被认为是当今时代衡量一国国际竞争力的"决定性因素"

---

[1] Tim Summers, K. C. KowkHornary, etc, "*EU-China Economic Relations to* 2025：Building a Common Future", Sep.13, 2017, http：//chathamhouse.org/publicatioins/eu-china-economic-relations-2025-building-economic-future.

之一。① 基础设施的质量与完善程度成为主要的市场问题和很多发展中国家面临的挑战，是直接决定一国贸易能力与获得外国直接投资的重要条件。② 由于发展中国家这方面存在先天性不足，发展基础设施被视为战略性举措。世界经济论坛"全球竞争力排名和基础设施指数"的数据为此提供了更好的注脚。

表3–5　全球竞争力和基础设施质量指数

	全球竞争力			基础设施得分	
	2000	2000—2011	2011—2012	2010—2011	2015—2016
柬埔寨	NA	109	90	2.70	NA
印度尼西亚	64	44	37	3.56	4.19
马来西亚	30	26	18	4.97	5.51
新加坡	4	3	2	6.22	6.49
泰国	33	38	32	4.84	4.62
越南	60	59	56	3.56	3.84
中国	39	27	28	4.44	4.73
日本	21	6	6	5.69	6.21
俄罗斯	NA	NA	NA	4.5	4.81
哈萨克斯坦	NA	NA	NA	4.2	4.25
埃及	NA	NA	NA	1.16	3.41
德国	17	5	4	6.43	6.12
美国	12	12	3	5.88	5.87
英国	2	4	10	5.65	6.03

资料来源：WEF2000.2010.2012.2015/16年数据汇制③，国家总数共140个，本表有取舍。表中"NA"为无有效数据或未录入。分值据世界经济论坛标准（WEF）：1为最差，7为最好。

---

① Giang Dang, Low Sui Pheng, "*Infrastructure Investments in Developing Economies*", The Case of Vietnam, Spring Singapore, 2015, pp. 1–2.

② Ibid, Introduction. p. 43.

③ World Economic Forum, "*World Infrastructure Index, Competitiveness Rankings*", http://reports.weforum.org/global-competitiveness-report-2015-2016/competitiveness-rankings/.

国际竞争力主要表现于市场环境、贸易投资与自由化程度、法律规则与金融便利等。基础设施质量与一国竞争力排名有着正相关关系。基础设施完善且质量较好的国家，其国际竞争力排名也较靠前。一般而言，发达国家基础设施得分都在 5 分以上，其竞争力也相应靠前；而发展中国家基础设施状况要差一些，其竞争力排名靠后。值得指出的是，中国十多年来基础设施发展迅速，其得分与中等发达国家接近，且国际竞争力排名上升也最快，得益于基础设施条件较好。正受益如此，近十多年来，中国成为吸引外国直接投资最多的国家之一。当然，衡量基础设施状况需要考虑到国家大小，瑞士（排名第一）、新加坡的排名靠前与其国土面积较小有关。而英国基础设施得分与美国差不多（2012 年高于美国），但国际竞争力排名大大落后于美国。基础设施只能是作为国际竞争力排名的重要依据之一而非全部。

研究表明，由于国家间的经济增长、利率、进出口贸易等经济变量具有同周期性，"一带一路"建设的推进，使沿线国家与中国的双边贸易进一步扩大，从而对经济增长产生具有正相关、同向均衡性的影响。双边贸易通过资源累积效应、贸易乘数效应、价格信号效应、竞争效应、技术和制度溢出等，直接影响贸易双方的经济产出、物价水平、利率、汇率和外商直接投资等宏观经济变量；同时，由于贸易对经济增长影响存在空间溢出效应，双边贸易也会间接影响其他国家的宏观经济变量。"一带一路"沿线国家占我国双边贸易总额的比重由 1993 年 24.37% 增加到 2013 年的 44.89%。近 10 年这种贸易年均增长达 19%。① 这种关联性正可说明"一带一路"建设对贸易的推动作用。2018 年 6 月荷兰国际集团发表一项评估报告指出，运输和贸易辅助成本一直影响和制约国际贸易，但"一带一路"有望使世界各国间的贸易成本减少约一半，贸易流程的简化也会产生巨大的积极作用。这份报告的评估专家认为，"一带一路"建设将推动全球贸易增长 12%，乐观的估计甚至认为，由于贸易成本下降，俄罗斯、哈萨克斯坦、波兰、尼

---

① 王美昌、徐康宁：《"一带一路"国家双边贸易与中国经济增长的动态关系——基于空间交互作用的视角》，载于《世界经济研究》2016 年第 2 期，第 101、109、103—104 页。

泊尔和缅甸的贸易总量会大幅增长45%，中国的贸易总量会增长20%。[1]

二是支撑经济起飞与区域关联性经济发展。新古典经济学把基础设施置于流通环节去认识，凯恩斯主义学派视之为消费的组成部分。李嘉图学派认为基础设施建设只会对运输成本和分配产生影响，增加生产、交易以提升装载货物的能力，进而提高生产力。古典经济学甚至总结，在大部分国家的历史上，好的统治者往往由于他们把精力用在扩展道路系统方面而扬名，不佳的统治者则因为他们主政期间道路状况恶劣而声名狼藉。从经济观点出发，便宜而四通八达的交通网是任何国家所能有的最大幸事。[2] 这就是对基础设施效用的评估。"新增长理论"更强调技术和知识而非劳动与资本对经济增长的驱动作用。但技术和知识的作用仍需要其他要素的配合。其中，对发展中国家而言，基础设施的落后，以及制度结构、资本和产品市场的不完善等，同样提供不了对经济增长的刺激。[3]

现代基础设施建设规模巨大，其建设与完善过程本身就是一种投资，从资本投入角度而言，其本身就是推动经济增长的内生性力量，而且，基础设施的建设会直接带动辐射面十分广泛的产业链条，形成自然的产业带动效应，增加就业率，促进制造业发展。一些发展中国家经济起飞时期往往伴随着大规模基础设施的建设。

在基础设施发展和产业发展的关联方面，中国提供了"最为成功"的案例。长江经济走廊创造了中国GDP的45%，成为中国经济增长的主要驱动力。[4] 中国不断投资于基础设施，为世界提供了一种"教科书"式的范例。据麦肯锡公司估计，1992—2013年，中国把经济产出

---

[1] 沈维多、甄翔：《"一带一路"有望推动全球贸易增长12%》，载于《环球时报》，2018年6月8日。
[2] [英]阿瑟·刘易斯著，周师铭译：《经济增长理论》(1955年版)，商务印书馆2009年6月第1版，第80页。
[3] Cornwall J, Cornwall W, "Growth theory and economic structure", Economics, 61 (242), pp. 237–251.
[4] ADB, "Infrastructure as a Growth Driver, ASEAN, PRC, and INDIA, The Great Transformation", Printed in Tokyo, 2014, p. 142.

的 8.6% 用于基础设施项目。仅 2013 年，中国基础设施投资达 8290 亿美元，比美国、加拿大和欧盟的总和还要多。① 中国基础设施建设对带动经济发展功不可没。长江经济带的基础设施建设中就逐步构建了连接落后地区与沿海发达地区的走廊，主要有四条：江苏—长江带、安徽—长江带、湖北—长江带、重庆—长江带。其作用表现于加强了沿海与内陆地区的互联互通，提升了集装箱运输便利和沿江转运能力，包括路、桥梁和港口服务设施。

  亚洲开发银行报告认为，对实体性基础设施的投资，包括交通运输、信息、电讯设施等，会促进所有经济部门的生产率。它可以减少贸易及相关后勤支撑的成本，保证经济增长所需能源，提供的互联互通便于有竞争力产业的成长，深化地区生产网络。同样对于软性基础设施的投资，如支持具有竞争力企业的引资与对外投资也是至关重要的。② 2014 年 9 月中国启动长江经济带区域通关一体化改革，初期试点上海、南京、宁波、杭州、合肥 5 个城市，随后推广到长江经济带 12 个海关，真正实现了"十二关如一关"。仅江苏一省就有 8 万多家进出口企业，七成以上货物从上海口岸出口。实行通关一体化改革后，上海自贸区的海关监管创新在区域内复制推广，企业通关成本进一步降低。目前长江三角地区进出口交易额和实际利用外资总额分别占全国的 32% 和 55%。③ 就整体通道发展布局而言，如果长江经济带与丝绸之路经济带实现互联互通，从产业布局看势必减少重复产业，实现经济增长。不仅如此，这种互联互通既可降低区域间门槛，同时也能够打通丝绸之路经济带向东南方向延伸发展的可能性。长江经济带也可借助丝绸之路经济带运输通道向西亚、中亚实现陆地贸易，促进双方发展。④

---

① "Peter Goodman, *Infrastructure goes private, at a price*", *THE NEW YORK TIMES* (International Edition), Jun. 17 – 18, 2017.

② ADB, "*Infrastructure as a Growth Driver, ASEAN, PRC and INDIA, The Great Transformation*", Printed in Tokyo, 2014, p. 139.

③ 陈恒等:《长三角：世界级城市群从这里兴起》,载于《光明日报》,2016 年 7 月 14 日。

④ 许瑞泉:《丝绸之路经济带与长江经济带互联互通模式探讨》,载于《西北师范大学报（社会科学版）》2016 年第 3 期，第 125 页。

缺乏有效的基础设施将阻碍一国经济长期稳定增长，使一国发展服务和产业基地的条件受到限制。48个撒哈拉以南非洲国家中，有36个（占非洲人口的80%和GDP的70%）国际贸易条件恶化，2015年经济增长下降到3.7%，而亚洲为6.4%。最紧迫的是电力问题。尼日利亚占撒哈拉以南非洲GDP的1/3，但只有3000MW发电能力，不及朝鲜，一天只能供电4小时，大多数工厂只能依靠柴油机发电维持运转。[①]

世界银行界定的基础设施促进经济增长贡献的三种方式：道路、水、电力和通讯等基础设施会提高生产效率并增加投资回报；基础设施实现一国远距离连通，使经济更加多元化并导致新市场的出现；社会性基础设施包括学校、医院等，同样是实现人力资本发展的支撑。研究表明，一国要维持经济发展，须要支出占GDP的5%—6%用于基础设施。基本共识是，有效的基础设施是实现一国和地区经济增长的根本条件之一。[②]

基建投资会极大促进经济。标准普尔估计，增加基建投资占GDP的一个百分点，将使美国经济多增长1.7%，英国和欧元区经济多增长1.4%。[③] 未来10年亚洲存在巨大的基础设施需求，亚洲受困于高质量的道路、铁路、港口和其他基础设施支持其经济增长。扩大基础设施10%的投资可以使经济增长率提高1%。[④] 埃塞俄比亚成为非洲东部快速增长的国家，包括水坝、道路、铁路、住宅等关键基础设施建设发挥了极为重要的作用，是"经济保持两位数增长的主驱动力"。据估计，埃塞俄比亚基础设施建设部门对全国经济的贡献由2010/2011年的4%

[①] "1.2 billion opportunities", Special Report, Business in Africa, THE ECONOMIST, April. 16, 2016, pp. 4-7.

[②] Christine Kessides, "The contributions of infrastructure to economic development", World Bank, 1993, http://documents.worldbank.org/curated/en/1993/09/698896/conrribution-infrastructure-economic-dev-elopment-review-experience-policy-implications.

[③] "Infrastructure in the rich world: Building works", THE ECONOMIST, August 29, 2015, p.55.

[④] "China's new Silk Road to the West is an opportunity Britain must grasp", The Telegraph, October 25, 2015, Http://www.telegraph.co.uk/finance/china-business/11953922/china-new-Silk-Road-to-the-Weat-is-an-opportunity-Britain-must-grasp.html.

提高到 2013/2014 年的 9.4%。① 在拓展互联互通方面，埃塞俄比亚航空公司亦可称为非洲航空的典范。埃航已发展成非洲最大、最成功的航空公司，与世界 82 个国家通航，年增航线超过 3 个，超过非洲竞争对手的总和。②

三是推动国际间的互联互通实现大范围开放。一个国家或一个地区经济要取得持续发展，需要有必然的、且符合经济成本的地理路径为依托。在全球化条件下，要使资源、人口、技术合理流动，地理路径成为实现生产要素合理配置的必要条件。各种区域经济一体化，互联互通成为最重要的路径承载。③ 20 世纪中国开启了改革开放的历史进程，中国与世界的联系迅速加强。沿边、沿海地区与毗邻国家的经贸关系加快发展。2001 年中国加入世界贸易组织，在更大范围、更深层次、更高水平实现了进一步的改革开放。冷战结束后全球化的发展，也同样推动了世界范围内的转型开放进程，凡此，更多属于政策开放层面。"一带一路"则要从实体地理、设施层面，同时从政策、贸易便利化、金融货币、人文交流等政策层面双向全面推进中国的对外开放，同时国际互联互通将推动相互间的开放。

具有远见的经济学家甚至提出"超前"建设基础设施。以运输通道为例，良好的交通运输基础设施的经济效益不可低估。林毅夫、王燕认为，它可以降低生产部门之间从事商业活动的成本，帮助整合分割的市场，增加了跨边界贸易，并促进竞争。这种基础设施必须在经济正好需要的时候准备好。因为，如果延迟，会转化为经济收益的丧失，而且日后获得土地并进行建造的成本将会高很多，从而牺牲整体经济和使用者本可更早获得的巨大经济收益。④

---

① "Efficiency to Construction", ETHIOPIAN BUSINESS REVIEW, Oct. 6-Nov. 5, 2016, No. 44, pp. 46 – 47.

② "African Airline: Well-connects", THE ECONOMIST, October 22, 2016, pp. 62 – 63.

③ 邵宇：《海上丝绸之路与东南亚一体化》，《第一财经日报》，2016 年 3 月 17 日，A11 版。

④ 林毅夫、王燕著；宋琛译：《超越发展援助——在一个多极世界中重构发展合作新理念》，北京大学出版社，2016 年 9 月第 1 版，第 135 页。

"一带一路"建设推进以来,互联互通网络逐渐成形。以中巴、中蒙俄等经济走廊建设为标志,基础设施、金融、人文等领域取得一批重要的早期收获。23 列中欧班列贯通欧亚,匈塞铁路、雅万高铁开工建设,中老、中泰铁路等泛亚铁路网建设迈出了重要步伐。①

2002 年 11 月,中国和东盟 10 国领导人共同签署了《中国—东盟全面经济合作框架协议》。该协议中,中国和东盟同意于 2010 年建成中国—东盟自由贸易区(CAFTA)。2010 年 1 月 1 日正式建立,区域内贸易进入"零关税"时期。该贸易区将创造一个拥有 17 亿消费者、1.2 万亿美元贸易总额的经济区。2010 年中国与东盟自由贸易区启动以来,东盟互联互通计划、中国与中南半岛走廊建设及合作项目的推进,使"东南亚已经嵌入一个与中国在经济和物质上互联互通日益扩大的网络",② 成为中国与东盟经济关系迅速发展的支撑。

地区一体化的进程并非一帆风顺。英国脱欧标志着一体化程度最高的欧盟出现阶段性倒退。这种由民粹主义绑架的公投造成的消极结果很快影响到互联互通项目。本来,特雷莎·梅上任之初就表示要在英国脱欧后将基础设施作为恢复英国经济的重中之重,加大公路、铁路、能源和防洪工程项目投资,并要求英国财政部为新项目提供资金支持,发行新的基础建设债券。但脱欧 2 个月后,与梅首相预期相反,数据表明,2016 年 7 月英国基础设施建设合约价值环比下降 20%,同比下降 23%。这种状况恐怕要延续到 2020 年。③ 反面的例子说明,在一体化道路上的退出,不仅不利于加强个体与集体的关系,而且倒退到个体这一堡垒也会松散自身国家一体化建设的努力。

---

① 《外交部长王毅就中国外交政策和对外关系回答中外记者提问》,《光明日报》,2016 年 3 月 9 日,第 10 版。
② Akhilesh Pillalamarri, "*Why India should Look West Instead?*" The Diplomat, March 7, 2016, http://thediplomat.com/2016/03/why-india-look-west-instead/.
③ 冯迪凡:《脱欧负效应:英国基建投资狂跌 20%》,《第一财经日报》,2016 年 8 月 23 日,A04 版。

二、基础设施短缺

基础设施对国家经济、社会发展和国家安全而言，都显示了与日俱增的重要性。处于经济发展时期的一些发展中国家或新兴经济体，对基础设施的需求更加迫切。发展中国家基础设施总体上远不及发达国家，在一些地区严重制约了贸易与投资。而对基础设施的需求，各地区因地理、人口、资源状况及产业区域布置存在差异而有所不同。在非洲，过去半个世纪中，殖民时代的老旧铁路基本处于萎缩状态。2014年撒哈拉以南非洲火车运输载重运量为1580亿吨/千米，不及澳大利亚铁路运输的一半，而且非洲84%的铁路分布在南非。[1] 一般的评估认为，非洲基础设施总体上的短缺成为经济增长和缓解贫困的障碍。这其中的原因不光是缺钱，也缺乏定位明确、银行可以接受的建设项目。基础设施的短缺，使农产品难以外运到市场、公共卫生状况难以改善，因为缺乏电力，制造业部门也难以扩大。[2]

对非洲而言，拥有良好的港口可能比其他地区更为重要，因为这里90%的贸易通过海运进行。但非洲很多港口极为落后，而且规模很小。2013年，南非的德班港是撒哈拉以南非洲最大的港口，年吞吐量为260万个集装箱，但仅及世界最忙碌的上海港的1/13。非洲港口起运等待时间要3周，而其他新兴市场仅1周。新的基础设施有助于改变拥挤状况，但也只有在公路、铁路同时得到升级才有可能。在蒙巴萨，老式的英国建造的铁路仅能承运5%的集装箱。世界银行估计非洲港口延误造成另外的成本高约10%，比一些国家的关税还高。对出口行业的伤害更大，如果莫桑比克北部的深水港纳卡拉（Nacala）能与南美厄瓜多尔港口的承运同样廉价，其香蕉产业可以扩大20倍。[3] 基础设施的缺乏在撒哈拉以南非洲、东南亚等发展中国家更为严重。一些国家经济开始

---

[1] "Railway in Africa: Puffed Out", THE ECONOMIST, June 4, 2016, pp. 38–39.

[2] Mthuli Ncube, Charles leyeka Lufumpa, "Infrastructure in Africa: Lesson for Future Development", Policy Press, 2017.

[3] "Africa's Port: The Bottleneck", THE ECONOMIST, March 19, 2016, pp. 39–40.

起飞，中产收入阶层在逐步扩大，而缺乏基础设施被认为是最严重的投资壁垒。[1]

发达国家尽管基础设施条件好于发展中国家，但同样面临提质与提速、维修与更新的问题，因此，就各国适应经济持续发展的需求而言，基础设施的短缺几乎成为全球普遍现象。

美国拥有世界最为发达的基础设施系统。20世纪50年代，艾森豪威尔总统签署《联邦政府援助高速公路法案》，州际高速开始成为克服美国汽车时代挑战的重要战略性举措。[2] 艾森豪威尔高速公路成为一系列包括电站、水坝、全境的电话覆盖系统等伟大的基础设施项目的一部分，成为引领美国进入史无前例的经济繁荣的重要支撑，这些工程"推动了美国经济增长和合众国的统一"。[3]

今天，美国、德国等发达国家基础设施质量指数仍位居世界前列，但同样面临基础设施完善的日益严重的挑战。美国大部分能源基础设施的寿命都已经超过50年，输气管线大多建于20世纪五六十年代，战略石油储备大多根据美国国会40多年前的法案建立，大型能源基础设施如管道、运输、存储系统老化。为升级有关设施，专家建议在10年内投资150亿美元。[4]

在美国，桥梁平均使用期达到42年，大坝平均使用期达到52年。其中14000座大坝为"高危"，151238座桥梁被认为存在"缺陷"。2007年明尼阿波利斯州就发生了一起断桥事故：该州密西西比河一座主要大桥（I-35W大桥）在晚高峰时突然断裂，造成13人死亡、150人受伤。2013年5月西雅图一座桥梁垮塌，一辆重载车坠入河中造成3人受伤。按浪费时间和原油计算，城市高速的拥堵每年使美国损失

---

[1] World Bank, "*Global Infrastructure Facility*", http://world bank.org/en/programs'global-infrastructure-facility.

[2] "*Interstate Highway System*", http://eisenhower.archives.gov/research/online_documents/interstate_highway_system.htm.

[3] Aaron Klein, "*How to Fix American's Infrastructure, Build Baby, Build*", FOREIGN AFFAIRS, Sep. &Oct., 2016, p.151.

[4] 《石油杂志》中文版，No.20, 2015年7月，第17页。

1000 亿美元，机场拥挤每年浪费 220 亿美元，电力储运损耗每年达 1500 亿美元。① 脆弱的基础设施既危险也昂贵。2007 年美国纽约市政的老旧蒸气管道发生爆裂，造成一人死亡。美国大部分能源基础设施的寿命都已经超期，环境和安全上都存在风险。②

2009 年奥巴马总统签署一项总额为 8000 亿美元的经济刺激法案，但也只有 4% 的资金注入基础设施项目，③ 仍可谓杯水车薪。2016 年 6 月 13 日，奥巴马总统接受彭博新闻社专访时称，美国基础设施的逾期维修费用高达 2 万亿美元。他深信，这项投资不仅具有显著的"乘数效应"，能够带动经济，并且还能为长期生产率奠定一个坚实的基础。在资本如此便宜的当下，我们不去做这些事情，简直就是疯子。④ 特朗普总统信誓旦旦地承诺未来投资 1 万亿美元，重建世界第一的"美国基础设施"。⑤

欧洲作为世界工业革命发源地，自然成为近代世界新基础设施建设的先驱，但同样存在基础设施的巨大短缺。当前，在欧洲，德国 1/3、伦敦 1/2 的桥梁已使用超过 100 年。即使传统的铁路运输，欧洲同样也因仍有需要而处于较快增长状态。欧洲铁路相对发达，铁路货运十分繁忙。2013 年欧洲货运量占全世界铁路货运量的 30%，而且，每年还以 4.4%—7.5% 的速度增加，欧洲铁路的货运量中有 30% 的重载货运潜力。⑥ 从电站到运输网络，估计 2013—2020 年需要比预计的多出 2 万亿欧元的投资，总额达到 15 万亿欧元。而从 20 世纪 60 年代起，主要欧洲国家基础设施投资占 GDP 产出比重持续下降。最新一次金融危机更加剧了这种趋势。欧盟整个投资在金融危机开始的 2007 年占 GDP 比重

---

① "*Infrastructure in the rich World: Building Works*", THE ECONOMIST, 29th 2015, p. 55.
② 《石油杂志》中文版，No. 20，2015 年 7 月，第 17 页。
③ Aaron Klein, "*How to Fix American's Infrastructure, Build Baby, Build*", FOREIGN AFFAIRS, Sep. &Oct., 2016, p. 152.
④ 《奥巴马：要投资，不要投机》，载于《彭博商业周刊》中文版 2016 年第 97 期，第 69 页。
⑤ Ryan Bradley, "*Infrastructure, the Trump Way*", FORTUNE, Asia pacific Adition, No. 1, January 1, 2017, p. 10.
⑥ 《世界铁路重载运输发展历程及最新进展》，http: wenku. baidu. com/link? u。

为 21.3%，2013 年急剧下降到 17.3%。①

电力短缺也普遍制约世界特别是发展中国家的经济发展。新能源发展规模与速度仍显不足，煤电也受到环保标准的制约。因此，尽管日本发生福岛核电站事故，但核电仍是一些国家解决能源问题的重要选项。世界上现有 70 多个国家已经或正在计划发展核电，其中"一带一路"沿线国家占 40 多个，正在计划发展的有 10 多个国家。预计到 2020 年，全球将新建约 130 台核电机组，到 2030 年这一数字将达到约 300 台。其中，"一带一路"国家和周边国家将占到新建机组数约 80%。目前中核集团已与阿根廷、巴西、埃及、沙特、南非、英国、法国、约旦、亚美尼亚等多个国家签署合作协议。中核集团董事长孙勤说，中核集团将充分发挥核工业体系优势。中核将以"华龙一号"为龙头，带动核燃料、核电运行服务、核设施退役治理及核技术等全产业链"走出去"。②巨大而持久的需求，也注定已经迈开走出去步伐的中国核电，具有广阔而持久的市场拓展空间，可以伴随"一带一路"建设的全过程。

三、基础设施建设的长期性

基础设施投资规模巨大，建设周期漫长，投资与回报效应缓慢。这一状况也制约了各国的基础设施建设，但巨大需求决定这一领域具有长程性的投资前景。

各国经济发展必然伴随自然而然的城市化进程。而且，由于世界人口增长和对高品质、可靠服务需求的上升，基础设施建设需求将持续增加。据估计，全球人口到 2050 年至少增长 25%。大部分增加发生在世界大城市范围。世界人口将从 2009 年的 34 亿增加到 2050 年的 64 亿。人口增长将导致供水、电力和交通运输的持续扩张。

估计，从现在到 2030 年，为使供水、电力和运输系统现代化和升

---

① Paola Subacchi, Stephen Pickford, *"Building Growth in Europe-Innovative Financing for Infrastructure"*, Chatham House Report, September, 2014, pp. 9 – 10.
② 《中国将在"一带一路"沿线国家建约 30 台核电机组》，《新华每日电讯》，2016 年 3 月 2 日。

级，全球基础设施投资需求至少 40 万亿美元 。而 2005—2030 年，由于人口增长更快，亚洲、大洋洲城市基础设施需求将达到 15.8 万亿美元，欧盟次之，为 9 万亿美元。到 2020 年，英国运输行业基建投资额将增加一倍。正在进行中的投资合同包括公路项目约 200 亿英镑，铁路项目约 500 亿英镑。[1]

未来 20 年，亚洲地区基础设施投资需求巨大，仅中国就需要 4.37 万亿美元，印度 2.17 万亿美元。印度政府准备在未来几年对 5 万千米的国道以及约 1.5 万千米的高速公路进行升级。经合组织（OECD）加上金砖国家对电力、供水、铁路和城市公共交通基础设施的需求将达到 53 万亿美元。麦肯锡公司估计，2013—2030 年，全球对包括电讯、供水、电力、机场、港口、铁路、公路等基础设施的投资需求大约高达 57 万亿—67 万亿美元。[2] 2010—2020 年，亚洲各国基础设施投资合计需求为 8 万亿美元，而世行和亚行目前每年能够给亚洲的资金大约只有 200 亿美元，其中用于基础设施建设的资金仅占 40%—50% 。[3] 就全球范围而言，即使一些国家把基础设施质量由"较差"提高到"良好"级别，从现在起到 2020 年就需要新增共计 1.6 万亿美元的投资。[4]

面对如此大的投资需求，如何填补投资缺口，"一带一路"建设可以提供并利用一些难得的机遇。

一是世界范围内低利率水平。2008 年全球性金融危机以来，发达国家持续实行货币量化宽松政策。欧洲、日本几乎降到负利率水平。美国经济好于欧洲和日本，但到 2016 年持续 2 次推迟加息。流动性的充分使得全球融资环境相对宽松。借贷相对廉价对长期投资项目而言可谓难得的机会。此外，全球养老基金约 75 万亿美元，特别感兴趣于长期

---

[1] "Infrastructure: Ropy roads, rail and runways", THE ECONOMIST, September 3, 2016, p. 50.

[2] Paola Subacchi, Stephen Pickford, "Building Growth in Europe-Innovative Financing for Infrastructure", Chatham House Report, September, 2014, pp. 9–10.

[3] 王琳等：《亚投行正式起航，主要用美元结算》，《第一财经日报》2016 年 1 月 18 日，A1–A2 版。

[4] "American Infrastructure: Buy Local", THE ECONOMIST, May. 7, 2016, p. 62.

投资能带来潜在、可靠的投资收益。①英国《经济学家》估计,由于利率触底和充足的工业建设能力,修缮和新建基础设施的成本比正常年份要低。据估计,目前英国的基建成本要比危机后低20%。②而一旦英国、美国经济复苏、失业率下降,将导致基础设施建设成本与日俱增。

二是亚投行与丝路基金等提供融资支持。尽管亚投行股本资金总额并不太大,相对于全球基础设施的需求可能远远不足,但可以起到撬动作用,只要项目可行性论证充分,必然形成引力效应,吸引各国政府与民间资本的参与。亚投行首笔融资项目已于2016年5月发放,为巴基斯坦的M4高速公路项目融资。此项目连接旁遮普省绍尔果德到哈内瓦尔,长约64千米。

三是联合投资或政府主权担保。一般涉及各国攸关民生或经济发展的战略性工程项目,都由政府担保。耗资160亿英镑的英国英格兰西部的欣克利角C核电站就由中广核、中核和法国联合融资承建,法国电力公司在其中拥有45%—50%的股份,两家中资集团的股份合计将在30%—40%左右,法国阿海珐集团为项目提供核反应设备,使用欧洲压水反应堆并享有10%股份。此项目投资规模巨大,英国政府承诺为其提供20亿英镑的基础设施担保金。③尽管项目被新上任的英国首相特雷莎·梅要求进行国家安全"重审",但该项目创建的担保形式仍然是有益的。

除上述机制或形式为基础设施融资外,还包括银行优惠贷款、行业基金、出口信用保险、委托资产管理、股权持有以及债券投资等方式进行融资。丝路基金除直接提供借款外,还可以直接在第三方国家发行债券等方式为"一带一路"推进基础设施建设提供融资手段。此外,"一带一路"基础设施融资还会吸引国际资本的加入。由于中国基础设施投资项目遍布全球,新加坡政府所属的国家发展局同意与中国建设银行结成伙伴,承诺提供220亿美元为"一带一路"项目融资,国际养老

---

① "American Infrastructure: Buy Local", *THE ECONOMIST*, May. 7, 2016, p. 43.
② "Infrastructure in the rich World: Building Works", *THE ECONOMIST*, 29th, 2015, p. 55.
③ 《中法企业或将联合投资英核电站,英承诺20亿英镑作担保》,引自http://finance.sina.com.cn/world/20150921/143223305162.shtml.

基金、保险公司、主权财富基金和私人证券基金也准备斥资于"一带一路"项目，以"获取较高的金融投资收益"。①

---

① William T Wilson, "*China's Huge 'One Belt, One Road' Initiative Is Sweeping Central Asia*", Jul. 27, 2016, http：//national interest. org/feature/chinas-huge-one-belt-one-road-initiative-sweeping-centra–17150.

第四章
"一带一路"建设的持续性：适应与磨合

与国内发展战略或倡议不同，一项国际性的多边倡议得到响应与支持，进而持续推动其建设进程，需要在国际政治层面上具有接受度。"一带一路"倡议是否具有国际适应性，从纯基础设施建设方面而言，日益增长的需求使这一倡议具有可行性。从国际政治方面而言，这一倡议也得到绝大多数国家执政当局的理解与支持，但"一带一路"建设的影响超越其经济层面，其政治层面的影响包括在国际或国内政治层面能否被接受或适应，在相当程度上决定着"一带一路"建设持续性的未来。

第一节 国际政治经济影响

国际政治仍然是基于主权国家之间的政治行为，作为部分国内政治的延续，在很多问题上影响着政治上的相互适应与磨合，国际经济联系或许是有益的，但需要互惠。而一国国际政治经济影响的扩大，总会引发一些疑虑与担心，能否适应并磨合好，并尽可能达成某种共识，成为"一带一路"建设的重要条件。

一、理念建立的初始

"一带一路"是一项包括亚欧非甚至可以说是囊括全球的基础设施建设的宏大倡议。中国政府提出这项倡议的初始是审慎的。国家发改委、外交部和商务部2015年3月接受国务院授权发布这份倡议的文本时甚至没有用"倡议"二字，而是用"愿景与行动"①，其余用词如"战略""规划""计划""工程项目"都难以赋予其准确的定义。

"战略"主要指战争、战斗或竞争与博弈的谋略，具有强烈的目的性，一个个体或国家或行动单元提出一项战略需要主体方系统性的自觉推行，但其他国家或行为体可以无任何理由或义务照此行事。但在国内层面而言，将其称为"发展战略"或"战略规划"，则便于统一认识，也有充分的合理性。习近平主席指出，党的十八大以后，党中央着眼于我国"十三五"时期和更长时间的发展逐步明确了"一带一路"、京津冀协同发展、长江经济带发展三个大的发展战略。2014年我们通过了《丝绸之路经济带和21世纪海上丝绸之路建设战略规划》，这其中就使用了"发展战略"和"战略规划"这两个词汇。②"规划"更是带有行政的强制性或至少是行动的指导性，在一国或一个部门、单位使用时更为准确。至于"计划"，历史上不乏有一些国际性倡议使用过这个词，如"马歇尔计划"，尽管其带有明显的政治、安全与外交意图，但表面上主要还是一项对外援助计划，而且这一计划由当时美国国务卿而非国家元首提出，敏感性被降低。至于"项目"，对于承担某一具体工程的企业而言是适合的，但"一带一路"是一个大范围联通性倡议，它由很多项目组成，用"项目"仍然不足以赋予这个倡议全部的内涵与外延。因此，在国际层面，官方的称谓限定于"倡议"更为准确，在学

---

① 即《推动共建"丝绸之路经济带"和"21世纪海上丝绸之路"的愿景与行动》。
② 《习近平出席推进"一带一路"建设工作座谈会并发表重要讲话》，载《人民日报》2016年8月18日。

者层面，称之为"战略"也未尝不可，在企业层面，它可能就是"项目"。

不论称谓如何，"一带一路"有其特殊语境与含义。以"和平合作、开放包容、互学互鉴、互利共赢"构成的"丝路精神"已经贯穿于"一带一路"的实践之中，这是一种既有历史承继又富时代精神的新型理念，这一性质将赋予"一带一路"建设持久的活力。

首先是开放性与合作性。"一带一路"的开放性超越了近年以来集团政治的藩篱。中国不谋求建立自己的势力范围，不搞小圈子，从而赋予各方根据其意愿平等协商参与的机会。正如习近平主席所言："一带一路"建设植根于丝绸之路的历史土壤。重点面向亚欧非大陆，同时向所有朋友开放。不论来自亚洲、欧洲、非洲、美洲，都是"一带一路"建设国际合作的伙伴。[①]

其次是共商性与共通性。"一带一路"是中国提出来的，但不是一个单边倡议，其合作伙伴是世界性的，基于共商、共建理念，着眼于相互协商、寻求相互联通与战略对接。这其中依靠协商、共建，超越了血与火的丛林法则，也超越了基本上由强势国家一方主导规则制定的游戏。

其三是互利性与互助性。缺乏互利和无利性，是历史上丝绸之路中断或难以为继的原因之一，单方面的利己主义与利他主义在今天同样缺乏前途，讲究互利、开展互助性合作，即寻求双方或多方的共赢成为必要条件，同时在民生项目上对"一带一路"沿线国家的支持与援助，也成为推进合作的充分条件，这正是"一带一路"持续性的重要保障。

"一带一路"能得到广泛的国际认同，在于具有相互吸引性，为中华民族优秀文化中的"推己及人""穷则独善其身，达则兼济天下"等的价值观特质所决定，而且是适应变化了的国际形势的与时俱进的理念，这是它成为一种文化在国际上被认同的前提。它满足多方面的诉求，从学理上看，甚至超越了认同论的核心原则。即"认同"可以是

[①] 习近平：《携手推进"一带一路"建设——在"一带一路"国际合作高峰论坛开幕式上的演讲》，《光明日报》2017年5月15日第3版。

强加的,但很少如此,更正确地说,认同是皈依的,因为它们呈现的正是人们想要的。① "一带一路"的非单边性、非强加性、非私利性自然构成展现其活力的重要内核。

二、政经溢出效应

溢出效应指一个组织从事某项活动,除产生直接的预期效果外,还会对组织之外的人或社会产生影响。它包括专业性的,也包括技术性溢出。本书所指的溢出效应则是一项活动在进行过程中可能产生的联动效应与可想象性的其他意涵,包括延及其他领域的效果或影响。

"一带一路"是一项宏大的经济工程,其经济性也得到越来越多的国家和组织所认同。"一带一路"有助于实现区域甚至全球经济融合,但即使符合各国诉求,对于其溢出效应,仍须有充分的估计与评判。如即使得到各国政府支持的最先出于经济考虑的全球各种"一体化",也会产生溢出效应。新功能主义者认为,一体化是一个不断变化、自我强化的过程,一旦启动就会产生"滚雪球"一样的外溢效应。一体化进程首先产生于经济领域。如欧盟的前身为欧共体,而欧共体则发端于欧洲煤钢联营。由于存在外溢效应,经济领域的合作会外溢到政治领域,推动政治领域合作的展开。② 这种情况已经充分表现于目前一体化程度最高的欧盟合作领域的不断扩充之中。中国作为一个大国提出的"一带一路"宏大倡议,也不可能不产生溢出效应。

这种溢出效应在"一带一路"倡议提出初期,也许是中国方面的外宣或说明不够,加之中国与个别国家存在摩擦与竞争,曾经引发地区性大国和全球性大国的疑虑。印度学者甚至认为:即使外国在经济上支持"一带一路"倡议,它们也很难接受中国的外交政策。③ 显然,这种

---

① [美]约瑟夫·拉彼德、[德]弗里德里希·克拉赫维尔著,金烨译:《文化与认同:国际关系回归理论》,浙江人民出版社,2003年版,第43页。

② Ernst B Hass, "*The Uniting of Europe: Political, Social and Economic Forces* 1950 – 1957", Stanford University Press, 1958.

③ JP Gupta, "*U-turn a must in Indian foreign policy on China*", Jun. 19, 2017, http://www.thestatesman.com/opioin/u-turn-a-must-in-indian-foreign-policy-on-china-1497821484.htm.

溢出效应是存在的,它超出了经济范畴本身。这种效应甚至不是地域性的,也非单一方面的,而是具有全局性、全球性甚至系统性。具体表现于以下几方面。

一是地缘经济、政治效应。以六大走廊为骨架的通道建设,它起自中国,通向周边与更远的非洲和欧洲,这种地理上穿越的全面性与中国古代丝绸之路历史既有承继也有创新。地理上的相互联通凸显深厚的中国元素标志,它将有力塑造中国进一步崛起的地缘经济路径,打造中国与世界互联、互通、互动、互赢的新方式,也将成为中国夯实全球经济大国地位、引领新一轮全球化、建设人类命运共同体的重要抓手。①

通道建设塑造的地缘经济环境,其溢出性效应就在于可能导致中国地缘经济或政治影响的上升,这种影响甚至被认为是其"最终目标是复制一个罗马帝国,让条条大路通向北京"。从这个意义上看,这比中国生产商简单从事对外出口要复杂得多。它意味着把整个欧亚大陆,当然还有非洲和环太平洋地区,吸引到一个全球价值链的网络中。这个网络与当前的网络存在两方面不同:它的范围超越了当前的地区网络,因此没有与它规模相当的对手,中国将是"唯一的中心",这当然会引发担忧。其地缘经济担心在于"一带一路"将"把全球经济关系的有效控制集中在中国"。② 印度之所以对"一带一路"的看法不那么乐观,按照印度前外交秘书希亚姆·萨兰的说法,原因就在于"这不仅仅是一个经济倡议,而是一个有着明确政治和安全意味的倡议",是"中国构建的一块陆海地缘政治疆域"。③ 类似的说法不只印度有,在其他国家同样存在。一个成功的"一带一路"倡议所创造的关系能够大于各个部分叠加的总和,因此,它不仅仅是从经济层面的简单的投资计划,

---

① 傅梦孜、徐刚:《"一带一路":进展、挑战与应对》,载于《国际问题研究》2017年第3期,第87页。

② Martin Sandbu, "*Europe Must Response to China's Belt and Road Initiative*", FT, May. 16, 2017, http://t.co/qORvmAhlib.

③ Saadat Hassan Bilal, "*India Has Nothing to Fear From china's Belt and Road*", Jan. 11, 2017, http://www.thediplomat.com/.

而是谋求今后几十年塑造全球地缘经济的战略结构。[1]

二是对国际秩序与机制变更的溢出影响。二战后形成的国际秩序由西方主导、联合国维持，而美国是这种秩序最主要的设计者与维护者，以实现美国治下的和平，维护其霸权地位。防范欧亚大陆出现一个与美国势均力敌的竞争对手（peer competitor）挑战美国的竞争地位，一直是美国全球战略最主要的目标。而中国以其地理、人口、经济与军事科技实力最可能成为这样一个对手。二战以后，前苏联在其迅速崛起的过程中，曾对美国形成事实上的对抗。日本作为美国的盟友，曾附和东亚共同体甚至提出建立亚洲货币共同体的倡议，使美国感觉日本心理行为上与美国出现游离而被美国干扰。中国提出"一带一路"倡议不可能只被视为单纯的通道修建计划，必然伴随着一种区域性机制的重新建构，包括地区性多边机制，昭示着中国时代的前奏，即使中国的意图并不在于另起炉灶与美国分庭抗礼[2]。也有人认为，就宏观战略而言，"一带一路"倡议对二战后西方主导的全球秩序构成有史以来的最大挑战。[3] 这将在心理上使美国对其主导的国际秩序的未来产生战略性忧虑。美国当前看不到"一带一路"的积极意义，部分原因是美国将"一带一路"倡议视为两国战略竞争元素。[4]

一种双边关系的接近也可能对第三方产生影响。美国大西洋理事会布伦特·斯考克罗夫特与国际安全问题研究中心高级研究员罗伯特·曼宁称，尽管跨大西洋关系历来密切，但中欧经济关系加剧了美国企业面临的竞争。随着时间的推移，欧洲对美国的依赖程度可能会日益下降，西方世界将四分五裂，实现经济一体化的欧亚大陆将把实力和影响力从

---

[1] Martin·Sandbu, "*The geo-strategic economics of One Belt, One Road*", May. 24, 2017, http：//www.ftchinese/story/001072709/ce.

[2] 《"一带一路"建设不是另起炉灶、推倒重来，而是实现战略对接、优势互补》，参见习近平：《携手推进"一带一路"建设——在"一带一路"国际合作高峰论坛开幕式上的演讲》，《光明日报》2017年5月15日第3版。

[3] 维奈·考拉：《理解印度对中国"一带一路"倡议的反应》，载于《亚洲时报在线》，2016年6月10日。

[4] 王灵桂：《全球知名智库聚焦"一带一路"》，载于《参考消息》，2017年5月19日。

美国转移到中国。① 此外，对于"一带一路"，西方担心的是"北京的标准在国际贸易中得到贯彻和承认——对此（欧洲）担心不少"，即既有规则可能被替代或被更新。②

三是地区安全方面的溢出效应。奥巴马政府曾经严厉反对美国的盟友加入亚投行，因为，如果美国的盟友加入亚投行，不只是简单意味着西方对中国主导的一种多边机制的支持，而在于其背后的溢出性战略意涵。如果说，美国的传统核心盟国英国加入亚投行标志着美国北约盟国体系的崩溃，而韩国加入亚投行则预示着美国亚太同盟体系的瓦解有些言过其实，但同盟体系在此问题上由此出现严重裂缝则是不可否认的事实。英国加入亚投行确实形成带动效应，德国、法国、澳大利亚、韩国、新加坡的倒戈使美国原有的阻止幻灭。在地区层面，包括对华友好的地区性大国，也曾一度担心中国提出此项倡议的溢出效应，即中国可能以此为借口进入如俄罗斯、印度等地区性大国主导的"后院"中亚和南亚，侵蚀其地区利益。因此，有评论甚至直截了当地指出，"一带一路"肯定被一些大国，包括俄罗斯、印度和日本等认为中国是自己建立区域影响力的竞争对手。③

对于欧洲而言，也存在对溢出效应的同样担心。牛津大学教授戴维·瓦因斯称，很多欧洲国家同样担心中国利用"一带一路"倡议对欧洲产生长期的政治和战略影响，他们怀疑中国将谋求利用大量基础设施投资以获取较为贫困的东欧国家对其产生政治和经济上的依赖。④

---

① Robert Manning, "*Europe's China Pivot*", April 28, 2017, http://www.realclearworld.com/articles/2017/04/28/europe_china_pivolt.html.
② 马蒂亚斯·冯霍芬：《在走向欧亚内部市场的道路上》，参见《威悉信使报》2017年5月17日，转自《参考消息》2017年5月19日。
③ 《美观察人士："一带一路"将拖垮中国？》，VOA俄罗斯中文网，2017年6月16日，http://www.eluosi.cn/guoji/201706/138409.html。
④ David Vines, "*Can One Belt, One Road revive a liberal global order?*", http://m.todayonine.com/chinaindia/can-one-belt-one-road-revive-liberal-global-order.

第二节 国际政治语境变迁

相对于其他国家而言，美国和日本对"一带一路"倡议的态度一度特别迟疑不决，但不同阶段有一些不同的变化，包括积极面与消极面的变化，有时交叉并存，有时出现反复。本节对美日的态度变化再做一些论述。

一、美国态度的变化

国际关系特别是大国关系总体上受到国际政治基本氛围的影响。中国是一个崛起大国，历史上崛起大国与现存霸权之间存在竞争关系，"修昔底德陷阱"甚至明确展示这二者之间是一种战略对抗关系，这也为历史上崛起大国与现存霸权之间关系的实践所印证。这一概念的创造者——美国哈佛大学教授格雷厄姆·艾利森（Graham Allison）甚至通过研究指出，"修昔底德陷阱"500年来一共出现过16次，其中12次最终演变为战争。[①] 无论出于什么目的，一个崛起大国提出一项倡议，必然伴随不同的国际政治解读。作为国际秩序主导国家，美国的态度自然更加令人关注。格雷厄姆也认为，美中只有加强合作，才能避免守成国与崛起国冲突的困境。

冷战后，美国成为唯一的全球性超级大国，并形成了20世纪90年代"单极时刻"（Unipolar Moment）的卓越地位。美国的优势地位使之主导性地开启了全球化、民主化和技术变革等全球广泛转型的序幕。[②] "9·11"事件以后特别是2008年爆发金融危机后，美国曾经拥有的实力呈现相对下降态势，但其经济、军事、科技、外交与文化影响力仍难

---

① 莫伊塞斯·纳伊姆：《中美可以避免"修昔底德陷阱"》，中国社会科学网站，2017年7月10日，http://iccs.cn/zzx/201704/t2017410_ 3480410. shtml。

② Hal Brands, "*Making the Unipolar Moment：U. S. , Foreign Policy and the Rise of the Post-Cold War Order*", FOREIGN AFFAIRS, Cornell University Press, 2016, January/February 2017, p.165.

有望其项背者。

"一带一路"作为一项宏大的全球性倡议，美国的态度在奥巴马政府时期已经做出明确的标注：在心理上充满着疑虑，在行为上处处施以抵触与对抗。有美国学者一开始把"一带一路"倡议视为"构建公共关系的花招"，怀疑中国是否有能力推进"把鸡蛋放在一个篮子里"的雄心勃勃的计划。他们对"一带一路"最初反应平淡，如同视而不见。① 亚投行成立后，美国财政部最初的不支持与反对，显示"美国对于'一带一路'对全球经济治理的潜在影响有更大的地缘政治担忧"。②

美国对亚投行的全力反对虽然效果有限，但美国的战略阴影不去，凭其对全球事务的主导性影响，必然对"一带一路"倡议的实践与推进产生十分不利、甚至是破坏性的消极影响。

"一带一路"在本质上是个经济项目，即使对其存在疑虑的国家也同样承认其经济性，通道建设、基础设施建设和产能合作的经济属性更不容否定。在全球层面，美国是当今世界的超级大国，对于"一带一路"倡议，美国不乏战略研究者怀有战略疑虑。美国布鲁金斯学会的加迪亚·佩蒂亚戈达就认为，"一带一路"远不只是一项单纯的经济倡议。它还服务于北京的另一个非常重要的外交政策目标，即"在亚洲与美国实现战略平衡，重塑其安全环境，确保其崛起不会受到约束"。他认为，中国的主要担忧在于，考虑到中国被美国的若干友邦和盟友包围，一旦与美国发生对抗，中国的贸易路线就会被切断。因此，"一带一路"加强了北京在这些地区的影响力。许多项目可以服务于经济和战略双重目标，比如瓜达尔、汉班托塔和吉布提的港口。进一步的分析还在于，丝绸之路项目"标志着全球秩序发生了结构性变化，不仅走

---

① Shannon Tiezzl, "*China's Maritime Silk Road: Don't Forget Africa*", January 29, 2015, http://thediplomat.com2015/01/china-maritime-.
② Alexander kully, "*The Economic Political Economy of OBOR: The Challenges of Promoting Connectivity in Central Asia and Beyond*", October 24, 2016, CSIS Report, http://www.csis.org/analysis/emerging-political-economy-obor.

向更加多极化的世界，而且走向更加多元文化的国际体系"。① 无论在陆地还是海洋，"一带一路"都将引起本地区和国际上大国的反应。鉴于此，一些非美国的观察者也注意到，美国可能会对中国的"一带一路"建设采取遏制对策，采取行动巩固其与地区国家，如哈萨克斯坦和阿塞拜疆的联盟，不仅是在经济上，而且是在政治上。② 印度对"一带一路"甚至将会永远保持消极态度。印度认为，建设中巴经济走廊有利于全面巩固其主要战略和政治敌人的地位。③

由奥巴马政府的疑虑到特朗普政府初期的观望，主要原因在于"一带一路"的战略溢出效应。奥巴马政府以"透明"和"公开"质疑建立亚投行的原因就基于此。因为无论全球性的金融开发机构，如世界银行和国际货币基金组织，还是亚开行、欧洲复兴开发银行等区域性金融机构，美国自二战之后便拥有支配或至少是最主要决定者的权力。美国部分人士认定中国成立亚投行另搞一套，甚至要与美国主导的国际金融机构对抗。布鲁金斯学会资深研究员普拉萨德认为，亚投行的成立表明北京"热衷于一种新形式的多边主义，以便于自己定义游戏规则"，同时也是中国"敲击西方"统治地位、"将自己的地缘政治目标贯穿于其经济抱负"的一种努力。④ 基于这些判断，在奥巴马任内，美国政府部门表现出对亚投行的有意忽视与轻蔑。2017年10月以前，美国国会没有就"一带一路"举办过任何一次听证会，成立于2000年的监督中美经济关系对安全影响的美中经济安全评估委员会同样如此。2015—2016年中美战略与经济对话讨论了数以百计的双边合作领域，但并未提及"一带一路"问题。

---

① Kadira Pethiagoda, "*What's driving China New Silk Road, and how should the West response*", https://www.brookings.edu/blog/order-from-chaos/2017/05/17/whats-driving-chinas-new-silk-road-and-how-should-the-west-response/.

② Christian Dargnat, "*China's Shifting Geo-economic Strategy*", SURVIVAL, Jun.-Jul. 2016, pp. 70-72.

③ Christian Dargnat, "*China's Shifting Geo-economic Strategy*", SURVIVAL, Jun.-Jul. 2016, pp. 70-72.

④ Eswar Prasad, "*China takes aim at West's global clout*", The New York Times (International Edition), September 2-3, 2017.

亚投行充其量只是多边金融机制的一种补充。亚投行的创始成员包括了美国的盟友，成员数量不断扩大，且运作良好。而且，亚投行不是要另搞一套，与现行国际金融开发机构分庭抗礼，而是契合时代融资需要的产物。世界银行成立于20世纪70年代、亚洲开发银行成立已有半个世纪，尽管国际经济、金融实力规模壮大很多倍，但供需格局已发生巨大变化，特别是经济保持较快增长的亚洲有着巨大的基础设施需求。亚开行估计2016—2030年亚洲的基础设施需求高达26万亿美元，光凭世界银行、亚开行和亚投行也无法满足资金需求。[1]而世行和亚行目前每年能够给亚洲的资金大约只有200亿美元，其中用于基建的占比为40%—50%。因此，成立亚投行不是要替代过去的多边融资机构，而是会形成相互补充，亚投行不会与现存机构形成"踩踏"。习近平主席在接受美国媒体采访时称，"面对这么大的需求，亚投行只是一个渠道，不可能包打天下。亚投行是一个开放和包容的多边开发机构，将同现有多边开发银行相互补充。中方欢迎美国参与亚投行，从一开始我们就是这个态度。"[2]

在具体动作上，亚投行一开始即与现有国际开发性金融机构开展了良好合作。已逐步形成的投资模式表明，亚投行开创了与亚开行、世界银行和欧洲复兴开发银行联合融资的模式。亚投行发放的第一笔贷款项目中，孟加拉国、印度尼西亚、巴基斯坦和塔吉克斯坦是2016年6月24日新批准的贷款受益国，首批贷款为5.09亿美元。其余为亚投行、亚行和欧洲复兴开发银行等联合融资。[3]自2016年开始运营两年以来，亚投行约有2/3的融资是与世界银行或亚开行共同实施的协调性融资，对投资项目的慎重审查也得到好评，并得到世界主要评级机构给予的最高评级认可。实际情况的发展使美国国内意识到："一带一路"投资项

---

[1]《日媒呼吁日本加入亚投行：就剩美国和咱们了》，http://www.guancha.cn/economy/2017_06_22_414624.shtml。
[2]《习近平接受〈华尔街日报〉采访时强调坚持构建中美新型大国关系正确方向促进亚太地区和世界和平稳定发展》，《光明日报》，2015年9月23日，第01—02版。
[3]《以扩容和体制建设为初始阶段重心，亚投行正式投入运营》，参见《参考消息》，2016年6月27日。

目巨大，一国难承其重负。美国加入亚投行可以为美国主导的金融机制如世行、亚开行和欧洲复兴开发银行共同投资扫清道路，也会吸引私人资本加入中国的项目投资之中。"一带一路"既成为大国竞争之源，也能成为稳定和合作的力量。①

不仅如此，亚投行对货币的使用也充分体现了美元的地位。金立群说："考虑到目前美元仍然是全球最主要的货币，兑换方面的需求也高，使用美元有利于银行开展业务，亚投行主要使用美元进行结算。但人民币等其他货币也可以发挥作用，对借款国提供美元之外币种的融资。"②

奥巴马政府不仅拒绝承认"一带一路"倡议的重要性，在某些情况下甚至试图予以损害，如无效地反对亚投行。但是，盟友的倒戈、成员的扩大与亚投行的良好运作，使奥巴马政府后期开始面临国内批评。美国中央情报局前局长伍尔希指责奥巴马政府忽视亚投行是犯了"战略错误"。在特朗普上台前3个月，美国《外交》杂志以《美国为什么应该接受新丝路计划?》为题发文呼吁，美国应以开放的思维看待"一带一路"。该文作者系美国能源安全政策研究所所长盖尔·洛夫特，他提出美国应成为亚投行成员或取得观察员身份，以在亚投行发挥作用。因为，拥抱"一带一路"可以为美国投资者带来利益，在一个历史上全球最大的经济发展项目所提供的机会中，美国企业和投资者不应成为局外人。文章建议美中两国应成立双边论坛，而战略与经济对话只是一个选项。在其中可以讨论联合经济发展日程。美国可以为"一带一路"项目提供实际的安全与网络服务支持。美国军事力量甚至可以在一些较为脆弱的地区提供某种安全。③洛夫特后来又在大西洋理事会发表题为《丝绸之路2.0：美国对中国"一带一路"倡议的战略》研究报告警

---

① Gal Luft, "*China's Infrastructure Play—Why Washington Should Accept the New Silk Road*", *FOREIGN AFFAIRS*, Sep. /Oct. 2016, p. 75.

② 王琳等：《亚投行正式起航，主要用美元结算》，《第一财经日报》，2016年1月18日，A01-02版。

③ Gal Luft, "*China's Infrastructure Play—Why Washington Should Accept the New Silk Road*", *FOREIGN AFFAIRS*, Sep. /Oct. , 2016, p. 73.

第四章 "一带一路"建设的持续性:适应与磨合

告,"美国对'一带一路'倡议的缺席将在本质上使中国成为全球发展治理的先锋,并以损害美国利益的方式塑造欧亚大陆的未来。"报告的结论十分明确:加入其中比置身事外更好。①

特朗普上任初期,对亚投行、"一带一路"倡议表现出观望态度,但与奥巴马时期相比,美国国内政界与学界对"一带一路"的气氛已有变化。美国国内呼吁"中国应欢迎美国的合作"。对于亚投行,卡内基国际和平基金会副总裁包道格等就继续呼吁特朗普政府"必须通过寻求办法在一种类似亚投行的多边机制中接触中国并完善这一机构,对'一带一路'倡议也是这样",他还予以替代性路径选择地建议美国政府,"从更广泛的意义而言,美国应当在帮助更新东亚布雷顿森林结构中发挥领导作用"。②

特朗普政府开始向务实方向转变,表现于2017年4月中美两国元首海湖峰会会晤时,习近平主席对特朗普说,中国欢迎美方参加"一带一路"框架内合作,③ 得到特朗普政府的认可。特朗普表示"美国承认'一带一路'倡议的重要性"。这一态度的转变是美国国内舆论对"一带一路"倡议看法渐趋正常的必然。中美元首达成推进双边合作的"百日计划",特朗普随后派出美国国家安全委员会亚洲事务高级主任、白宫顾问马特·波廷杰(Matt Pottinger)参加同年5月北京"一带一路"国际合作高峰论坛。波廷杰称,美国对中国通过"一带一路"倡议促进基建互联互通表示欢迎,美国企业能为此提供一流服务。④ 波廷杰在发言中肯定中方通过基础设施实现互联互通的目标,并分享了美国的经验。美国企业准备参与到"一带一路"的项目之中,作为协调中美基建合作的平台,使馆和美国企业共同设立"美国'一带一路'工

---

① Gal Luft, "*Silk Road 2.0*:*US Strategy toward China's Belt and Road Initiative*", Atlantic Council Strategy Paper, October. 2017, p. 14, p. 52, http://www.iags/BRI_ ACUS_ LUFT. pdf.

② Douglas Paal, Matt Ferchen, "*A New Vision for U. S. Engagement*", *CHINA ~ US FOCUS DIGEST*, June, 2017, pp. 11-13.

③ 《习近平:中国欢迎美国参加"一带一路"合作》,新华社,2017年4月8日,http://news.ifeng.com/a/20170408/50904783_ 0. shtml.

④ 路透社2017年5月14日电。

作小组"。① 这标志着美国对"一带一路"由疑虑、抵制到观望和支持的重大转变。

当然，特朗普政府内部对于"一带一路"并未有高度共识。美国国务卿蒂勒森2017年6月访印期间，美印发表联合声明，间接强调地区互联互通应当"透明"，采取"合理的贷款融资模式"，并尊重"主权和领土完整、法治与环境"，其中自有中国没有这样做的暗示。2017年3月，美国国防部长詹姆斯·马蒂斯在参议院听证会上直接说："在全球化的世界，有很多路和很多带，没有一个国家可以把自己放在对'一带一路'发号施令上。"美国与印度对"一带一路"持有保留甚至反对也是一种客观事实。这种新的反"一带一路"阵线能否转化成实际行动，仍存在不确定性。②

但美国特朗普政府承认中国"一带一路"倡议的重要性，这被视为"中国取得的重大经济和外交胜利"。这种承认"预示着美国接受中国扩大其地区领导地位及影响的抱负，美国赋予中国施展更大地区领导作用的空间"。③ 尽管美国对"一带一路"的态度摇摆不定，不时出现指责与抱怨，但也没有完全拒绝的理由。2018年1月，美国战略与国际问题研究中心（CSIS）"重新联通亚洲"项目主任乔纳森·希尔曼为美中经济与安全评估委员会所作的关于"一带一路"听证会建议，美国不必用联邦资金来鼓励覆盖全球的"一带一路"项目，但美国及其伙伴和盟友可以扩大私营部分的投资，如养老、保险基金等，以助于管理风险、扩大项目资金池和盘活私营部门资本。④

---

① 《特朗普特助波廷杰参加论坛并发言，美国拥抱"一带一路"》，http://shanghai.xinmin.cn/xmsz/2017/05/15/31029056.html.

② Shashank Joshi, "*Tillerson double down on US-India partnership*", October 19, 2017, http://www.lowyinstitute.org/the-interpreter.tillerson-double-down-us-india=partenership.

③ Joshua P. Meltzer, "*The U.S-China Trade Agreement, A huge deal for China*", May.15, 2017, http://www.brookings.edu/blog/order-from-chaos/2017/05/15/the-us-china-agreement-a-huge-deal-for-china/.

④ Jonathan E. Hillman, "China's Belt and Road Initiative: Five Years Later", January 25, 2018, http://www.csis.org/analysis/chinas-belt-and-road…

二、日本态度的调整

美国曾叫停其盟友加入亚投行未果,而美国对亚投行态度的积极转变和影响的作用则是直接的,这就是直接影响到与美国保持同一立场又一直迟疑不决的日本。

"一带一路"倡议提出以来,日本长期不看好,态度消极、含糊和犹豫不决。① 随着美国态度转变和战略调整,日本首相安倍自此也开始转变对亚投行的态度,表示"一些疑惑点(确立其自我管理能力、透明度,其成员国债务的可持续性等)消除之后,愿积极探讨日本加入亚投行"。②

2018年初以前,日本一直对"一带一路"倡议持负面评价,原因在于日本对中国在崛起后如何扩大影响力所产生的疑虑。日本媒体普遍认为,中国推建"一带一路"是为了对抗美日主导的跨太平洋伙伴关系协定(TPP),构建中国主导的亚洲发展秩序;筹建"亚投行"是为推动人民币国际化,挑战美元霸权。二者形成合力,欲打造"中国经济圈","拉拢"周边国家,在地区争当亚洲"霸主",在全球争夺国际经济秩序主导权。日本的评判是:在美战略收缩、全球保护主义抬头之时,中国海陆双线出击,经济、政治并举,必然改变地缘政治格局,挑战日美主导的地区经合架构,动摇以日美同盟为基轴的亚洲安全体系,损害日本战略利益。主要影响如下。

一是与俄、印等大国发生战略碰撞,影响地区稳定。日本学者称,中国不仅与美日欧在"一带一路"范围内的战略利益和资源争夺上存在冲突,俄罗斯、印度亦警惕中国扩大在中亚和南亚影响力。认为俄罗斯视中亚为"利益圈",普京总统以复兴"强大俄罗斯"为目标,提出"欧亚联盟"战略,在前苏联地区推出"再一体化",并已与部分国家

---

① Charlotte Gao,'Aimai': Japan Ambiguous Approach to China's 'Belt and Road', http://thediplomat.com/2017/11aimai-japans-ambiguous-approach-to-chinas-belt-and-road/
② 《立场转变?安倍:若疑虑消除愿积极探讨日本加入亚投行》,http://huangqiu.com/exclusive/2017-05/10677812.htm.

构建关税同盟,中俄虽尚未正面角力,但已在暗中比拼影响力。同时称中国强化与印度洋沿岸国家关系,借"一带一路"推进包围印度的"珍珠链"战略,引发印度不满。有日媒针对日本获印度高铁订单称,印度在刻意避免过度依赖中国,对中国扩大在巴基斯坦、孟加拉国、斯里兰卡等国影响力"表示不满",从而"借力日本"。

二是阻碍周边国家的经济发展和产业升级。日本综合研究所报告称,中国向沿线国出口过剩商品,转移技术落后和污染产业,不受对象国欢迎,如越南等。若中国长期保持大幅贸易顺差,恐致周边国家失望,或采取保护主义政策甚至引发贸易摩擦。此外,中国基于自身利益及地缘政治考虑,在中亚沿东西向、东盟沿南北向修建路网,不利于当地经济综合发展和社会稳定。若无法消除与沿线国间的"同床异梦",基建出口恐难顺利推进。

三是相关政策不具可持续性。日本综合研究所报告称,中国外储减少、政府债务余额对名义 GDP 占比上升,政府对企业支持力度恐难持续。同时,"一带一路"沿线国多经济发展落后、法律和税收制度不完善,且在宗教、文化等方面与中国存有巨大差异,甚至面临安全问题,部分项目盲目上马将导致失败。此外,很多项目有援助性质,企业难以盈利,不愿积极参与。

四是挑战日企传统优势。日本经团联会长称,日本经济增长高度依赖海外基建需求,而中国对外转移过剩产能关乎经济结构升级成败,中日在亚洲基建市场难逃激烈竞争。《日本经济新闻》等称,中国借"一带一路"加速国企改革,推动大型国企合并,减少内耗,增强国际竞争力,并在基建出口时推广"中国标准",迅速扩张市场份额,日企已在高铁、汽车等领域遭遇冲击。

也有少数意见称"一带一路"可以为日企带来商机。日本国际贸易投资研究所首席经济师江原规由称,"一带一路"以对外投资为轴,在比当年"郑和下西洋"更为广阔的地域促进合作、寻求共同发展,而不是日本主导时期其他国家按序追随其后,有阶段有差别地发展。日本综合研究所报告称,通过"一带一路"战略能够切实改善沿线国家的基础设施状况,营造吸引海外企业的经商环境。此外,日本企业界多认为"一带一路"是"经济刺激政策",将中国内陆城市打造为连接周边国家的交通枢纽、贸易和产业合作据点,以提振内陆地区经济。武汉、重庆、成都等内陆城市,新疆、福建、云南等边疆省份将成中国新的经济增长中心。

2017 年中以来,日本对"一带一路"的态度逐步调整。2017 年 6 月,首相安倍在"亚洲未来"论坛演讲中表示可有条件参加;7 月在德国汉堡举行的中日首脑会谈中,安倍评价"一带一路"是"有潜力的构想",表示愿意进行合作;[1] 11 月,安倍重申了合作方针。2017 年 11 月 28 日,日本《读卖新闻》称,日本政府正在策划对接中国"一带一路"倡议,探索经济合作方案拟与中国"一带一路"政策对接,在第三国展开合作。核心内容是:中日民间企业在"一带一路"沿线的东南亚国家联合开展项目,日本政府将从资金等方面进行支持。日本内阁官房、外务省、财务省和经产省等已制定具体方案,重点在节能环保、产业升级和提高物流便利性方面提供支持。具体项目包括:中日企业在"一带一路"沿线的第三国合作开发太阳能和风力发电;政府掌控的金融机构提供贷款,在泰国"东部经济走廊"特区进行工业园合作开发;提高铁路网的便利性等。

日本官方报告认为,在第三国,日中民间企业合作抓住商机也是有利的。日中两国政府正在为推进日中企业在第三国合作而行动。2017 年 11 月的日中首脑会谈中双方一致认为,为构建基于规则、自由开放的双赢关系,促进民间企业的经营,在第三国展开日中商业合作对两国与第三国发展有利。2017 年 12 月在东京召开的"日中节能环保综合论坛"上新设了"第三国市场合作分科会",就太阳能、水力发电等清洁能源开发,天然气发电,炼油厂现代化等产业升级领域的日中合作进行了意见交换。还有意见认为,日中企业参加交流的舞台不应仅限于节能环保领域,应更广泛。在中国企业更积极走出去的情况下,在第三国的

---

[1] Wade Shepard, "Did Japan Just Jump On China's Belt And Road Bandwagon", http://wwwforbes.com./site/wadeshepard/2017/07/11/has-japan-just-jump-on-chinas-belt-and-road-bandwagon/#7dd5c9e97ccb/

"一带一路"建设的持续性

日中企业合作也是有益的。有必要将持续增长的中国活力与日本的活力相联系。①

显然,通过参与"一带一路"项目,日本可以扩大海外基础设施投资来实现其重要的经济目标,使日本公司在"一带一路"沿线获得更多的商业机会。日本也有地区性联合,日本国内也有意见认为,日本需要采取务实态度,继续加强与澳大利亚和印度的双边战略伙伴关系,而不是过度专注于构建一个"四国同盟"。日本有自己的区域连通项目,这可以成为"一带一路"的补充并加强印度—太平洋地区的区域一体化。当然,日本在"一带一路"问题上的合作取决于日本是否有能力找到一种加强地区经济联系的方式,同时又不损害迄今为止日本自身安全利益所依赖的地缘政治(与安全)架构。②

日本态度变化的主要原因是,从国际政治大环境角度看,在特朗普政权下,美日在某些层面政策对抗的风险大于合作预期,日本陷入中美博弈夹缝的危机意识渐增,适时转变对"一带一路"态度,"在加入中竞争,在求和中谋利"有利于日本摆脱过度依赖美国的战后秩序,符合其国家利益。同时,2017年是中日邦交正常化45周年,2018年是《中日和平友好条约》缔结40周年,是中日关系的重要节点,安倍有展示姿态、改善中日关系的意愿。安倍自己身陷"森友学园门"丑闻,在外交上,平昌冬奥会后,东北亚形势发生戏剧性变化。朝韩、美韩已宣布于2018年4月和5月先后举行双边首脑会晤,朝鲜国务委员会委员长金正恩于2018年3月首次实现访华,并于5月再度访华,中朝关系恢复积极发展势头。日本国内对所谓朝鲜对日本人的"绑架问题"敏感度一直很高,因而,在半岛形势快速变化的情况下,日本国内对日本在东北亚问题上可能被边缘化倍感担心,对日中关系、日韩关系长期未得到改善的批评声音高涨。这些因素均促动安倍态度的转变。

安倍在赢得众议院选举后希望实现中日首脑互访,赢得政治遗产。

---

① 日本经济产业省:《通商白皮书2018年》,第268—269页。
② Shutaro Sane, NDA, "Japan buckles up to join China's Belt and Road", March 20, 2018, http://www.eastasiaforum.org/2018/03/20/japan-buckles......

此前安倍也曾多次表示希望改善中日关系，但多口惠而实不至，此次对于"一带一路"态度转变可谓"行动表示"，为2018年5月在日本举行的中日韩首脑会谈营造了相对有利的氛围。此外，在朝核问题上谋求中方支持对朝施压，同时避免在朝核问题上被边缘化，也是安倍改善对华关系的重要考虑。此外，亚洲开发银行（ADB）评估，泛亚洲基础设施建设需求总金额达26万亿美元，"一带一路"将开启地区潜在需求，形成贸易扩大化效果。很多日本企业已从中国中西部开始布局寻求机会，加大调研和投资力度，希望分得"一带一路"红利。日本各界也有意见认为，唯与中国政治和解、战略互惠，在竞争中谋合作，才有可能守住其在亚洲的利益。一般分析认定，"一带一路"建设在可预期的未来将成为中日关系转圜回暖的有效抓手，更可能成为中日提升扩展的重要领域。[①] 2018年5月9日李克强总理与日本首相安倍晋三在东京会晤时确认，中日两国决定设立"一带一路"官民协议会，以协调在第三国进行基础设施建设方面的中日合作等事宜，表明围绕"一带一路"问题日本态度从口头到行动出现积极的转变。2018年10月25—27日安倍首相访华时称，"一带一路"是有潜力的构想，日方愿同中方在广泛领域加强合作，包括共同开拓第三方市场。[②] 显然，安倍对"一带一路"有了较为正面的回应，对日中双方加强在第三方的合作已做出明确的承诺。

有研究归纳性地认为，日本对"一带一路"态度的转变是日本国内外多因素综合促成，根本原因是经济利益与安倍内阁政治外交需求，而美国对"一带一路"态度的转变及特朗普政府贸易保护主义政策从正反两方面促成了这一转变，而"一带一路"建设所取得的迅猛发展也提升了日方对该倡议的关注。[③]

但也应看到，日本在战略上跟随美国对中国进行牵制的态势并未改

[①] 张冠楠：《"一带一路"可成中日合作的新机遇》，《光明日报》2018年5月8日，第12版。
[②] 《习近平会见日本首相安倍晋三》，《光明日报》，2018年10月27日。
[③] 杨伯江、张晓磊：《日本参与"一带一路"合作：转变动因与前景分析》，载于《东北亚学刊》2018年第3期，第6页。

变，其在未来的负面影响仍难避免。在"一带一路"问题上，日本态度出现积极变化，但日本竭力推销"印太战略"，拼凑"美日印澳"同盟，也有牵制"一带一路"的战略考虑；日本还会与中国争夺海外基建市场，能自己干就会自己干或者自己主导着干，日本提出"高质量基础设施投资"概念，在标榜日本工程质量的同时，实则有反衬甚至污蔑中国海外工程"简单粗暴""廉价低质"的成份，以便抹黑中国企业的形象。日本经产省要求日企参与"一带一路"项目时，对于与安保有关的港湾和铁路业务要提高警惕，在筛选业务项目时，除了要考虑收益性外，还要详细调查政治风险；再者，日本参与"一带一路"合作时总会有一些前提条件，如要求公开项目内容与资金筹措透明度，视情决定参与与否，因而日本参与相关项目建设时的态度还可能会随时调整。

三、西方政治语境的反复性

国际政治特别是西方政治语境的变化并非是一劳永逸的，特别是在"一带一路"建设过程中，这种立场具有反复性。"一带一路"作为一项互联互通的基础设施建设为主的系统工程，其巨大的需求与经济属性，使"一带一路"倡议具有极大吸引力，因而受到欢迎。一些国家甚至担心不能赶上这一机遇而要求积极参与其中。日本等曾经抱有迟疑态度的国家也正在变得积极起来。但是，"一带一路"政治溢出效应使一些国家即使表示出巨大兴趣或者显示出支持的背后，也存有战略上挥之不去的担忧情绪。美国如此，一直抱有支持态度的国家如某些欧洲大国也可能这样。它们会找出很多理由对此予以非难。

一些知名的智库报告反映了这些情况，除已经提到的以外，2018年8月美国传统基金会发表《"一带一路"倡议：战略含义与国际反对》的研究报告，认为自2017年中期起，经过对"一带一路"倡议最初的广泛积极接受后，国际社会的敌视情绪逐步增加。澳大利亚、印度、日本、美国和一些欧洲国家开始对该倡议予以标志性的重大关注。认为"一带一路"将对美国、美国的盟友和有关参与方带来一系列挑战与风险，华盛顿必须重新定义、形成共识，有效应对该倡议及其自然外溢产生的中国"锐实力"的影响。美国虽然不能也没有必要直接与"一带一路"展开竞争，但需要以更透明和更好的标准塑造区域互联互通的远景，突出"一带一路"可能形成的风险，避免盟友受到中国的经济胁迫。[①]

国际政治语境的变化，这其中的大背景在于中国崛起。美国"接触论"者曾经认定，把中国拉入西方为主的国际体系，支持中国改革开放，会使中国变得富裕，从而形成利益捆绑；而一个富裕的中国，会创造一个人口规模不断扩大的中产阶层，中产阶层必然在政治上有所诉求，即政治上要求民主，从而促使中国成为民主国家。而民主国家不会相互进行战争，从而一个崛起的中国将永远成为西方主导的国际秩序中和平的一员，而非既有秩序的挑战者。前者有着"相互依存论"的依据，后者的推定则有着"民主和平论"的支撑。[②] 但经过数十年的发展，中国已经进入中高收入国家行列，而西方发现，中国并没有向他们所期望的方向演变。西方曾经投下赌注，即中国将走向民主和市场经济，但西方这场对中国的赌局现在看来已经输了。[③] 他们认为，中国国内民族主义随着国家实力增强反而变得更为突出，以国家核心利益界定的范围更为广泛，而保障这种核心利益的决心更为强硬，能力与手段更为有力。美国一些学者如兰普顿（David Lampton）在2015年就认为，尽管中美关系取得一些进展，但整体上正在朝着一个不可取的方向发展。他断言中美关系进入了一个正在逼近的"临界点"。[④] 美国战略界不乏有人认定，美国过去数十年实行的对华接触政策归于失败，需要在战略上重新审视中国并重新检讨、确定对华战略。

美国新版《国家安全报告》（2017）、《2018年美国国防战略报告》

---

① Jeff M. Smith, "China's Belt and Road Initiative: Strategic Implications and International Opposition", BACKGROUNDER, No. 3331, The Heritage Foundation, August 9, 2018. p. 1, http://report.heritage.org/bg3331

② 傅梦孜：《中国崛起：美国的基本评估及对华政策论争》，载于《世界经济与政治》2002年第2期，第20—25页。

③ Leaders: "What the West got wrong", THE ECONOMIST, March 3rd – 9th, 2018, p.9.

④ David M Lampton, "A Tipping Point in U.S.-China Relations is upon Us", http://www.uscnpm.org/blog/2015/05/11a-tipping-poing…

等，这些报告以传统地缘竞争意识为指引，指称中国和俄罗斯是"修正主义强权"，认定中美关系的发展并未向美国所期望的方向发展，明确把中国（还有俄罗斯）定位于战略竞争对手。这样一种明确的对华战略定位，特别是在官方文件中得以体现，可以说是冷战结束以来的第一次。而且有人认定，特朗普政府国家安全战略还只是"制定美国未来战略议程至关重要的第一步"。①

在这种政治气氛下，美国不可能再把"一带一路"单独处理，而会纳入正在形成的总体对华战略之中。特朗普本人的态度也可能发生反复。2018年8月，特朗普在新泽西州一家高尔夫球俱乐部对13名美国企业家发表的讲话即称，中国的"一带一路"这个经济计划具有干扰全球贸易的能力，因而是冒犯性的。② 美国除军事上以所谓"航行自由"为名在南海挑战中国的领土主权要求，并通过印太战略的实施牵制中国以外，在经贸领域也摆开了一种对抗姿态。2018年4月特朗普宣布根据"301条款"单方对中国500亿美元的输美产品加征25%进口关税（过渡期为60天），开启了中美贸易摩擦的序幕。中国很快予以对等回击，对包括大豆、航空等在内的输华产品加征对等幅度的关税。美国则宣布特朗普进一步威胁加征中国1000亿美元输美产品关税。中美贸易战升起硝烟，2018年5月中美双方互派高级代表团互访磋商，经过艰难谈判终于达成一个双方同意停打贸易战的框架协议。但特朗普政府言而无信，罔顾达成的协议，于同年7月6日开始对输美的500亿美元的中国产品征收关税，甚至威胁如果中国进行报复，美国征收的关税将分两步扩大到覆盖所有输美产品。中国即时予以回击，对自美进口的340亿美元产品征收同样幅度的关税。美国先对340亿美元的中国商品加征25%的关税，甚至威胁如果中国进行报复，美国再对160亿美元的中国商品征收第二波关税，并于7月9日宣布对价值为2000亿美元的中国商品征收10%的新一轮关税，于8月30日之后生效。美此后

---

① Zalmay Khalizad, "Realism Returns", *THE NATIONAL INTEREST*, Mar/Apr, 2018, p. 32.
② "Trump rails against China during dinner with executives" 08 August, 2018, http://www.scmp.com/news/china/diplomacy-defence-article/2158869/

仍不罢手，继续升级征税规模，特朗普威胁征税范围覆盖剩余的2670亿美元中国对美出口产品。中美贸易摩擦已然升级。特朗普不断加码式的施压手法，使炽热的贸易战难以釜底抽薪。中美间的协商谈判成果随时可能付诸东流。然而，一般认定，不论这种冲突采取何种形式、会持续多久，都不会有赢家。① 美国国内反对特朗普贸易战的游说团体数量不断增加也表明，在贸易战面前美国并不会有只赚不输的前景。

特朗普开启了一场世界经济大国之间全面的贸易大战，这是中美战略性竞争在经贸领域的体现，一时难以消停或根本缓解，中美贸易争执还会不时反映出来，个中原因是复杂的。美国国内一直渲染中美贸易不平衡、中国对知识产权保护不力与中国对美投资造成国家安全问题等。但这种指责并非客观，一方面特朗普政府有国内政治斗争需要，中国是一个可以利用的借口。对中国发出"经济侵略""不公平贸易""盗窃知识产权""国家资本主义"等一系列污名化指责，严重歪曲了中美经贸关系的事实。这只会导致分歧加大、摩擦升级，最终损害双方的根本利益。②

一般认定，特朗普发难的背后是经济民族主义，以此为特朗普竞选连任创造机会；③ 另一方面有其战略意图，据专业性的经济研究者（摩根大通中国首席经济学家朱海赋）发现，贸易冲突只是表象，背后深层的变化是中美经济力量的此消彼长。从经济意义上看，贸易战使双方遭受经济损失，也会打乱全球价值链、产业链的配置，因而不得不考虑由此付出的代价，或者指望减少对自己的伤害，或者尽可能使对方遭受更大损失。但从政治上看，则不会过多计较，惨胜也是一种胜出。它服从的是一种战略博弈目标。既然美国视中国为头号战略竞争对手，当然不会说说而已，而是要竭力实行遏制中国崛起的图谋。在安全领域加大

---

① US-China trade（1）Battle-lines drawn，*THE ECONOMIST*，June 23rd，2018. pp. 60–61.

② 《关于中美经贸摩擦的事实与中方立场》，中华人民共和国国务院新闻办公室，引自《光明日报》，2018年9月25日。

③ 黄湘：《中美贸易战根源是美经济民族主义崛起》，载于《亚洲周刊》2018年3月18日，第26—27页。

对中国的战略牵制与遏制是这样，在经济领域展开贸易战的目的也同样如此。中美贸易战实质上是美国对中国崛起在经济领域进行战略对冲与打压的具体举措。①

欧盟的情况也是一样。2016年欧盟通过的对华战略文件明确表示，欧盟支持成员国和中国在遵守市场规则，打造公开平台的基础上围绕"一带一路"项目进行合作。欧盟所指的规则包括欧盟和国际标准、政策，目的是惠及所有参与方。近年来，通过"16+1机制"，中东欧国家对参与"一带一路"积极性颇高，中国与中东欧围绕"一带一路"项目合作良好。但2018年初以来，欧盟一些大国的态度急转直下，甚至批评"一带一路"项目与欧盟贸易自由化议程背道而驰，认为"一带一路"的目的是使中国企业处于有利的竞争地位。欧盟委员会甚至拟定一项文件，警告与中国签署"一带一路"备忘录时所面临的风险。

对中国在包括"一带一路"建设及其他国际经济治理中有所作为举动的质疑，有些可能存在技术原因，如用工制度，企业与企业、地方与地方进行项目建设时，双边政府或中国与欧盟政策协调不够等，但有些并非"一带一路"倡议本身造成的，有没有"一带一路"，西方都会是这样。这是在中国崛起大背景下必然出现的心理与行为倾向所决定的。美国《国家利益》甚至发表《欢迎加入第二次冷战》的文章认为，美国与中国在军事、外交和经济领域的冲突日益增多，1990—2000年的"冷和平"（The Cold Peace）已然过去，第二次冷战已经来临。②

中国对欧洲投资的大幅增加同样引发欧盟和欧洲大国的担忧。据彭博新闻社网站统计，2008—2018年中国对欧洲总投资约3180亿美元，而美国同期在欧洲的商业活跃度比中国低了45%。中国崛起所产生的战略影响也使欧洲国家跟上了美国的认知节奏。德国保守的全球公共政策研究所和墨卡托中国研究中心也联合发表报告认为，随着中国在欧洲的政治影响力日益增强，欧洲的自由民主价值观及利益正在遭遇重大挑

---

① 朱海赋：《中美贸易冲突背后》，载于《财经》2018年第7期，第33页。
② Michael Lind, "Welcome to Cold War II", *THE NATIONAL INTEREST*, May/June, 2018, pp. 9 – 21.

战。因为,"中国正在通过'一带一路'迅速地进入欧洲,而中东欧一些成员国在欧盟不能提供足够建设资金的情况下接受中国的投资。中国的国企和银行越来越多地通过承诺填补一些国家的投资不足以争取对象国对中国政府的政治支持,进而影响欧洲国家的政策制定,以使这些国家在关键问题上与中国保持一致"。① 报告呼吁欧盟采取集体行动,在成员国与中国发展双边关系时强调欧盟整体利益,重审中国对欧基础设施投资,甚至提出为中国对中东欧投资寻求替代方案。

当然,在讨论世界稳定时,也有美国战略家甚至不乏想象地认为"一个美国和中国结成同盟的世界,较之中国与俄罗斯结成同盟要安全得多"。② 美中关系存在某种战略竞争性,但历史经验表明,美欧对华立场的反复并非总是沿着消极方向发展。即使在中美关系总体气氛并不佳的时候,西方的态度也不排除有转圜前景的可能性,毕竟和平与发展仍是世界发展的大趋势,各国处于一个利益交融甚至深度捆绑的时代,合则两利,斗则俱伤。中美作为大国,各自面临稳定与发展的一系列问题,在全球范围也存在共同利益需要加强合作,还面临共同威胁需要携手应对。美国《国家利益》杂志发文认为,美国即使对华加重制衡力度甚至实行遏制政策,在今天也不可能排除所有形式的接触。因为"不论如何应对中国的挑战,美国对华政策必须立足于现实"。③ 欧洲也有学者认为,中国的崛起将持续下去,到本世纪中期才会达到其真实经济水平的顶点。对抗这一趋势没有意义。欧洲必须停止指望在不具备相应力量的情况下谋求中国发生政治剧变。对于"一带一路",欧洲必须参与,否则就会错失机遇。欧洲需要做的,就是大规模的资金参与,并认真制定一项维护欧盟利益但也注意和中国进行协调的东方战略。④ 实

---

① GPPI&MERICS: "Authoritarian Advance—Responding to China's Growing Political Influence in Europe", Feb. 2018, http://www.merics.org/en/publications/authoritarian-advance。

② R. T. Howard, "A Conversation with Maurice R. Greenberg", *THE NATIONAL INTEREST*, Jan/Feb, 2018, p. 5.

③ Hal Brands, "The Chinese Century?", *THE NATIONAL INTEREST*, Mar/Apr, 2018, p. 45.

④ 加尔布里尔·费尔贝迈尔(基尔世界经济研究所所长):《如何应对中国的攻势》,德国《法兰克福汇报》,2018年8月6日;新华社同日电。

际上，欧盟国家对"一带一路"的看法已经出现积极变化。2018年9月访华的意大利副总理迪马约表示，对于中国提出的"一带一路"，意大利政府表示赞赏和支持，希望在2018年底完成该项目的谈判，并与中国签署中意"一带一路"合作备忘录，意大利"十分高兴地成为西方七国中唯一一个取得此进展的国家"。①

习主席指出，我们推进"一带一路"建设不会重复地缘政治博弈的老套路，而将开创合作共赢的新模式；不会形成破坏稳定的小集团，而将建设和谐共存的大家庭。② 习近平主席在2018年4月博鳌亚洲论坛开幕式的主旨演讲中再次指出："当今世界，和平合作的潮流滚滚向前。和平与发展是世界各国人民的共同心声，冷战思维、零和博弈愈发陈旧落伍，妄自尊大或独善其身只能四处碰壁。只有坚持和平发展、携手合作，才能真正实现共赢、多赢。"习主席还进一步指出："'一带一路'建设是全新的事物，在合作中有些不同意见是完全正常的，只要各方秉持和遵循共商共建共享的原则，就一定能增进合作、化解分歧，把'一带一路'打造成顺应经济全球化潮流的最广泛国际合作平台，让共建'一带一路'更好造福各国人民。"③ 可以想象，对"一带一路"的疑虑与分歧可能一直伴随其建设过程，国际政治语境虽然总难以一路向好，但也难以一味变恶。从客观发展进程与效果推定看，当世界真正实现互联互通的时候，当"一带一路"显示出在便利往来、促进经济和区域经济整合的效应时，一些反对或质疑也将变得苍白无力，一些分歧也可能逐步得到解决。

---

① 万淑艳、卞正锋：《意大利副总理访华，加强"一带一路"合作》，参见《欧洲时报》，2018年9月22日。
② 习近平：《在"一带一路"国际合作高峰论坛开幕式上发表主旨演讲》，《光明日报》，2017年5月15日。
③ 习近平：《开放共创繁荣 创新引领未来——在博鳌亚洲论坛2018年年会开幕式上的主旨演讲（2018年4月10日）》，《光明日报》，2018年4月11日，第03版。

第三节　政治期望、顾虑与制约

"一带一路"在国际上的顺利展开需要沿线国家政府的政治支持。基于国内政治是一种各种力量的制衡关系的认知，在很多国家，这种支持很难是一致的。认识并妥善处理这种关系成为难以回避的挑战。

一、选举政治的期望与局限

如果说政治权力本质上是特定的力量制约关系，[①]那么实现这种制约的政党纲领与政策宣示必然存在不同。社会多元与民众诉求的不一，使一件造福于当地的事也可能受到政党政治的牵制。对在野党而言，找准矛头攻击执政党的政策才可能赢得众望，在政治上加分，从而在下次选举中创造有利条件。事实上，在很多国家政治实践中，不论如何寻求完美，一个政党"也不可能有一个真正的大多数（国民）支持它的任何特定政策"。[②] 在外国的选举政治环境中，不同的政党对"一带一路"建设项目就可能有不同的看法，它表面可能针对项目本身，实质上是以各种理由蛊惑民意攻击其政治竞争对手，或者就是在野党借此攻击执政党的有关政策。

在民主选举制度条件下，代议制民主是作为一种较为普遍接受并实践着的政治选举制度，充其量仍只能是一种次佳的选择。以古典民主理论强调人民直接行使权力和人民权利保障为出发点，一些理论家认为，代议民主一方面对人民直接行使权力构成了某种约束，同时也有可能导致代表远离人民。[③]这种选举制度不仅导致政党之间分歧加剧，也可能

[①] 王浦劬等著：《政治学基础（第三版）》，北京大学出版社，2014年5月第3版，第67页。

[②] ［美］利昂·D. 爱泼斯坦著，何文辉译：《西方国家的政党》，商务印书馆，2014年2月第1版，第343页。

[③] 王浦劬等著：《政治学基础（第三版）》，北京大学出版社，2014年5月第3版，第44页。

使民众与政府对立,民粹主义因而乘势而起,政党政策经受不起多数民众对其政策的认同。

什么是民粹主义?它是一种社会思潮与政治现实,反映的是"不同群体的不同诉求,总体上是民众对精英、主流和现成建制的怀疑与仇视所呈现的社会政治思潮"。① 作为一种意识形态,民粹主义把社会分成同质的与敌视的两个阵营,纯粹的人民和腐败的精英。这可能是对代议制民主的一种倒退,滑向古典民主轨道。尽管一些国家选举政治制度的外壳并未变,但社会思潮已然生变。即民粹主义强调平民表决的直接民主元素,而非代议的间接民主结构。直言之,"人民"应该治理自身。议会和政党这类中介角色最多只是次级机构。②

民粹主义的崛起成因复杂。全球化造成的贫富差距扩大,中产阶级缩水,政府治理能力不足,移民和社会问题突出等都是重要原因。一般而言,民粹主义对工薪阶层选民因遭受全球化进程抛弃而对经济、社会和文化等领域产生的不满情绪大加利用。左翼敌视富人,右翼批判建制。民粹主义发酵的后果表现于:首先,右翼民粹主义挑动极端民族主义,导致全球化退潮;其次,冲击西方民主制度,导致民主劣质化,精英失灵加民粹主义泛起,已经使民主制度效能下降;最后,民粹主义可能导致政策极端化,加大发生国际冲突的风险。③

2016年英国通过公投脱欧被认为是欧盟一体化进程的一个挫折,这一局面无疑"代表着反全球化、本土主义和民族主义的胜利"。④ 脱欧也是民粹主义快速崛起的一种具有方向意义的政治事件,其影响甚至被放大为"标志并代表着右翼民粹主义在西方的全面崛起,开启了民

---

① Fareed Zakaria, "*Populism on the March-Why the West is in Trouble*", FOREIGN AFFAIRS, Nov/Dec. 2016, p. 9.
② 安东·佩林卡著,张也译:《右翼民粹主义:概念与类型》,载于《国外理论动态》2016年第10期,第12页。
③ 周穗民:《21世纪民粹主义的崛起与威胁》,载于《国外理论动态》,2016年第10期,第2—11页。
④ Fred Hu and Michael Spence, "*Why Globalization Stalled and How to Restart it*", FOREIGN AFFAIRS, Jul./Aug., 2017, p. 56.

粹主义在21世纪走进世界政治主流的进程"。①

事实上，在欧洲，这种偏右转的现象也确实已经变得十分普遍。今天，民粹主义政党占据着大多数欧洲国家的议会席位，尽管并非全是激进的，但多数为右翼。② 美国《外交》双月刊一项针对西方国家专家"同意或不同意民粹主义"的民调表明，支持和强烈支持的占压倒性多数，持中立态度的不足3%。③ 这也说明，民粹主义的土壤变得越来越厚实起来。

民粹主义裹挟的旗帜是多面的。民主制度不甚成熟的发展中国家同样如此。在每一个选举政治周期，候选人既会迎合一些选民的诉求，也会主动制造议题，以影响"易受暗示和轻信"的选民群体，甚至"使群体感情向某个方向转变"。④ 正缘于此，"选举常常诱使政治家提出那些最能为他们带来选票的诉求，而这些诉求往往带着种族主义、宗教主义和民族主义色彩"。⑤

如民族主义就易为各政治势力利用。即使没有外敌入侵，权力斗争的需要也可以非常方便地制造出"侵略"和"压迫"的宣传，以使民众感到自己的文化传统与外来文化、宗教之间的不相协调之处。⑥ 在欧洲，债务危机持续，难民危机的发酵，恐怖袭击的发生，使民族主义卷土重来，其表现形式是"各国政府更坚决地在欧盟内部捍卫国家私利以及排外主义的兴起"。⑦

"一带一路"建设遭遇民粹主义冲击下的政党纷争是难以回避的现实。一些国家朝令夕改，政策摇摆不定，选举政治冲击既有建设项目经

---

① 周穗民：《21世纪民粹主义的崛起与威胁》，载于《国外理论动态》，2016年第10期，第1页。

② Gas Mudde, "Europe's populist Surge—A Long Time in the Making", FOREIGN AFFAIRS, Nov./Dec., 2016, pp. 25-26.

③ "Is Populism the future?" FOREIGN AFFAIRS, Nov/Dec. 2016, p. 197.

④ [法]古斯塔夫·勒庞著，段力译：《乌合之众——集体心态的奥秘》，时事出版社，2014年9月第1版，第29页。

⑤ 何俊志：《选举政治学》，复旦大学出版社，2009年版，第48页。

⑥ 徐迅：《民族主义》，东方出版社，2015年1月第1版，第61—65页。

⑦ Tony Baber, "A renewed nationalism is stalking Europe", July 11, 2016, http://www.ft.com/cms/s/53fc4518-4520-11e6-9b66-0712b3873ael.

常发生。在野党对执政党的指责,使中国在斯里兰卡科伦坡港口城的投资项目甚至成为"中斯关系的一个紧张点"。西里塞纳在竞选斯里兰卡总统大位时,就指责腐败和行贿可能导致中国公司未经公开招标获得项目,此外他还提出存在环境问题、债务负担过重和加强中国在印度洋的战略存在而激怒印度和美国等借口,以此煽动民众要求当时执政的政府放弃科伦坡港口城工程。①

在印度尼西亚,政策的不确定性使中国在印尼的投资项目遭遇约制。如印尼的用工制度在东南亚"最严苛",中国企业在为中国专业员工获取工作许可方面面临重重障碍。印尼政党林立,各有自己的诉求。一些政策宣布之后又可能出现变化,缺乏连续性。印尼总统佐科是一个具有亲民声望的民选总统,任期是 5 年,总统任期过半后即可能面临成为"跛鸭"的命运。由于政治争斗激烈,无论政策对错,不同政党都各有诋毁的评判。有评论甚至认为,"无论他(总统)做什么,下届政府都可能将他的政策完全推翻"。②

中资在缅甸的项目被搁置也有政党纷争的影子作祟。近年来,缅甸开始由军政府向民选政府转型,但是"由于存在政治主张差异甚至产生激烈斗争,无法形成一股多民族国家政治的整合力量,进而影响了缅甸民族国家的构建,使缅甸偏离现代化道路"。2011 年缅甸开启民主化迄今,国内存在的大范围贫穷现象、因改革失去经济和政治利益引起的不满,以及政府治理能力低下,均导致民粹主义和极端民族主义的产生,既影响缅甸国内族群关系,也影响外国对缅的投资。③ 中国企业进入缅甸或在缅甸经营同样会遭遇某种不利的处境。

---

① Smruti S Pattanaik, "Controversy Over Chinese Investment in Sri Lanka", IDSA, EASTASIAFORUM, June 5, 2015, http://www.eastasiaforum.org/2015/06/05/.

② Phila Siu, *What Indonesia can do to be in China's Belt and Road loop*, *South China Morning Post*, April 29, 2017, http://www.scmp.com/week-asia/business/article/2091585/what-indonesia-can-do-be-chinas-belt-and-road-loop.

③ 许利平著:《民族主义,我们周围的认同与分歧》,社会科学文献出版社,2017 年第 1 版。

二、领土主权争执与安全顾虑

领土争端是国际关系中的一个重要问题,当今许多国际问题都是围绕领土或领土衍生问题展开的,是国家间最普遍、最复杂也最难解决的问题,也是国际多边项目重点关注的风险。"一带一路"倡议项目遍布几大洲,包括大量跨国界国际项目,领土争端和因为领土引起的安全顾虑是难以回避的问题。妥善解决这类问题需要培育政治互信,以及基于国际法基础上的协商谈判。

(一)领土与主权争端

在国际法中,国家的领土组成包括领陆、领水和领水下面的底土,以及领陆和领水之上的领空[1]。领土是行使国家主权的空间范围,是国家行使管辖权的基础。领土问题攸关国家核心利益,特别是在当前各种利益纠结下形成的民族主义情绪高涨时代,使得任何政府在此问题上几乎不存在妥协的空间。当核心利益出现矛盾时,政治利益往往凌驾于经济利益之上,构成国家互信与国家关系改善的巨大障碍[2]。从国际经验看,领土主权争端对国际多边合作有明显影响。现代国际多边金融机构,包括亚投行在内,对涉及主权争端的跨境项目投资顾虑重重,甚至明确作为一条红线禁止为项目融资。"一带一路"建设涉及众多沿线国家,无论通道建设还是项目合作,存在主权争端或者对国家有效行使主权管辖的安全顾虑就可能成为一个十分棘手的障碍性因素。

从"一带一路"建设的角度出发,可将相关领土主权争端或安全顾虑分为以下四种类型。

一是与中国有领土主权争议的周边国家。20世纪90年代以来,中国与绝大多数周边国家通过谈判协商基本划定陆上相互边界,只有中印之间仍存在领土主权争执。与海上邻国的领土主权争议则更为复杂。南

---

[1] 白桂梅、朱利江著:《国际法》,中国人民大学出版社,2004年2月第1版,第142页。目前,国内针对某一具体争端的研究较多,将领土争端作为一类问题进行综合研究的较少。近年来主要是南海、东海及中印三大研究方向。

[2] 《"一带一路"的机遇与挑战》,《联合早报》2017年5月17日。

海问题涉及六国七方，区域外大国的卷入，更隐藏着以海制华的战略图谋。中国东部海域，中国与韩国、日本存在海洋权益和领土主权争执。海上主权争执有复杂的历史原因。二战后美国出于冷战遏制中苏的需要，与日本互为利用，在领土问题上改变了盟国的共同规定，造成东亚出现了一系列的领土争端，成为东亚国际秩序不稳定的根源，其恶果一直延续至今[①]。

二是相互之间存在领土争端的沿线国家。受历史、地理等诸多因素影响，"一带一路"沿线存在大量相互间有领土争端的国家，有些涉及两个以上国家，情况更为复杂难解。包括：南海地区诸国除与我国存在海上争端外，海上划界主张犬牙交错，相互间争端亦非常激烈；南亚地区印巴、孟缅等之间长期存在领土争端，印巴经常因边界等问题爆发冲突；中亚边界问题由来已久，存在着大量未勘定的边界和"飞地"，冲突频发；中东巴以围绕边界、定居点等问题的冲突是世界性难题，牵动全球政治走势；非洲多个"一带一路"相关国家涉及领土主权争端问题，虽未牵动大国政治，但其复杂程度不亚于中东。

三是相互之间存在资源争端的国家。部分国家间虽然领土边界划定，但对于跨界河流、海洋、地下矿物质和化石能源等存在争端，对于管道、通道经过有不同意见，基础设施项目开发往往与这些资源有关，难免引起摩擦。水资源争夺是中亚国家间的焦点问题，乌兹别克斯坦已故总统卡里莫夫曾指出，中亚各国对水资源的争夺可能日趋尖锐并导致大规模战争，各国在流经吉尔吉斯斯坦、哈萨克斯坦、乌兹别克斯坦、塔吉克斯坦、土库曼斯坦的跨国河流上开发水电项目时，需要协调立场。南亚水资源供给相对不足，印孟、印巴、印尼（泊尔）之间均因为水资源问题存在摩擦。

四是对领土主权问题相对敏感和集中的地区。除上述三种情况外，一些国家和地区尽管不存在直接的领土主权争端，但因历史等因素所致，对领土主权问题高度敏感，对涉及势力范围的问题高度焦虑。这些

---

① 胡德坤：《"旧金山合约"与东亚领土争端》，载于《边界与海洋研究》2017年第1期，第99页。

问题的根源虽不是领土争端,但其表现形式、发展脉络和解决思路均与领土问题具有相似性,也可化为领土争端的一种。俄罗斯同中亚国家和我国均已解决领土划界问题,但长期将中亚视作其势力范围,强调与领土类似的"独占性",追求一定的"管辖权",对任何外来力量介入心存芥蒂,特别是在管道和通道建设等需要"占地"的项目较为敏感,其表现形式与领土争端相似。

"一带一路"中涉及的领土主权争端,本质上是地缘政治问题,从相互影响来看,可能包括以下几个方面。积极方面,因为共建"一带一路"或者受"一带一路"理念启发,暂时抛开矛盾,甚至为解决矛盾提供一定思路。比如,自2017年以来,中菲就推进南海共同开发达成高度共识;2018年中亚五国历史性举行中亚峰会,在很大程度上也是受上合组织和"一带一路"理念的影响。消极方面,因为建设"一带一路",激化领土主权争端,给"一带一路"建设制造问题。印度对中巴经济走廊穿越巴控克什米尔多次表达不同意见,甚至恶化同巴方矛盾,目前仍然拒绝公开支持"一带一路"建设。总体看,领土主权争端对"一带一路"合作理念、推进手段是一种检验,既可以考验开放及包容性合作的韧性,也可以为日后解决类似问题提供思路。

(二)领土与主权争端的影响

这里主要将印巴陆上争端和南海海上争端作为研究领土争端对"一带一路"影响的案例,分别进行研究。

印度与巴基斯坦均是中国的邻国。印巴围绕克什米尔长期争执,也曾发生过战争。迄今印度对"一带一路"态度消极,主要在于中巴经济走廊穿越克什米尔争议区。印度学者甚至认为,印度的担心不无道理,因为中巴经济走廊正巧要穿越吉尔吉特—伯尔蒂斯坦,即巴控克什米尔地区。[①] 印度担心中巴经济走廊建设将使中国为巴控克什米尔的主权背书。此外,印度对中巴签署的水利合作备忘录包括在印度河上游、巴控克什米尔境内修建的亚米尔—巴沙和本吉两座水电站进行抗议。其背后则是印巴数十年的水资源控制权之争,中国将不可避免地被拖入这

---

① 普拉蒂尼·乔治:《参与中巴经济走廊大博弈》,《新印度快报》,2017年3月20日。

场争执之中。

在地缘"进入"方面,印度一直担心中国深入其后院,瓦解印度对南亚小国长期控制的局面。在孟中印缅走廊建设方面,印度地方政府态度相对积极,毕竟走廊建设将带来发展机遇。但尽管如此,这条20世纪90年代就开始考虑的经济走廊,也因为印度担心其东北部与中国形成更紧密的经济捆绑而不断拖延,因为印度认为,"一带一路"的潜力在于"创建一个连接中国的价值链或生产链的新区域系统"。

印度特别关注中国经济渗透对印度东北部各邦的潜在影响,以及创造新的物理连接产生的安全影响。印度更希望东北各邦开放跨境连通,从而逐步减少被中国经济"吞并"的风险。总体而言,印度不愿将孟中印缅经济走廊项目纳入中国"一带一路"倡议的概念范围之内。[1] 因此,即使一些态度相对积极的学者甚至也提醒印度政府,当前摆在印度决策者面前的挑战是,在尽可能利用这些机遇的同时要确保本国的重大安全利益。[2] 2018年7月,印度外长苏什玛·斯瓦拉杰在一次印度派驻邻国的最高外交官会议上提出,印度应采取一项三管齐下的综合战略(A broad, threepronged approach),以抑制(check)中国在南亚和印度洋地区邻国日益上升的影响力:密切跟踪北京的活动;实施印度自己的项目与承诺;说明并劝告其邻国考虑与中国接触的后果。[3] 这可以被视为印度官方对中国卷入南亚地区事务保持最新警惕迹象。

主权争执特别是与中国有领土主权争执的印度,可能对共商、共建"一带一路"长期存在阴影。也正是因为中印之间存在主权争执,印度对中国可能影响南亚国家以及印度洋可能出现的地缘政治变迁也将长期保持安全顾虑与警惕。为加强对南亚小国的控制,印度于2013年提出"孟不印尼"次区域合作倡议,旨在"为次区域国家的发展诉求提供一

---

[1] [澳]大卫·布鲁斯特著,朱翠萍译:《"一带一路"倡议对南印度洋地区的战略影响》,载于《印度洋经济体研究》2016年第6期,第8页。

[2] Amitendu Palit, "*China's Maritime Silk Road fuelling Indian anxiety*" NUS, March 4, 2017, http://www.eastasiaforum.org/2017/03/04/chinas-maritime-silk-road-fuelling-indian-anxiety/

[3] "India will adopt threepronged strategy to check China influence", 8 July, 2018, http://paper.hindustantimes.com/epaper/viewr.aspx#

个有效的解决路径"。其他战略意图包括对冲"一带一路",也成为印度塑造地区影响力的基本立足点。①

南海周边涉及中国、越南、马来西亚、印度尼西亚、文莱和菲律宾,南海自古是海上丝绸之路必经区域。南海问题主要包括两个方面:一是因一些南海周边国家对中国南沙群岛全部或部分岛礁提出领土要求并非法侵占部分岛礁而产生的领土争议;二是因南海周边国家提出的海洋管辖权主张重叠而产生的南海部分海域的划界争议。② 中国是最早发现、命名和开发利用南海诸岛及相关海域的国家,自古代起,中国不同朝代的中央政府最早并持续、和平、有效地对南海诸岛及相关海域行使了主权和管辖,确立了在南海的领土主权和相关权益。根据中国国内法以及包括《联合国海洋法公约》在内的国际法的规定,中国在南海的领土主权和海洋权益包括以下几方面:中国对南沙诸岛,包括东沙群岛、西沙群岛、中沙群岛和南沙群岛拥有主权;中国南海诸岛拥有内水、领海和毗连区;中国南海诸岛拥有专属经济区和大陆架;中国在南海拥有历史性权利。中国上述立场符合有关国际法和国际实践。

围绕南海问题,中国与有关方发生过相关争执,特别是菲律宾2013年1月向我驻菲使馆就中菲南海"海洋管辖权"的争端递交单方仲裁通知,提起强制仲裁。自此,南海仲裁案持续推升了南海风浪,美国等域外国家的卷入使得南海问题进一步复杂化甚至尖锐化。舆论场也有人认为"南海争端不平复,海上丝路没法搞"。

2016年7月12日,习近平主席在会见欧洲理事会主席图斯克和欧盟委员会主席容克时强调,南海诸岛自古以来就是中国领土。中国在南海的领土主权和海洋权益在任何情况下不受所谓菲律宾南海仲裁案裁决的影响。中国不接受任何基于该仲裁裁决的主张和行动。中国致力于南海和平稳定,致力于同直接有关的当事国在尊重历史事实的基础上,根

---

① 吴兆礼:《印度推进"孟不印尼"次区域合作的政策路径——兼议其与中国经济走廊倡议对接的愿景》,载于《太平洋学报》2017年第5期,第38—39页。

② 吴士存著:《南海问题面面观》,时事出版社,2011年9月第1版,第8页。

据国际法，通过谈判协商和平解决有关争议。① 这一宣示明确表明了中国在此问题上的立场。

南海问题复杂化及争议的长期性当然不是"21世纪海上丝绸之路"建设所期望的，但南海问题不是、也不应成为海上丝绸之路建设的障碍。对域外国家如美国而言，南海问题也不构成中美关系的全部，中国需要显示维护南海主权不动摇的政治意志，掌握好岛礁建设的节奏，同时更快推进地缘经济布局，与相关国家寻找共识进行战略对接，有效推进"21世纪海上丝绸之路"建设。

（三）"一带一路"应对领土争端问题的思路

"一带一路"建设的关键是通过跨境项目建设促进各国共同发展，加强地区经济合作，加强共同开发，扩大互利空间，促进政治互信，实现边界和平共处，为外交解决相关问题创造良好环境。

一是坚持通过外交手段协商解决应当成为唯一可行的解决办法。一般来看，各国应对领土争端问题至少有五种方式，包括和平转移，通过双方和平谈判划定边界；战争转移，通过战争手段实现领土分割，也包括强势一方的不断蚕食；外力介入，通过第三方介入划定边界，但公平性难以保证；均势平衡，双方互不接受对方提议，通过军事威慑保持现状，间或爆发冲突摩擦；长期拖延，双方都无力解决边界问题，或不愿因边界问题牵扯过多资源引发动荡，而达成暂时搁置的默契。在亚太地区，21世纪最大的冲突风险都源于20世纪没有解决的冲突，当前各方都没有压倒性的军事优势用武力解决有关问题，军事行动亦非理性的选项。此外，他们有积极的经济上的依赖，也有更为重要的国内改革计划，成本高昂的国际冲突可能使其优先政治议程脱轨。这样，外交协商解决可能成为唯一可以利用的办法。这方面也有现实的案例。2017年在联合国公约下澳大利亚与东蒂汶政府达成解决其气田收益分配问题的协定。在今天的世界，一些学者注意到"民主和平论"的局限。因为在领土与主权争执问题上，"民主和平论"并不适应。我们需要一种持

---

① 《习近平：中欧要用大智慧增强互信》，《新华每日电讯》2016年7月13日，第1版。

久的全球稳定，我们必须允许技术官僚走在创造和平的前面。[1] 2018年4月，习近平与莫迪面对面会谈中建议恢复建立一种包括军方在内的双边的、合作性的问题解决机制，并讨论解决双边边界争端的框架。

二是通过经济合作为外交解决创造条件。就通道建设、产能合作而言，中国与东盟的合作关系成为推动海上丝路建设的重要基础。2010年中国与东盟自贸区生效以来，已进入一体化建设的"钻石十年"，中国与东盟经济关系进一步发展，双边贸易额由2001年的400亿美元迅速上升到2017年的近5000亿美元，双向投资由10年前的200亿美元增加到近1200亿美元，人员往来近2000万人次。中国—东盟自贸区作为经济总量约11.4万亿美元、人口近20亿的大市场，双方携手共进，成为世界经济格局中的重要板块。2015年11月7日，习近平主席在新加坡国立大学发表演讲，表示中国将坚定发展同东盟的友好合作，坚定支持东盟发展壮大，坚定支持东盟共同体建设，坚定支持东盟在东亚区域合作中发挥主导作用。这一政策宣示将带动海上丝路建设的提速。以通道建设而论，中国—中南半岛经济走廊在中南半岛涉及西线、中线和东线，越南可能因南海问题对东线建设心存疑虑，但可以加快西线与中线建设。目前，雅万高铁项目开工、中泰高铁阶段性动工、马新高铁建设尽管面临变故，但并未取消只是延期决定，这将进一步有力推进中国—中南半岛互联互通建设，而且，产能合作及有关项目建设也会相应跟进提速。

中国与东盟合作还可以以澜沧江—湄公河合作为抓手。从地理位置上看，湄公河国家地处东南亚、南亚结合部，中国与其中三国（缅甸、老挝、越南）接壤，是中国西南通往东南亚、南亚的门户，也是陆上沟通太平洋与印度洋的桥梁。澜湄流域国家因此具有一江相连的地缘合作优势。在交通基础设施建设方面，中国与东盟的互联互通一直都是以湄公河流域国家为主要合作伙伴。[2] 澜湄合作机制已形成高度共识。

---

[1] By Parag Khanna, Avoiding World War III in Asia, THE NATIONAL INTEREST, July/August, 2018. pp. 50–54.

[2] 刘稚、徐秀良：《"一带一路"背景下澜湄合作的定位及发展》，载于《云南大学学报》（社会科学版）2017年第5期，第95页。

2016年3月23日，在三亚澜湄合作首次领导人会议上，与会的越南政府副总理兼外交部副部长范平明在演讲时强调，越南对中国举办澜湄合作、为大湄公河次区域各国领导人共商合作展望和方向、促进次区域可持续发展提供平台表示欢迎并给予好评。澜湄合作涉及水资源管理、扶贫、公共卫生、人员交流、基础设施、科技等领域合作，东盟各方期待澜湄合作有关项目尽早实施，争取早期收获。澜湄合作与大湄公河次区域经济合作（GMS）、东盟—湄公河流域开发合作（AMBDC）和湄公河委员会（MRC）等现有次区域合作机制相互补充，协调发展，共同推进区域一体化进程。

目前，中国—东盟正加速打造"升级版"，第13届东博会以"升级版"新貌示众。会议期间举办了包括国际产能合作展、重点项目对接会、澜湄国家合作圆桌会等活动。2016年9月在南宁召开的东博会以"共建'21世纪海上丝绸之路'，共筑更紧密的中国—东盟命运共同体"为主题，进一步推动项目对接和澜湄国家的合作，正在加快推动中国—东盟合作"从服务'10+1'向'10+n'延伸，发展成为全球经贸交流合作的国际大平台"。①

2017年11月13日，李克强总理出席第20次中国—东盟领导人会议时提出，共同规划中国—东盟关系发展愿景，制订"中国—东盟战略伙伴关系2030年愿景"，将"2+7合作框架"升级为"3+X合作框架"，构建以政治安全、经贸、人文交流三大支柱为主线，多领域合作为支撑的合作新框架。② 显然，中国与东盟的合作仍将不断深化。新形势下，在项目建设上，中国与东盟国家应加强能更切实惠及民众的"涓滴效应"，使中国东盟命运共同体建设落到实处，尽可能给本地区人民带来实惠。③

三是搁置双边争议，寻求共同开发，加快多边协约达成进程。菲律

---

① 《2016年东博会成"全球卖场"》，《星暹日报》中文版，2016年8月20日。
② 李克强：《在第20次中国—东盟领导人会议上的讲话》，《新华每日电讯》，2017年11月14日。
③ 傅梦孜：《南海问题会否影响"21世纪海上丝路"建设?》，载于《太平洋学报》2016年第7期。

宾成为亚投行 2015 年最后一个签约者也说明，尽管中菲涉海主权争执激烈，但没有影响它参与一个由中国主导的基础设施建设的多边金融机构。菲律宾一度感到在海上丝路建设中被边缘化，但如果能搁置争议，共商、共建、共享海上丝路之路，菲律宾不应该是地区合作进程中的局外人。菲律宾拥有 1 亿多人口，7000 多个岛屿把国土分割成众多的小块，有 42000 个行政村，实际上由不同氏族头目把控。有评估认为，金钱、不当治理、暴力充斥各行政分支，国家经济与政治几乎停滞，阿基诺三世的改革更是举步不前。[①] 正因为如此，发展经济、加快基础设施互联互通的需求十分突出，可谓菲律宾面临的一项最紧迫而重要的国家民生政策议程。

务实、硬朗且持重能变通的菲律宾总统杜特尔特上台后，虽然没有将仲裁案束之高阁，但发展经济、改善民生成为他的强烈政治追求。他于 2016 年 9 月即将中国定为东盟外首个出访的国家，显示其对华关系的重视，中菲关系也随之出现重大转圜。而到 2017 年第一季度，中国即取代日本成为菲律宾最大的贸易伙伴。这个案例显示，主权争执虽不利于海上丝路建设，但在目前难以根本解决的情况下，争执并不应该妨碍双方开展务实有效的合作。对于中国而言，由于绝大多数贸易往来通过南海，中国最需要南海保持和平稳定。2017 年 11 月，李克强总理访问东盟期间发表讲话指出："中方期待与东盟国家本着友好协商的建设性态度，继续全面、有效落实《南海各方行为宣言》，积极推进'南海行为准则'磋商。迄今已达成的'准则'框架，凝聚了各方对'准则'主要要素的共识，是整个'准则'磋商的重要阶段性成果。"中方倡议正式启动"准则"下一步方案磋商，并争取在协商一致基础上早日达成"准则"，使之成为维护南海和平的"稳定器"。[②] 2018 年 8 月《南海行为准则单一文本草案》初步达成，标志着相关磋商取得积极进展。

---

① Linn T. White III, Philippine Politics: Possibilities and Problems in a Localist Democracy, Routledge, 2015.
② 李克强:《在第 20 次中国—东盟领导人会议上的讲话》,《新华每日电讯》, 2017 年 11 月 14 日。

三、对路线替代与货运分流的担忧

古代丝绸之路在不同时期被中断，路线与产品项目的被替代是重要原因之一。海上航运的运量和运输成本使陆路运输相形见绌，这一局面迄今仍未改变。今天，路线范围大大扩展到陆路、海路和空中，运输的迅捷与便利远非过去能比。在世界运输快速发展的时代，海、陆、空运输成为枢纽性国家重要的收入来源。技术的进步、对资源消耗需求的减少也可能改变运输产品的构成，从而影响传统的运输路线。海路、陆路运输线的任何改变意味着运输利益被重新分配，由此展开的竞争使得通道建设面临新的压力。

中新经济走廊的西线中缅通道及中巴经济走廊建设加快，其建成将直接为中国西南和西北提供两个出海口。中国从中东和非洲经由印度洋海运来的原油（年输送量达2200万吨，约占中国每年石油进口量的5%）和液化天然气，到达缅甸若开邦首府实兑的皎漂港输送上岸接驳油气管线，可绕开马六甲海峡，直接进入中国西南。至于瓜达尔港对联通中国的作用则更为直接。2016年12月瓜达尔港建设取得早期收获，可以停泊5万多吨油轮。两条走廊包括油气管线运输，海路与陆路联合分流运输，铁路或公路部门的利益可以同步提升，部门矛盾可能会得到逐步缓解。

运输路线分流或被替代的个案比较都有特殊性，但连续比较的分析同样也说明对利益被转移的担忧是多余的。在非洲东北部，2016年10月，全长751.7千米亚吉铁路建成并试通车（电气化尚未全线运营），公路运输部门利益受到直接冲击，埃塞俄比亚2万多名卡车司机的就业与收入受到影响。而且美国公司准备承建一条连接吉布提和埃塞俄比亚的石油管道，使得亚吉铁路和亚吉间的公路运输利益进一步被分流，从而引发利益纠结，甚至矛盾与冲突。不过，国内部门之间的利益纠结仍可以解决，即在政府协调下通过某种利益再分配的软平衡而逐步化解。

存在于国家之间的路线或项目替代引发的利益落差或利益转移可能成为一种永久的地理现实。2016年11月19日正式启动的马来西亚皇京港建设是位于马六甲州的中马合作重点项目，该港将建成超越新加坡港的"马六甲第一港"。这座深水补给码头由一家马亚西亚投资公司和中国电力建设集团有限公司、深圳盐田港和山东日照港三家中企合作开发，将打造成一个涵盖深水码头、旅游、商业、金融、地产开发和临海工业园建设在内的大型综合项目。该项目得到马来西亚政府和马六甲州政府的全力支持。这个港口项目建设有助于提升中马双边贸易和促进中国海上丝绸之路沿线的航运物流，也是"带动区域经济发展的好事"。但不可否定，它与新加坡港存在替代效应。

新加坡港是仅次于上海港的世界第二大港口，中国石油进口有约75%，天然气进口约23%必须经过马六甲海峡。① 马六甲海峡可谓中国经济发展的生命线，甚至被认为是"千百年来中国追逐权力过程中的门户"。中国经济的持续崛起为新加坡港保持地位提供了最重要的支撑。中国作为世界第一大货物贸易国和主要能源进口国，不可能把自己的生命线系于唯一海上通道马六甲海峡。马六甲海峡一直存在严重的海盗、海难、海雾和海床浅等问题，其事故率是苏伊士运河的两倍，是巴拿马运河的四倍。② 对中国而言，发展多元通道是一个必须追求的战略选项。这不只是政治因素使然，也有经济上的考虑。瓜达尔港口及中巴走廊的建成，将使中国自非洲和中东的油气进口距离缩短数千公里，成为中国在不远的将来"一条至关重要的供应链通道"。③

新加坡乃东南亚一城市小国，曾经十分注意在大国间保持平衡，但在李显龙政府时期，新加坡政界曾敦促美国奥巴马政府加快推进"亚太再平衡"，从而让中国感到新加坡立场出现重大改变。新加坡身在亚洲，却公开倒向美国，使其很难再在大国间保持中立的角色。皇京港的建设未必与国际政治有关，但是，新加坡政府竭力与美国在安全上绑在一起，在2016年南海仲裁案上背离客观立场对中国说三道四，可能加

---

① 庞名立：《中国石油供应要塞：马六甲海峡困局》，http：//www.wusuobuneng.cn/archives/20284.

② "China to bypass Malacca Strait by Kra Isthmus Canal in Thailand"，http：//chinadailymail.cim/2014/03/16/china-to-bypass-malacca-strait-by-kra-isthmus-canal-in-thailand/.

③ AFP，"Gwadar port integral to China maritime expansion"，http：//wwwtribune.com.pk/508607/gwadar-port-integral-to-china—maritime-expansion/.

"一带一路"建设的持续性

剧中国对长期使用新加坡港面临危险的担忧。当然，2017年9月新加坡总理访华受到高规格接待，显示"两国都想摆脱此前2年的紧张关系，（双边关系）翻开了新的一页"。① 习近平主席在会见新加坡总理李显龙时指出："'一带一路'建设是当前两国合作重点，希望双方建设好中新（通过重庆连通中国西部与东南亚）战略性互联互通示范项目，并在地区层面带动其他国家共同参与国际陆海贸易新通道建设。"得到李显龙总理的积极回应。李显龙称，新方支持共建"一带一路"建设，希望加强同中国在基础设施、互联互通、人力资源等各领域的合作，加强发展战略对接，以造福两国人民。② 客观地说，对皇京港建设做过多的政治解读一点也没有必要，何况，中国作为一个能源资源依赖进口的大国，选择更为多元的海上通道是一种自然而合理的自主抉择。

从某种意义上看，在马六甲海峡建设的马来西亚深水港——皇京港，为中国增加了一种并非唯一的靠港选择，由此对新加坡港地位可能有部分替代效应。美国的一些评论甚至直截了当地指出，中国建设马来西亚皇京港"就是要与新加坡分庭抗礼"。③ 新加坡媒体对此曾不断提出质疑，质疑皇京港是否与军事而不是商业利益有关，特别是中国还被授予人造岛屿的土地所有权和99年的特许经营权，是非常罕见和慷慨的条款。④

新加坡对马六甲海峡路线被取代或运量被分流的顾虑不只表现于皇京港，对瓜达尔港建设所产生的替代新加坡港口的效应的忧虑早就存在。20世纪90年代美国尤尼科、福克斯公司曾试图开发瓜达尔港未果后，新加坡港务局接管瓜达尔港口运营，但瓜达尔港未能开始真正完全运营，新加坡公司没有完善港口设施的能力。故在2013年1月，巴基

---

① 王向伟：《中国款待新加坡总理或许标志着处理与中小国家关系采取了新的方式》，《南华早报》，2017年9月23日。
② 谭晶：《习近平会见新加坡总理李显龙》，《光明日报》，2017年9月20日。
③ "Chinese Money Pouring Into Malaysia Could help Najib Razak With Votes: HOLD China wants this Malaysia port to rival Singapore, and that's not all", August 1, 2017, http://sglinks.com/pages/99624451-chinese-money-pouring-into-malaysia-could-help-najib-razak.
④ 《中国在马六甲港口计划战略意图令人怀疑》，《海峡时报》，2016年11月14日。

斯坦将瓜达尔港运营权从新加坡移交给中国。新加坡不愿加快瓜达尔港运营的意图或可想而知，即竭力保住新加坡港口的物流枢纽地位。但运输通道的变更，经济运行成本方面的考虑是决定性的。如果泰国南部克拉地峡开通，这条符合中国、日本和韩国等远东经济体的航道将大大缩短从印度洋到南海的运输距离，马六甲海峡作为贸易通道的地位将会受到根本性替代的巨大冲击。

与新加坡相比，印度对瓜达尔港口建设的担忧与疑虑有过之而无不及。当然，这不是因为通道位置变更引发的，而是中国、巴基斯坦和印度三方复杂关系所决定的。中印、印巴之间发生过战争，中印、印巴的边境冲突仍不时存在。瓜达尔港口建设自然会使印度产生一种地缘安全出现变故的疑虑。

印度长期奉行不结盟政策，但实际上冷战时期印度不在美苏之间选边站也并非绝对的事实。尽管现在说印度在美中之间选边站"为时尚早"，但印度不结盟政策已有"不结盟2.0版"，视中巴为对手仍贯穿其中。印度国家安全委员会高官梅农称，中国和巴基斯坦都是印度的潜在对手，印度硬实力的发展必须集中于遏制中巴两国。而这种硬实力的形成需要导致印度从一个陆上强国向海洋强国的转变。不结盟升级版强调"战略自主"，"只要具有共同利益，印度可以与任何国家结盟"。[①] 近年来与美国的军事安全合作呈现"持续性融合"状态，印度政府正在坚定地把印度引入美国阵营。2017年6月中印在洞朗地区发生对峙事件，印度学者认为，这可能仅仅是印度很少触及的更宏观的地缘政治忧虑"微缩而危险的化身"，印度"难以承受在美中之间处于一种梦游状态之战略后果"。印度观察基金会高级研究员拉贾戈帕兰（Rajeswari Rajagopalan）称，中国在洞朗问题上的行为只会让印度更不愿意重新考虑对"一带一路"倡议的反对态度，即使印度国内有少数声音建议印度重新考虑这方面立场，也不可能对中国的倡议表示

[①] Liyaqat Ayaub Khan, Rohidas Mundhe, "*India's Foreign Policy Nonalignment* 2：0, *Geopolitics and National Security*", Mumbai, 2016, pp. 1 - 3.

支持。①

瓜达尔港处于一种卓越的地缘位置，可以连接中东石油产区和人口稠密的南亚地区。它距巴基斯坦第一大港卡拉奇港460千米，西靠巴基斯坦—伊朗边境20千米，距瓜达尔港90千米以外，印度正在伊朗西南沿海建设恰巴哈尔港。从军事上分析，瓜达尔港的建成将使巴基斯坦海军在靠近印度的卡拉奇港受到威胁时有另外一个备用港口的选项，而且，瓜达尔港可以对冲恰巴哈尔港对巴基斯坦西北翼构成的战略影响。瓜达尔港还是波斯湾、印度洋的战略要地，紧扼从非洲、欧洲经红海、霍尔木兹海峡、波斯湾通往东亚、太平洋地区多条重要海上航线的咽喉，距离波斯湾能源出口必经之地的霍尔林兹海峡380千米。因此，谁能控制这个港口，谁就有能力控制从世界主要能源产区向其他地区运输油气资源的要道。② 而且，印度洋被认为是21世纪大国博弈的"中心舞台"。③ 中巴经济走廊将使中国具备直接进入印度洋的通道，印度十分担心中国在瓜达尔港的军事存在使解放军可以直达印度洋。而印度海军特别重视控制印度洋入口处的咽喉要道：即非洲南部、阿拉伯半岛以及连接印度洋和太平洋的海峡。④ 因此，印度国防部长安东尼直言，巴基斯坦将瓜达尔港运营权移交中国，"将损害印度的安全"。⑤

"一带一路"六大走廊建设引发的路线变更并非个别现象。亚欧大陆桥有三条线，中线的建成也可能影响北线的运量，这曾为俄罗斯一度担心。越南对中新走廊东线的建设迟疑不决，原因在于中国出口东盟的

---

① "Hostile border dispute with India could damage China's global trade, experts warn", *South China Morning Post*, July 31, 2017, http://scmp.com/news/diplomacy-defence/article/2104/hostile-border-dispute-india-could-damage-chinas-trade.

② 《巴铁将瓜达尔港移交中国》，http://www.xilu.com20150804/100000100000855090_3.html.

③ Robert Kaplan, "*Center Stage for the 21th Century*: *Rivalry in the Indian Ocean*", http://www.freerepublic.com/focus/news/220768/posts.

④ ［澳］大卫·布鲁斯特著，朱翠萍译：《"一带一路"倡议对南印度洋地区的战略影响》，载于《印度洋经济体研究》2016年第6期，第3—4页。

⑤ "India's defense Minister A K Antony Wednesday said India is concerned over China operating strategic Gwadal port in Pakistan", http://www.nationalturk.com/en/india-concerned-over-china-operating-pakistans = gwadal-port. 33497/.

货物70%在北部湾装船，包括中线在内的中国—新加坡陆上通道的建设可能分流经越南沿海的货流，从而减少越南既有的运输经济利益。相对于海上运输而言，如果中欧班列往返有足够的运量，陆上运输所占的份额还会进一步提高。特别是北极航道的开通，亚欧运输通道格局可能发生更大变化。这是一条通过海上联通亚洲和欧洲、大西洋和太平洋的最短路线（距离缩短3860海里，即34%）。俄罗斯专家建议中国协助俄罗斯"将北方海路打造成途经苏伊士运河、巴拿马运河那些南方航线的劲敌"。中国已经开始使用这条航线，并计划到2020年将15%的外贸货物利用北方海路进行运输。[①] 此外，俄罗斯如果通过陆路修建直接打通"北纬通道"的铁路，不仅将亚马尔半岛与俄罗斯内地联通，还将联通北方铁路和斯维尔德洛夫斯克铁路（俄联邦区西部和东部），打开俄罗斯通往北方海路和北极大陆架的出口。

不过，现今通道的变更不可能像历史上丝绸之路路线变更导致陆海替代和中断的后果一样，它只是构成全球范围内一种运输方式或利益的重新分配，不可能从根本上使"一带一路"止步不前。在推进"一带一路"建设过程中，通道建设与基础设施建设、产能合作同步推进，才会产生持久的活力。即使主要路线变更损及一些国家或地区的部分既有利益，也可能在其他方面取得平衡性利益，而且小范围或区域间的互联互通因为基础设施和产能合作而显得更为繁荣，其所产生的经济效应，可以推升各方的合作水平。从这个意义上分析，项目替代的可理解性及其影响的暂时性，也可以转化为在政治上提高"一带一路"的国际适切性。

四、非政府组织介入

"一带一路"建设不排除第三方的参与，实际上，中美、中德、中法都有在第三方如非洲等地就清洁能源等项目建设进行合作的良好记录。"一带一路"遭遇的第三方因素这里主要是指由于第三方的存在产

[①] 奥莉加·萨莫法洛娃：《与中国友好可为俄罗斯带来巨额利润——商界对俄中领导人会晤抱有巨大期待》，载《观点报》2017年7月3日，转自《参考资料》2017年7月7日。

生的一些负面因素,如非政府组织,这些组织也是国际竞争中的组成力量,它们善于利用一些项目建设中可能出现的问题,做出一些负面宣传,煽动民众情绪,从而对项目建设的顺利推进产生不利影响。

"一带一路"建设必然进一步推动企业走出去。由于历史、风俗习惯、文化价值、国情现实、体制制度和法律规则等不尽一致,走出去历史并不长的中国企业在一个陌生的国家可能面临诸多不适,其行事方式与习惯也不尽与当地相同,从而会形成文化鸿沟,一些大规模的项目建设也可能改变当地落后但可能已被长期适应的既有生态,从而不为当地所理解与接受,甚至引发当地不同利益集团的抵制。一些国际非政府组织也会乘机生事闹事,以图抵御中国影响的扩大。

确实,在"冒险"进入海外民主国家之后,许多中国企业遭遇了不同文化的冲击。美国《华盛顿邮报》网站评论,随着中国企业匆匆奔赴海外,即使"完全没有经验",也要应对难以驾驭的工会、独立的法院和爱管闲事的记者。面对不熟悉的多党政治环境和民意的力量,许多企业家步履维艰。在柬埔寨,以前工厂老板能雇警察压制工人罢工,但现在不可能了。在西方媒体帮助下,反对党的影响力在扩大。柬埔寨的许多非政府组织都有西方背景,"为获得西方资助,它们会吹毛求疵",[1] 从而影响中国企业投资。

在印尼,虽然历史上中央集权色彩较重,但民主政治发展导致社会更为多元,民众意见纷呈。在当地的一些项目建设受到诸多因素制约,主要集中在两点:一是土地征用问题。土地征用依然是印尼大型经济规划尤其是基础设施建设的头号难题,许多重大基础设施项目因土地问题而延误乃至取消。中国企业建设的雅万高铁,因为土地征用不顺畅而进展缓慢就是一个重要表现。二是非政府组织介入。一般而言,大型基础设施因为直接涉及当地的发展、国家债务、生态环境、就业等民生问题,非政府组织介入的空间非常大。[2] 非政府组织包括本国的和国际性

---

[1] Simon Denyer, "*Chinese companies Face Culture Shock in Countries that aren't Like China*", http://www.washingtonpost.com/world/2015/08/14a048eb64-3bbd.

[2] 周玉渊:《佐科时期"一带一路"在印尼推进面临的挑战与对策分析》,载于《太平洋学报》2016年第10期,第23页。

的，它们通过环境评估报告、清廉指数、社会进步指数报告的发布，对一些项目进行负面性渲染，无不对项目建设产生不利影响。一些国际性的非政府组织，甚至披上当地组织者的外衣从中挑事。一些研究者注意到，在世界历史上，不少民族领袖或是民族主义运动的发起人，其实并不属于他们为之奋斗的国家，甚至有时"他们是彻头彻尾的外国人"。[①]

对国际非政府组织的一些针对中国的行为，中国尚未形成有效的对冲能力。据估计，在中国开展工作的国际性非政府组织超过了1000家，而中国的私人非政府组织机构的数量却十分有限，更不用说它们在海外开展的项目，因此也难以平抑西方非政府组织在当地的影响。[②]

中国在缅北密松大坝建设项目总投资高达36亿美元，建成后大坝90%的电力将输往中国。缅甸和西方媒体炒作大坝对环境造成破坏，淹没区太大、拆迁范围太多等，缅甸前总统吴登盛2011年叫停了大坝工程。密松大坝被叫停就是缅甸境内和西方非政府组织煽动、进而激起缅甸国内民粹主义反对的结果。克钦发展网络组织（KDNG）长期以来与西方反坝力量一起阻挠大坝建设。他们通过发表专题报告、向当地百姓征集请愿书，投诉密松水坝影响环境和生态。西方反坝力量竭力向缅甸境内非政府组织灌输西方环境保护理念，邀请他们参加和举办各种反坝、环保国际会议，并煽动这些组织在国际会议或公开场合反对中国对缅甸的水电站投资项目。缅甸政府由于各种压力叫停密松水坝项目以后，美国非政府组织"美国缅甸运动"宣称"这是一场伟大的胜利"，维基解密档案可以证明美国政府支持非政府组织在缅甸国内实施反对密松水电站的行动计划。[③] 不过，此水坝的命运在昂山素季赢得大选成为国务资政后出现转机，2016年8月她表示，缅甸政府"愿在密松大坝的问题上寻求一个符合缅中双惠利益的解决方案"，"成立专家调查委

[①] 徐迅著：《民族主义》，东方出版社，2015年1月第1版，第64页。
[②] 弗朗西斯科·罗德里格斯、徐锦晶：《中国友善的一面？关于中国公共外交的思考》，西班牙《中国政策观察》，2015年7月1日。
[③] 《克钦发展网络组织与缅甸反密松大坝运动》，新浪网，2015年8月5日，http://m.baidu.com/from=1001187u/。

员会，就密松大坝的问题研究适当的解决方案"。①

非政府组织等第三方因素介入，使一些项目可能受到干扰而被搁置。由于当地司法制度不完善，司法诉讼周期漫长，巨额投资的基础设施建设项目一旦停工或延迟，其损失难以估量。牛津大学"一带一路"项目负责人丹尼斯·加利根（Denis Galligan）教授强调，"大规模的跨境事业，例如，'一带一路'，需要能够处理事宜的合法机制，处理国际贸易、金融、投资、银行业和证券、海上事务和运输、竞争、消费者保护以及争议解决方面的问题。"当争端出现时，并且一切其余补救措施，包括双边谈判、调解以及当地或国家仲裁机构都失败了，在大多数情况下，应该由国际仲裁法庭来解决纠纷。各方需要坚决接受国际裁决，因为"一带一路"是一个预计花费三四十年的长期项目，合同和协议带来的保障，对参与各方来说更加有分量。②

五、共建伙伴缺失的制约

"一带一路"倡议基于共建理念，很多国家在战略层次上有共识，但在战术层面仍需切实予以执行。由于用工制度、技术条件、专业人才介入建设方式与周期制约等因素，很多项目需要更多的中方人员，因此，形成"共建伙伴"的不足甚至缺失有时可能在所难免。这样，项目建设可能没有相应带动当地就业，或者，当地企业由于技术条件不足而被边缘化。

2018年1月，乔纳森·希尔曼为美中经济与安全评估委员会作了一场关于"一带一路"的听证会，指责中国项目很少向当地和国际参与者开放。尽管该报告承认中国企业在交通建设方面极具竞争力，但认为西方企业在提供项目的相关服务方面如咨询、法律服务等方面更具竞争力。报告引用一些国际机构（"重新联通亚洲"）的统计数据指出，

---

① 《昂山素季向中国提出愿意解决密松大坝问题》，《星暹日报》（中文版），2016年8月20日。

② Christine Guluzian, "Does the South China Sea Spell Trouble for Beijing's New Silk Road", August 16, 2016, http://nationalinterest.org/feature/does-the-south-china-sea-spell-trouble-beijing-new-silk-17376.

在所有参与中国投资项目的承包商中，中国公司占 89%，当地公司仅为 7.6%，外国公司为 3.4%。而一些国际多边发展银行投资项目的承包则相对要平衡一些。在所有参与多边发展银行投资项目的承包商中，中国公司占 29%，当地公司占 40.8%，外国公司占 30.2%。[1] 由于就业问题关系到民生与社会问题，投资项目承包的开放度问题也容易在政治上被炒作，从而可能成为当地国内政治或第三方干扰甚至抵制的由头。

中国对非洲的基础设施建设项目与日俱增，为非洲国家经济发展提供了助力。但有时也有多重因素不利于中方与非洲国家共建项目。在非洲的中国建设者的数量难有准确估计，一般认为至少有 100 万人。与发达国家相比，中国劳动力成本仍然具有一定竞争优势，而发达国家劳动力成本昂贵，已经越过伴随工程建设而大量输出劳动力的阶段。相对于美日欧项目合作而言，中国企业可能雇佣更多的中国工程技术人员，特别是一些高新技术企业的对外投资与项目建设更是如此。西方国家则批评中国的项目建设没有带动当地的就业，称"中国工人成为主要项目的建设者，极少有机会留给非洲人。这无助于非洲的就业市场、贸易赤字与透明度改善"。[2]

一些国家在基础设施等项目建设中，存在当地企业参与度有限的情况。中国与马来西亚经贸关系发展迅速，中国企业在马来西亚投资项目迅速增加，但有些项目马来西亚中小企业参与度确实有限。因此，马来西亚很多中小型企业感受到了中资进入造成的"挤出效应"，即中资企业可能挤垮马来西亚本地企业。马华公会大力推动中国"一带一路"倡议，可能会成为一柄双刃剑，对其本身选情带来挑战，也有可能波及整个国阵。[3]

有些国家的抱怨并不完全因为当地劳动力参与较低，实际上也纠缠

---

[1] Jonathan E. Hillman, "China's Belt and Road Initiative: Five Years Later", January 25, 2018, http://www.csis.org/analysis/chinas-belt-and-road…
[2] "China's Open Checkbook", *FORTUNE*, Volume 42-2, 2017, p. 20.
[3] 张淼：《马来西亚朝野对"一带一路"为何态度迥异？》，《金融时报》网站，2017 年 5 月 17 日，http://www.ftchinese.com/story/001072608?page=2。

"一带一路"建设的持续性

其他因素。马来西亚总理马哈蒂尔再度竞选前就认为,很多有价值的土地将归外国人所有,它们实际上将成为外国土地。不过,纳吉布总统认为,巫统(纳吉布所属的马来民族统一机构)的核心选民关注民生问题,还没有显著迹象表明巫统内部和公众当中出现强烈反对情绪。①

发达国家同样面临就业问题,一些国家失业率甚至高达两位数。因此,外国在发达国家的投资建设项目也受到需要雇佣一定数目的当地工人的压力。特朗普"买美国货,雇美国人"即道出其振兴制造业和改善国内就业的诉求。他们更多希望中国对发达国家的投资是绿地投资,尽量雇佣当地工人,这对要降低投资成本的包括中国在内的外国企业形成了制约。

随着经济社会发展,特别是工业化进程的完成,以及老龄化时代的提前到来,像发达国家一样,中国的劳动成本同样会持续上升,劳动力市场供给面收窄,大规模的劳务出口也不可能长期持续。据估计,2016年中国劳动人口将达到峰值,为9.96亿,到2030年下降到9.91亿。②中国在发展中国家的一些项目投资也越来越多地雇佣当地或第三方员工。如在非洲的项目投资中就雇佣了不少越南、印度等国的员工。特别是通过培训,一些BOT("建设、运营、移交")性质的项目,能更多更快地移交给当地员工运营管理。

2017年5月31日,肯尼亚海滨城市蒙巴萨港和首都内罗毕的铁路建成通车,成为肯尼亚122年以来第一条新建的铁路。铁路全线长473千米,呈东南至西北走向,这是中国首条海外以全中国标准国铁一级建造的铁路,是"一带一路"建设造福非洲当地百姓的示范项目。通车后,货运将由原来10小时缩短至4小时,物流成本降低10%—40%。此条铁路将为肯尼亚创造6万个就业机会,其中90%为当地员工,为

---

① "Chinese Money Pouring Into Malaysia Could help Najib Razak With Votes: Hold China wants this Malaysia port to rival Singapore, and that's not all", August 1, 2017, http://sglinks.com/pages/99624451-chinese-money-pouring-into-malaysia-could-help-najib-razak.

② Charles Riley, "Intel report: China's economy to surpass U.S. by 2030", December 10, 2012, http://economy.money.cnn.com/2012/12/10/china0us-economy/.

肯尼亚带来 1.5% 的 GDP 增长。中国将与肯方合作运营 10 年。① 从该例子可以看出，项目建设与运营过程中，带动就业将成为普遍性趋势。"一带一路"项目建设既有助于当地经济社会发展，也会直接创造新的就业机会，改善当地就业形势，这将为推进共建创造更好的条件。中巴经济走廊的建设又是一个具有说服力的例子。2015 年以来，这条走廊建设为巴基斯坦提供了 60000 个就业机会，据巴基斯坦巴中研究所估计，到 2025 年将为巴基斯坦不同部门创造 80 万个新的就业机会。②

六、投融资约束

"一带一路"建设项目需要足够的金融支持。三大新兴银行（亚投行、金砖组织开发银行和上合组织开发银行）、中国的两大政策性银行（中国进出口银行和国家开发银行）和五大商业性银行（中行、工行、建行、交行、农行），以及各类基金债券的创立，奠定并拓展了"一带一路"建设项目的融资基础、空间与条件。此外，人民币正加快国际化，中国与 37 个境外央行或货币当局实现了本币互换，在近 20 个国家和地区建立了人民币清算安排。2015 年 11 月，人民币被正式纳入国际货币基金组织特别提款权货币篮子，具备国际储备货币的属性，人民币国际信用进一步提高。人民币国际化程度日益提高，也将为"一带一路"建设提供有力的金融支持。

但是，项目建设仍存在投融资约束问题。这里所言投融资约束包括投资短缺与融资条件的制约及后续性影响，但不完全包括投资面临的具体风险。投资短缺或预算飙升可能导致项目拖延，发达国家也同样面临类似的处境。美国加州高铁从计划筹备到正式动工花了将近 30 年时间，原因在于资金一直是最大难题。加州高铁局 2016 年更新的最新预算显示，第一阶段项目融资总额为 640 亿美元，虽然比之前估算的 680 亿美元有所缩小，但离最初拟定计划的 330 亿美元也接近翻番。由于难以吸

---

① 李志伟：《蒙内铁路通车，中国获点赞》，《环球时报》，2017 年 6 月 1 日，第 03 版。
② "China-Pakistan Economic Corridor brings economic benefits to Pakistan: report", Islamabad, March 1 2018 (Xinua), http://www.xinhuanet.com/english/201803/02/c_137009278.htm

引到私人资本，且美国交通部下属的联邦公共交通管理局于 2017 年 2 月宣布延后决定是否向加州拨付 6.4 亿美元的补助，使加州高铁在建项目面临停建的命运。①

　　长期以来，在"发展"问题研究领域，对外部融资的大型投资项目的分配结果、可持续性和长期影响，学术界一直争论不断。中国正在成长为一个对外投资大国，"一带一路"建设过程中不乏大型项目。而一些引人注目的重大项目上马，在当地可能凸显种族和社会分裂，加剧对租金和收入流的政治竞争，甚至不时引发反华民粹主义浪潮。一些大项目有连带性投资效应，这将带来当地社会各界或各部门利益的重新分配。得利者趋之若鹜，失利者必然抵制。如果中国的投资过于有利于某个政治集团或派别而不利于另外一方，这些结果甚至可能同时出现。中巴经济走廊分西线、中线和东线（旁遮普和信德省），中线基础较好，东线安全形势相对好一些，项目投资更多避开了分离势力更严重的西线（俾路支省），地区利益不平衡自然使俾路支地区对中国在该地区项目投资较少的状况心生怨气。而一旦极端势力卷入其中，必然威胁其他投资项目的顺利推进。

　　中泰铁路和雅万高铁建设的融资情况为此提供了一个可以比较的案例。中泰铁路曼谷至呵叻段 250 多千米，仅是路段性的，并未直接到廊开与中老铁路连接，但雅万高铁直接连通印尼两大城市。以印尼较大的人口规模形成的客流预期，未来运营状况好于中泰铁路。印尼现在基础设施相当于中国 25—30 年前。作为世界最大的群岛国家，印尼运输高度依赖海运，基础设施发展长期滞后。统计显示，印尼物流成本已占印尼 GDP 的 25%—30%，极大限制了国际竞争力。雅加达外港丹戎不碌（郑和船队停靠地），预计在 4 年内建成 24 个港口，其中重点项目就是新丹戎不碌建设。②

　　考虑到基础设施市场规模，中方对雅万铁路的贷款更优惠一些，为

---

　① 叶文多：《加州高铁预算飙升 待特朗普"大基建"计划施援》，《第一财经日报》，2017 年 3 月 20 日，A09 版。
　② 航宇：《印尼海洋战略对接中国"一带一路"》，《第一财经日报》，2015 年 9 月 2 日，A16 版。

2%，而中泰高铁提供的贷款利率为 2.5%。与中国存在竞争关系的日本提供的一些项目贷款利率表面上低于 2%，正因为这样，中国所提供的贷款被泰国方面认为是"非友好利率"。① 这可能是"大米换高铁"拖延几年谈判进展缓慢的主要原因之一。但是，日本后续融资更为苛刻，建设成本更高。而中国的技术、建设成本均存在比较优势。经过长期谈判达成妥协，中泰铁路建设融资主要由泰国自己负担，2017 年 7 月泰国内阁批准第一期工程贷款，泰方负责征地和土建等，中方负责铁路列车、信号系统和技术维护及先期运营管理培训。铁路沿线还将建设连带性的投资项目，如产业园、旅游度假等基础设施，双方可以进一步协商解决。显然，贷款利率并非唯一影响项目进展的原因。2017 年 10 月 6 日中泰铁路合作项目还是因没有通过环境评估测试，导致原定 2017 年 11 月的开工再次延期。这条铁路建设还要经过哪些变故，需要闯过几道坎仍然不得而知。

马来西亚新政府重视国家债务问题，把金融稳定摆上优先议事日程。马亚西亚联邦政府的债务总额为 2500 亿美元，占其 GDP 的 80.3%，一些国际贷款项目受到牵连。2018 年 5 月 9 日，92 岁高龄的马哈蒂尔击败纳吉布，再次赢得马来西亚大选后重新出任总理，在竞选时他曾对中资企业在马来西亚的基建项目，以及隆新高铁建设持保留意见，主要担心引发债务加剧。隆新高铁原定 2019 年开工建设，在并未明确谁能取得竞标之际，即在这个项目由谁来承建并未决定时的一些表态并非针对特殊对象。胜选后的马哈蒂尔在 2018 年 5 月 28 日宣布取消隆新高铁计划，因此也并非完全针对中国。在胜选后的新闻发布会上，马哈蒂尔表示，如有必要，马来西亚保留重审与中国企业若干协议条件的权力，包括由中国交建等企业承建的马来西亚东海岸铁路，但他仍宣布支持中国的"一带一路"倡议。2018 年 8 月 20 日，马哈蒂尔总理对习近平主席表示："马来西亚支持并愿意积极参与共建'一带一路'，

---

① State Railway of Thailand, "*Thailand China Railway Project（North Eastern Line）*", The Third Railway and Design Institute Group Corporation, China Railway Institute Co. Ltd. August 17, 2016. 资料来自笔者 2016 年 8 月 15—20 日赴泰国调研中泰铁路项目时，泰国铁路局副局长马拉（Voravuth Mala）所做的 PPT 资料。

相信这有利于地区发展繁荣。马方欢迎中国企业赴马来西亚投资，深化双方合作，更好造福两国人民。"① 总体上，一些项目确因政权换主受到一定影响，但中马围绕"一带一路"建设合作的基调仍会得以延续。2018年8月，马来西亚与新加坡就隆新高铁达成协定，同意展延高铁计划合约两年，将于2020年6月前确定是否要继续推行该计划。分析人士称，这"不仅为两国人民对高铁保持一线希望"，而且"也为马来西亚与中国就东海岸铁路勾画处理之道"，"如果中马各让一步，东海岸铁路的重生，不是不可能的"。② 一些评估认为，中国在马来西亚投资建设的许多大型项目与马来西亚的国家债务并没有太大的相关性，中资项目在马来西亚涉债项目的占比并不大，因此，马来西亚新政府不太可能贸然叫停中资项目。③

同样的项目投资，大国之间不止存在竞争，一些大国对中国所进行的项目投资也会因为投向的地区不同而采取不同态度。美国学者不时提醒他们的政府，美国对"一带一路"的反应就应考虑到地区框架及其影响，对该计划在中亚和东亚的项目投资采取不同的态度。在欧亚大陆，美国可以支持中国的雄心勃勃的计划，然而在东亚，对中国作为发展援助提供者的地区角色的理解则应更强调竞争性。④ 美国也是一个投资大国，对国际金融机构有重要的影响力。美国对于"一带一路"对全球经济治理的潜在影响有更大的地缘政治担忧，如果不能化解这种投融资约束，就可能影响亚投行以及其他中国主导的开发性金融机构与国际金融机构联合融资的前景。

---

① 《习近平会见马来西亚总理马哈蒂尔》，《光明日报》，2018年8月21日。
② 林友顺：《马新高铁项目展延两年，维系两国睦邻精神》，载于《亚洲周刊》，2018年9月23日，第12—13页。
③ Keegan Elmer, "Chinese projects not expected to be derailed by Malaysian debt woes", 26 May, 2018, http: //www.scmp.com/news/china/diplomacy-defence/article/2147927/Chinese-.
④ Alexander kully, "*The Economic Political Economy of OBOR—The Challenges of Promoting Connectivity in Central Asia and Beyond*", October 24, 2016, CSIS Report, http: //www.csis.org/analysis/emerging-political-economy-obor.

第四节　合作潜力与可能的冲突

基于共商共建共享原则的"一带一路"倡议,是一项宏大的国际经济合作倡议。但是合作并非自然而然的,做大合作面,缩小不利因素与考虑,关系到"一带一路"建设的未来。

一、战略对接与对冲

对地区秩序可能遭遇"一带一路"冲击的担忧,使一些地区大国相继提出各自类似的计划,或谋求加固此前各自类似的区域合作计划,以巩固对传统地缘势力范围的掌控,对冲中国"一带一路"倡议之影响。如:防止区域外大国的渗透、确保对南亚地区和印度洋的掌控等,一直是印度外交的重要目标。印度学者认为,莫迪总理将"季风计划"提升到战略高度就是印度针对中国"一带一路"倡议的反制措施。[①] 在多边层面,2017年下半年起,印度转而热衷于与美国、日本、澳大利亚构建"印太战略",地理范围从非洲东海岸到美洲西海岸,原则主张为"自由与开放",东盟的地位得到应有的保证。为配合此一构想,2018年5月美国太平洋司令部甚至更名为印太司令部。这一战略不乏有对冲中国崛起不断扩大的国际影响的考虑,具体表现为实质对冲"一带一路"推进中形成的国际地缘影响。因为,对印度而言,这在相当大的程度上解决了无从应对"一带一路"的难题,满足了印度力避中国借"一带一路"倡议推动资本、技术在整个地区的落地开花,主导地区经济秩序的需求。[②]

其实,不只对印度,印太战略对美国、日本和澳大利亚而言,也存

[①] 陈菲:《"一带一路"与印度"季风计划"的战略对接研究》,载于《国际展望》2015年6月,第19页。

[②] 杨瑞、王世达:《印度与'印太战略构想':定位、介入及局限》,载于《现代国际关系》2018年第1期,第48页。

在对冲"21世纪海上丝绸之路"的战略考虑。澳大利亚国立大学教授怀特就明言，如果美国和它的盟国真的决定抵制中国对美国领导的全球自由秩序挑战，它们就必须对冲北京在未来推动全球以中国为经济中心的强有力愿景，推出自己的同样强大和具有抱负的经济计划。① 2018年初起，美日印澳四方即考虑达成一项"区域基础设施联合计划"（A joint regional infrastructure scheme），作为中国"一带一路"倡议的"替代方案"，以抗衡北京影响力的扩大。② 2018年7月30日美国国务卿蓬佩奥宣布美国政府将向亚洲的能源、技术和基础设施项目投资1.13亿美元，以遏制中国在该地区的影响力。这虽是杯水车薪，但亦可以视为这种对冲措施的一部分。

"一带一路"的推进，需要与各国发展战略和各地区合作机制对接，否则，只能是各自隔绝式的并行发展，互不融通、各自为政，甚至形成封闭性、排他性的经济圈。地区性合作组织的建立，虽然可以归之于地区经济一体化之范畴，但如果是针对"一带一路"倡议展开的对冲性举措，以消除中国"进入"造成的地缘经济与政治变迁，那么，这样的对冲会对"一带一路"所期望的互联互通目标形成实质上的制约。

现实主义国际政治理论也认为，"一国若谋求奉行一项明智的和平外交政策，就不能不随时比较它自己的目标与别国的目标之间的相容性。"③ 一些国家会基于国家安全与发展制定具有某种全局性、阶段性的战略，当一些国家的战略在某些领域存在目标、利益或手段的相似性时，战略对接便有了实现的基础。因此，战略对接本质上是国家间基于

---

① Hugh White, "China's Belt and Road Initiative to challenge US-led order", ANU, May. 8, 2017, http：www.eastasiaforum.org/2017/05/08/chinas-belt－and-road-initiative-to-challenge-us-led-order/.

② "Japan, U.S., Australia and India look to establish alternative to China's Belt and Road Initiative", Sydney Financial Review, February 19, 2018, http：///www.japantimes.co.jp/news/2018/02/19/business/Australia-us…

③ ［美］汉斯·摩根索著，徐昕等译：《国家间政治——权力斗争与和平》，北京大学出版社，2012年9月第1版，第483页。

共同的安全与发展，以实现互利共赢为目标的长期合作模式。① 相互安全观的发展与整体发展共赢观共识的扩大，使各国间的战略诉求具有相通性，因而，对接而非对冲就可以成为"一带一路"建设的必然之义。

这里所言战略"对接"，并非仅仅指物理意义上的两个个体之间发生接触或衔接，而是既包括国家、地区之间的战略衔接与契合，也包括建设项目层面的相互耦合。通过政府间共商，寻求最大公约数，使各自的战略、项目能够相互补充、相互支撑、相互连接，使双方或多方围绕共同或相近的发展目标相向而行，协同发展。中国与东盟自贸区建设10多年来，加快了双方经济的融合，双方关系进入新的钻石10年，互联互通成为新时期一项优先的政策目标，"一带一路"倡议与东盟的优先目标自然相通。东盟互联互通协调委员会轮值主席、菲律宾常驻东盟代表伊丽莎白·布恩苏塞索就认为，"一带一路"倡议包括基础设施联通，这与东盟不久前通过的《东盟互联互通总体规划2025》有很多契合之处。正因为如此，东盟愿意推进《东盟互联互通总体规划2025》与"一带一路"倡议的对接合作，并且欢迎亚投行等多边金融机构积极加入东盟国家的基础设施建设，这也是东盟整体的声音。②

"一带一路"建设寻求的战略对接，表现于国家层面，在于通过政府之间充分协调，形成基本共识，使各自战略形成契合；在具体层面，则通过项目合作形成支撑，以通道建设、产能合作为主干逐步展开。

开展战略对接需要有驱动力。首先要有以联通为目标的基础设施建设项目。这是对接的基础，无论发达国家还是发展中国家，都在展开或更新基础设施建设，这成为"一带一路"倡议各方发展战略的契合之处。如海上丝绸之路与印尼"海洋轴心战略"对接中，基础设施成为战略对接的核心领域。一方面，印尼近年连续成为中国在东南亚最大的工程承包市场，包括雅万高铁在内的一批重点项目正在逐步展开。另一

---

① 岳鹏：《论战略对接》，载于《国际观察》2017年第5期，第45页。
② 马勇幼：《"一带一路"倡议在东盟》，《光明日报》，2017年9月27日，第13版。

方面，中国对印尼的直接投资也达到一定规模。①

其次是各方互有需要。"一带一路"沿线国家不少都有进一步工业化的需要，中国的工业化进程与经验可以提供镜鉴。如埃塞俄比亚总理特别顾问阿尔卡·奥克贝坦承，埃塞俄比亚"从中国近年来的成功发展经验中得到了启发，中国也通过支持埃塞俄比亚的基础设施建设和鼓励中国私营企业投资埃塞俄比亚制造业，为埃塞俄比亚借鉴其发展战略提供了至关重要的支持"。② 因此，埃塞俄比亚等发展中国家存在与中国进行产能合作的强烈意愿，以推进国家工业化进程，有些甚至想通过建立产业园对接中国产能、复制中国模式。

三是都有各自的优势与条件。"一带一路"沿线贯穿生产区、资源富集区和消费区，在供应链、物流链和价值链方面存有相互衔接之客观需要。中国的生产要素优势，中亚、中东、北非的资源优势，以及欧洲的技术与资本市场优势，使在进行战略对接时都能找到合作契合点，从而为对接提供必要的前提与条件。在发达国家，中国与欧洲在全球产业链中高度互补，欧洲拥有先进的技术和管理经验，中国拥有发达的产业，完全可以开展在东欧、非洲等第三方的合作。这既直接惠及当地，又间接促进中欧双边关系。③

"一带一路"通道建设主要在陆上，由此带动沿线产能合作的展开。在"一带一路"倡议提出之初，地缘政治、经济影响的担心曾使个别国家心生警惕，但"一带一路"的经济性质与中国政府的及时沟通，成为加快与各方形成对接的重要保障。

丝绸之路经济带需要经过中亚与俄罗斯直至欧洲，与俄罗斯主导的欧亚经济联盟（简称"一盟"）建设的对接成为首要支点。中亚地区曾被俄罗斯视为后院。"一带一盟"能够对接，不仅直接关系到中俄两国

---

① 马博：《"一带一路"与印尼"全球海上支点"的战略对接研究》，载于《国际展望》2015 年 11/12 月号，第 33—50 页。
② ［埃塞俄比亚］阿尔卡·奥克贝著，潘良等译：《非洲制造》，社会科学文献出版社 2016 年 11 月第 1 版，序言第 2 页。
③ 金玲：《"一带一路"与欧洲"容克计划"的战略对接研究》，载于《国际展望》2015 年 11/12 月号，第 1—14 页。

在欧亚大陆的战略利益与相互关系，而且在很大程度上决定了未来欧亚空间的经济合作版图与地缘政治格局，以及该地区的安全、稳定与繁荣。①

俄罗斯加快发展欧亚经济联盟曾不乏有对冲丝绸之路经济带的考虑。正因如此，"一带一路"倡议提出不到4个月，习近平主席参加了2014年索契冬奥会开幕式。由于西方几乎集体抵制出席开幕式，习主席的出席对俄罗斯而言是一种极大的支持。习主席此次访俄也可定位为"释疑丝路带"之旅。习主席在会见普京时称，中方欢迎俄罗斯参与丝绸之路经济带和海上丝绸之路建设，使之成为两国全面战略协作伙伴关系发展的新平台。普京总统则表示俄方积极响应中方建设丝绸之路经济带和海上丝绸之路的倡议，愿将俄方跨欧亚铁路与"一带一路"对接，创造出更大效益。②尽管中国在中亚影响力上升，但中国并没有公开挑战俄罗斯传统势力范围，而俄罗斯则在地区和全球问题上极需要中国的支持，至少避免中国的反对，特别是在格鲁吉亚问题之后更是如此。③显然，中俄在政治上是具有相互需求的。习主席访俄并进行及时有效的沟通，使俄罗斯态度发生重大变化，为两国在"一带一路"与俄罗斯发展战略及欧亚联盟"对接"问题上迈出了最为重要的一步。而且，在北极事务问题上，俄罗斯对中国的参与也变得积极起来。

作为地区性大国，发展国家间的战略对接需要顾及地区层面，从而达到影响一片的目的，直到实现更大范围内的联通目标。中俄均为大国，中俄在"一带一路"问题上的默契会产生重要的先导性影响，对接而非对冲成为推进"一带一路"建设的重要保障。

在地区层面，首先考虑的是丝绸之路经济带与欧亚联盟的对接。2015年5月中俄两国发表《中俄关于丝绸之路经济带建设和欧亚经济

---

① 王海滨：《论"一带一盟"对接的现实与未来》，载于《东北亚论坛》2017年第2期，第106—107页。
② 《习近平会见俄罗斯总统普京 祝索契冬奥会取得成功》，新华网，2014年2月7日。
③ Slavomir Horak, "Challenges from the East; China", S. Frederick Starr, Svante E. Conell Editors, "Putin's Grand Strategy: The Eurasia Union and Its Discontent", Central Asia Caucasus Institute Silk Road Studies Program in Singapore, 2014, pp. 166 – 178.

"一带一路"建设的持续性

联盟建设对接合作的联合声明》，最早确立了"一带一盟"对接的战略方针。2016 年 5 月，"一盟"各国领导人一致同意"一带一盟"对接。随后为落实对接进程，2016 年 6 月中国商务部与欧亚经济委员会很快签署《关于正式启动中国与欧亚经济联盟经贸合作伙伴协定谈判的联合声明》。此后经过 5 轮谈判，2017 年 10 月 1 日，中国商务部长钟山和欧亚经济委员会贸易委员韦罗尼卡·尼基申娜签署了《关于实质性结束中国与欧亚经济联盟经贸合作协议谈判的联合声明》。这标志着"一带一路"与欧亚经济联盟对接迈出了一大步。自此，双方完成所有的实质性谈判，进入国内程序协调阶段及必要的法律审核，以便开始筹备签署。

中俄率先倡导"一带一盟"对接还在于对具有全面战略协作伙伴关系的中俄双方产生有益的战略影响，除直接的经济合作本身外，还包括对相互面临的地缘战略意图的理解与相互支持。具体表现在：一是可以最大程度弱化中俄在中亚地区的相互猜忌与竞争；二是为各自主导的项目提供战略支撑；三是有利于中俄全力反制美国的战略制衡与围堵，为中俄提供更广阔的战略机遇并促进其国家发展战略目标的实现，这将使美国原来寄望的通过推进 TPP 和跨大西洋贸易与投资伙伴关系（TTIP）阻挠中俄崛起的目标无法实现；四是在中亚地区为两国打造友谊、繁荣与安全的共同毗邻地带，对中俄双方的国家安全、边疆稳定以及经济发展都具有重要的地缘战略意义。[1]

其次是与上合组织对接。中俄与中亚五国同为上海合作组织成员，上合组织前身为"上海五国"，[2] 最早从 20 世纪 90 年代中国与俄罗斯及中亚国家加强边境信任措施的地区机制演变而来，其功能不断扩大。上合组织银行的成立，使上合组织的合作领域由安全扩大到经济与地区合作领域。丝绸之路经济带与上合组织对接条件契合。2015 年 5 月中俄发表的联合声明指出，"通过双边和多边机制，特别是上合组织平台

---

[1] 王海滨：《试析中俄主导的"一带一盟"对接之路》，载于《现代国际关系》2016 年第 11 期，第 9—12 页。

[2] "上海五国"机制，即 1996 年 4 月中俄哈吉塔在上海举行第一次晤签署《关于在边境地区加强军事领域信任的协定》，奠定了五国合作的基础。

开展合作，以推动'一带一盟'对接"。同年7月上合组织乌法峰会上，各成员国就共建"一带一路"形成共识，并写入峰会宣言。上合组织与"一带一路"建设的契合具备了重要的政治前提。

再次是与既有机制扩大后的对接。与"一带一路"沿线国家发展战略对接是中方推进"一带一路"建设的必经之路。一体化进程发展较缓与成员之间存在分歧一直制约欧亚经济联盟迈开大步，普京总统还提出过欧亚全面伙伴关系设想。2016年普京访华期间，中俄重申"一带一盟"对接的方针，并提出以此为核心的更宏大的欧亚全面伙伴关系计划。两国发表声明指出，"中俄主张在开放、透明和考虑彼此利益的基础上建立欧亚全面伙伴关系，包括可能吸纳欧亚经济联盟、上海合作组织和东盟成员国。2017年6月上合组织阿斯塔纳峰会实现了首次扩员，印度和巴基斯坦成为上合组织正式成员。印巴两个具有冲突的国家同时加入，政治上存在平衡性的考虑，但"一带一路"合作与上合组织区域合作机制，互为机遇、互动发展，已成为上合组织成员的共识，"一带一路"的契入将为区域发展注入强劲动力。①

几乎与此同时，对接工作延向更远的欧洲。"一带一路"建设与通道沿线国家的战略对接在中东西欧同步展开。2015年，中欧双方达成多个层面的对接共识：一是将"一带一路"倡议同欧洲发展战略对接；二是中国国际产能合作同欧洲投资计划对接；三是中国—中东欧合作同中欧整体合作对接。在此进程中，将中国、中东欧国家、西欧发达国家三方优势结合，可以有力推动欧洲平衡发展、弥合东西差距，实现多赢和共赢。到2015年，《中国—中东欧国家合作苏州纲要》所确定的50多项举措已基本落实。2016年《里加纲要》涵盖贸易投资，互联互通，产能、产业及科技合作，金融合作，农林合作，人文交流，卫生合作，地方合作等8个领域60余项内容。既有合作持续加强，新的合作领域不断开辟。②

---

① 《习近平启程赴哈萨克斯坦：引领上合发展，共建"一带一路"》，中国新闻网，2017年6月7日。
② 韩梁：《中国与中东欧合作"八字秘诀"》，载于《环球》2016年第23期，第9页。

"一带一路"建设的持续性

  相对而言，欧盟中的发达成员对"一带一路"可能扩大中国的地缘政治影响力心存警惕，故而针对中国"侵入"中东欧寻求一项替代性方案。欧盟委员会致力于2018年10月提出欧盟自己的一项旨在抗衡"一带一路"的"欧亚连通"计划，以避免欧盟一些成员在贸易关系上过于依赖中国。尽管如此，德国外交关系协会亚洲项目负责人伯恩特·贝格尔也认为，"欧亚连通"也可能对"一带一路"倡议起到补充作用。①

  在国际政治中，现实主义注定针对特定国家倡议的对冲性措施时常出现，这是大国博弈的基本逻辑。对冲指的是采取一种抵消、替换、反向或对立的行动，以规避风险或使负面影响和损失最小化。对冲行动也会存在于"一带一路"建设中。需要注意的是，对冲存在竞争因素，但也不能简单认定为对抗，在"一带一路"建设方面的对冲现象更是如此。但是，即使美国与西方有此愿景，也不意味着中国可以完全被排除。印度对"一带一路"倡议的立场有保留甚至反对，主要在于地缘政治考虑。有学者评估认为，这不意味着印度会妨碍"一带一路"建设的开展。印度是亚投行创始成员之一，对基础设施建设同样有需求，也发表声明愿与中方共同建设孟中印缅走廊。印度的"季风计划"和"一带一路"并非不可调和，二者具有广阔的对接空间，这也成为中印未来加强合作的重要契机。②印度国内也有声音认为，仅从地缘经济角度观察，"一带一路"倡议和印度的"东向行动"政策均利于推动地区的互联互通和经济一体化，进而推动印度洋和太平洋地区的联动。③一些学者包括印度Jawaharlal尼赫鲁大学中国问题研究教授谢刚（Srikanth Kindapalli）也指出，即使美日印澳四方达成了旨在对冲中国"一带一

---

  ① "Is the EU trying to derail China's European ambitions with its new connectivity plan for Asia?", May 8 2018, http://www.scmp.com/news/china/diplomacy-defence/article/2145059/eu-trying-derail-chinas-euroasia-ambitions-its-new.

  ② 熊灵:《"一带一路"倡议下中国与周边地区的经贸关系：合作与发展》，载于熊灵、谭秀杰主编:《"一带一路"建设：中国与周边地区的经贸合作研究》，社会科学文献出版社，2017年12月第1版，第13页。

  ③ 杨瑞、王世达:《印度与"印太战略构想"：定位.介入及局限》，载于《现代国际关系》2018年第1期，第48页。

路"倡议的"区域基础设施计划",以中国具有世界级的基础设施建设能力和竞争力,也不能排除中国的参与。因为按世贸组织规定,美日印澳四方需要进行全球招标,中国也会受益。事实上,日本虽然赢得印度首条孟买—艾哈迈达巴德高铁项目,但很多工程仍需要由上海电气和哈尔滨电气(中国公司)来完成。① 2018 年 4 月中印战略经济对话期间,印方向中方提出希望中国企业为本加卢鲁—金奈铁路全线提速,使其运营时速提升至 150 英里(约 241 千米),并重建阿格拉和占西两地的火车站。这仅仅是印度庞大基建需求的一部分,虽然中国失去印度首个高铁项目的招标,但并不意味着印度排斥中国。如印度有 600 座火车站需要重建,中印战略经济对话期间,印度官方表示中国可以投标印度任何火车站的重建项目。

丝路精神的核心内涵与"一带一路"共商共建共享的合作理念逐步驱散了一些国家曾有的、可以理解的疑虑,寻求对接成为共识,促成"一带一路"建设顺势推进。如越南曾经对"一带一路"颇具疑虑,南海问题上的主权争执一度成为中越关系的不和谐音。越南中国研究院副主任阮春强指出,中国的"一带一路"与越南的"两廊一圈"战略对接为两国带来发展机遇,但专案开展进程缓慢,尤其是因为南海问题,双方缺乏政治互信。他认为,政治互信是中越战略对接中最关键的因素,两国必须做好分歧管理,真正做到互联互通。②

随着中越高层交往创造的双边关系转圜,越南对"一带一路"的态度也开始转变。习近平主席对越南参与"一带一路"建设予以积极定位,即越南是"一带一路"沿线重要国家,希望中越双方"加强发展战略对接,推进各领域务实合作,实现共同发展、共同繁荣"。越南方面积极反应。越南国家主席陈大光表示,中越"要拓展经贸、农业、环境、基础设施、旅游、人文、安全等领域和'一带一路'建设的务

---

① "New Belt and Road Initiative: China Silk Road Challenged By US and its Allies","Chain Could benefit from US-Backed Alternative to Silk Road Initiative",http://spuutniknews.com/analysis/2018022106180074-china-us-alternative-silk-road/.

② 林友顺:《"一带一路"与东南亚愿景》,载于《亚洲周刊》2017 年第 10 期,第 11 页。

实合作，妥善处理好分歧，继续推进海上合作"。① 2017 年 11 月 13 日习近平主席访越，与越南国家主席陈大光会谈时指出，中越双方"要巩固好双边贸易额稳步增长势头，加快'一带一路'与'两廊一圈'建设对接，推进基础设施建设、产能、跨境经济合作区等重点领域合作，抓好重点项目"。陈大光主席积极回应，表示要落实好习主席访越重要成果，保持两党两国高层交往，推进各领域务实交流合作，推动越中关系深入发展。②

越南正在革新开放，工业化进程加快。越南政治稳定，中越两国国情相似，文化交往源远流长，越南拥有人口红利。中国的经验契入性强，双方合作存在有利因素。2016 年，越南超过马来西亚成为中国在东盟的第一大贸易伙伴。越来越多的中国企业将越南视为投资兴业的热土。越南参与"一带一路"建设亦是大势所趋。中越积极探讨"一带一路"与"两廊一圈"（指"昆明—老街—河内—海防—广宁"和"南宁—凉山—河内—海防—广宁"经济走廊及北部湾经济圈）有效对接亦成为势所必然。③ 东盟对"一带一路"的支持是明确的。2017 年东盟互联互通协调委员会轮值主席、菲驻东盟代表伊丽莎白·布恩苏塞索称，《东盟互联互通总体规划 2025》与"一带一路"倡议具有契合之处。④

正是基于互有需求，2017 年 11 月 13 日，李克强总理出席第二十次中国—东盟领导人会议时就面向未来推动中国—东盟关系更上层楼提出五点建议，其中之一就是促进"一带一路"倡议同东盟发展规划对接。李总理指出，"东盟是建设'一带一路'的重点地区。中方愿与东盟国家一道，秉持共商共建共享原则，落实'一带一路'国际合作高峰论坛成果，加强'一带一路'倡议与《东盟互联互通总体规划 2025》的对接，深化经贸、金融、基础设施、规制、人员等领域的全

---

① 《习近平同越南国家主席陈大光会谈》，《人民日报》，2017 年 5 月 12 日。
② 《习近平同陈大光会谈》，《新华每日电讯》，2017 年 11 月 14 日。
③ 高峰：《越南："一带一路"上的投资热土》，载于《紫荆》，2017 年 5 月号，第 21 页。
④ 《菲律宾商报》，2017 年 7 月 15 日。

面合作。"本次会议上发表了《中国—东盟关于进一步深化基础设施互联互通合作的联合声明》,李克强总理还表示,中方愿与东盟落实好新修订的《中国—东盟交通合作的联合声明》,推动实现一批陆上、海上、天上、网上互联互通项目,形成示范效应。中方还愿启动中国—东盟环境信息共享平台,以此推动"一带一路"生态环保大数据服务平台建设。①

"一带一路"的战略对接不只针对大国,一些小国也能找到对接契合点。蒙古国人口不到300万,包括通道建设、资源开发与产能合作领域与"一带一路"的对接具有坚实基础。蒙古国国务部长思赫赛汗曾表示,蒙古国地处中俄两个大国、大市场中间,地缘位置十分重要,过境运输地位凸显。"一带一路"和"草原之路"对接,对蒙古国的发展至关重要。李克强总理与额尔登巴特会谈时指出,中方愿做好"丝绸之路经济带"倡议同蒙方"草原之路"发展战略对接,在畜产品深加工、住房和基础设施建设、货币互换等领域打造合作新亮点。② 根据规划,总投资约500亿美元的"草原之路"倡议由5个项目组成,包括连接中俄的997千米公路、1100千米的电气化铁路、扩展跨蒙古国铁路以及天然气和石油管道等,都将成为双方"对接"的重要契合领域。

"一带一路"建设与当地发展战略对接的共识与成功具有示范效应,习近平主席对此予以积极评价,"我们同有关国家协调政策,包括俄罗斯提出的欧亚经济联盟、东盟提出的互联互通总体规划、哈萨克斯坦提出的'光明之路'、土耳其提出的'中间走廊'、蒙古提出的'发展之路'、越南提出的'两廊一圈'、英国提出的'英格兰北方经济中心'、波兰提出的'琥珀之路'等。中国同老挝、柬埔寨、缅甸、匈牙利等国的规划对接工作也全面展开,中国同40多个国家和国际组织签署了合作协议,同30多个国家开展机制化产能合作。本次论坛期间,我们还将签署一批对接合作协议和行动计划,同60多个国家和国际组

---

① 李克强:《在第20次中国—东盟领导人会议上的讲话》,《新华每日电讯》,2017年11月14日。
② 郑闯:《"一带一路"对接"草原之路"》,载于《环球》2016年第15期,第7页。

织共同发出推进'一带一路'贸易畅通合作倡议。"①

二、利益平衡与冲突

在一个相对和谐的国家，不同群体，包括部落、氏族、民族、宗教、阶级、阶层与集团等基本上都可以融洽地生活，不同部门、地方、社区以及不同职业部门之间的生活与生产诉求也可以取得大致平衡，这种平衡源于利益的基本平等，包括基本生活、工作需求与人格上的尊重与平等。这些目标可以在一个较发达的国家实现，如北欧国家，也可以在不太发达的国家部分地区予以实现。② 从这个意义上看，它并非完全决定于经济发展水平与现代政治成熟程度。但是，全球化使不同国家、不同地区卷入发展与竞争的背景下，发展导致的各种不平衡，竞争导致的群体之间、地区之间、国家之间心理与现实落差的出现，既有平衡被打破，新的不平衡出现，从而构成利益矛盾甚至冲突。利益矛盾与利益关系是对立统一的，利益矛盾指的是"不同利益主体的利益之间以及它们与共同利益之间的差异而形成的矛盾的一面"。③ 人们可以因为利益相近走到一起，也可以因利益矛盾而发生冲突。

经济发展总体导致社会进步，经济发展导致的社会进步往往伴随利益不平衡，从而形成多元化的不同利益集团。在政党政治中，利益集团为反映自身诉求，往往可以动用大众媒体宣介自身的政治与经济诉求，或者进行公开的群体抗争影响决策者。正可谓"在一个复杂的现代社会中，专门化的利益集团提供了最合适的途径使选民的政策偏好得以体现"。④ 而一个政党如果要得到更广泛的支持，就不能不利用不同利益群体不可忽视的能量，为自己的政党添分加码。因此，一个政党"肯

---

① 习近平:《携手推进"一带一路"建设——在"一带一路"国际合作高峰论坛开幕式上的演讲》,《光明日报》,2017年5月15日,第03版。
② 美国《福布斯》公布的"世界和谐指数排名"可作为参考之一。
③ 王浦劬等:《政治学基础（第三版）》,北京大学出版社,2014年5月第3版,第58页。
④ [美]利昂·D.爱泼斯坦著,何文辉译:《西方民主国家的政党》,商务印书馆,2014年2月第1版,第351页。

定要将利益集团组织在一起才能形成一个多数,获胜的政党是更成功的利益聚合者"。①

"一带一路"可以与对象国进行项目对接,但在建设的推进过程中会出现矛盾。中巴经济走廊就面临利益分配不均的矛盾。中巴经济走廊在通道建设上有三条线,即东线、中线和西线,东线主要途经旁遮普、信德省,安全形势相对较好,中线由首都经信德省,政府对安全形势基本可控,但西部为俾路支省,由于部落影响及"巴塔"恐怖势力威胁,安全系数不高。对于投资者而言,没有安全就没有一切,因此,东中线通道建设与产能合作项目更多。巴基斯坦本就存在地区利益上的不均,既有项目建设也可能因此受到影响。

基础设施项目投资大,牵动的配套项目广泛,而且基础设施建设好了,更能吸引外资投资,这本来可以构成一种发展的良性循环。但是,在一些国家,基础设施项目成为政府官员为寻求政治把持而进行权力寻租的重要工具和资源。有分析指称,"一般而言,基础设施建设等国家项目的招标往往是建立在个人关系和私人利益基础之上,而不是质量、效率和成本。"② 包括一些西方国家,在开展项目合作时不乏带有对外援助资金进入,但一些发展中国家的政府"甚至会直接将援助分配给国内特权阶层,使他们中饱私囊而不是使普通公众受益"。③ 公众利益的被侵蚀,可能直接影响项目合作。"一带一路"建设越往前推进,对一些国家社会的良性治理能力的要求会越高。

三、相互依存与过度依赖

经济相互依赖是全球化发展的必然。全球化背景下国际投资、贸易空前扩大,技术扩散与其他要素成本的降低,改善了资源配置,提升了

---

① [美]利昂·D.爱泼斯坦著,何文辉译:《西方民主国家的政党》,商务印书馆,2014年2月第1版,第356页。

② 周玉渊:《佐科时期"一带一路"在印尼推进面临的挑战与对策分析》,载于《太平洋学报》,2016年第10期,第23页。

③ William Easterly,"Can Foreign Aid Buy Growth?" JOURNAL OF ECONOMIC PERSPECTIVES, Vol. 17. No. 3, 2003, pp. 22 – 48.

各国发展的层次,导致各国相互联系的密切程度日益加深,形成一种利益互长的关系。在政治上,"经济相互依赖有助于发展国家之间的相互关系"。① 在安全上,这一基本观点的衍生就是"民主和平论"的一个重要结论,即民主国家不会开战。② 也正是基于这样的观点,各国对经济的相互依赖所产生的影响重新回归到经济安全本身,即过度的依赖对国家经济安全产生不利影响,多元化与制衡成为很多国家自然倾向性的选择。大国之间如此,小国的担忧就更为突出。

中国经济的持续增长,加上人口、企业、产业制造及其他要素的规模优势,自然使很多国家对中国形成经济上的依赖。20世纪90年代,美国是世界大多数国家的最大贸易伙伴,但这一情况已然改变,中国取代了美国成为世界大多数国家的贸易伙伴。日本曾经是亚太国家最大的贸易伙伴,但如今基本被中国所取代。国际货币基金组织亚太地区经济展望报告指出,日本曾是11个亚太经济体最大的出口市场,到2012年这一地位被中国取代。③ 相互依赖是好事,但如果不是相对均衡性的依赖或过度依赖,则会使一些国家出现心理上的阴影,甚至直接导致"中国经济威胁论"的扩散。"一带一路"沿线多是小国、弱国甚至穷国,他们一方面渴望搭乘中国经济发展的快车,希望与中国发展更为密切的经济关系,与此同时,对中国日益增大的依赖又使他们心生警惕,担心国家经济安全利益由此伴生风险。

蒙古国是中国的重要邻国,也是一个正在转型发展的小国,既想利用中国发展自己,同时,政治人物对中国影响扩大的担忧不时存在。2012年蒙古国经济仍处于阶段性高速增长阶段,其推出的外商投资法案规定蒙古国资本必须持战略性资产51%的股权。战略性资产的领域

---

① Richard Rosecrance, "*The Rise of the Trade State: commerce and Conquest in the Modern World*", New York: Base Books, 1986. Robert Owen, Joseph Nye, "*Power and Interdependence*", New York: Longman Publishing Group, 2011.

② Bruce Russett, "*Grasping the Democratic Peace: Principles for a Post-Cold World*", Princeton: Princeton University Press, 1994. Erok Gaartzke, "*The Capitalist Peace*", American Journal of Political Science, Vol. 51, No. 1, 2007, pp. 166 – 191.

③ Xin Zhiming, "*Asia's increasing dependence on China*", CHINA DAILY, May. 15, 2014.

包括自然资源、交通、食品、房地产、通信和农业，以及投资规模约7600万美元的企业，也需要国内资本持有51%以上。由于中国是蒙古国最大的投资国，因此，该法案限制外商在自然资源领域的投资，主要原因之一是因为蒙古国担心中国的投资会造成它对中国的依赖，威胁自身安全。[①] 尽管蒙古国资源出口依赖中国，两国也有4700多千米的漫长边界线，但蒙古国政府的"新铁路计划"没有再建一条南向通道，而是绕远经过俄罗斯迂回到太平洋出海，尽管战略矿区到符拉迪沃斯托克的距离为4500千米，而到中国天津只有1500千米。这种选择既可以基本形成连接蒙古全境的全国铁路网，又可以"避免矿产品出口依赖中国的局面，从而保障蒙古的国家安全"。[②]

一般而言，A国对B国形成经济上的依赖，会促使A国寻求多元化布局，从而避免B国影响的扩大及至形成对本国经济的控制。在充满着竞争博弈的国际政治领域，C国也不愿看到A国对B国的过度依赖，会十分警惕B国影响的扩大，从而危及自身的利益，因此C国或许倾向于对B国采取一种牵制策略。

中国在斯里兰卡获得科伦坡港口城及汉班托塔港口建设，也引起印度的警惕。汉班托塔港位于南亚最南端，为南亚太平洋国家、中东、欧洲、非洲至东亚大陆的海运航线必经之地，也是印度洋最大的海运集散枢纽。因为斯里兰卡政府缺乏战略经营能力和背负巨额外债，只能寻求合作伙伴出租港口。2017年7月29日，斯里兰卡港口运输部与中国招商局港口控股公司签署价值11亿美元的汉班托塔港运营协议，给予中国公司该港70%的股权和99年的租期。第三方对中国掌控这些具有战略位置的港口多有忌惮。日本为援助斯里兰卡亭可马里港基础设施建设，2017年秋向斯里兰卡派出考察团，拟与斯里兰卡加强合作，帮助其减少对华依赖，并确保日本的中东石油资源运输通道安全。相较于日本，印度对中国在斯里兰卡的港口建设更为警惕。除对地缘考虑的警惕

---

① 李阳丹：《蒙古拟限制商投资 中国企业投资外蒙煤矿变数增大》，《中国证券报》，2012年5月10日。
② 《蒙古担心经济过度依赖中国，绕远选择俄港口出海》，原载《乌兰巴托邮报》2010年9月14日，转自2010年9月15日《环球时报》。

外，印度视中国"转向南亚"获取汉班托塔港口是"为保障中国在印度洋连结能源供应通道的桥梁"。

据预计，2040年前，南亚、东南亚与中国都将对能源保持旺盛的需求，而南中国海和印度洋占世界海运贸易的80%，其中70%经过霍尔木兹和马六甲海峡这两个咽喉。① 出于与中国竞争，印度将利用自己北部和东部边境抵消中国获取的港口的"潜力"。② 斯里兰卡也在中印之间玩平衡，科伦坡港口城曾被叫停就有印度因素，虽然后来重新开工，但印度也获得斯里兰卡亭可马里港口石油储备项目的开发权。

中东欧国家处于转型期，受欧债危机拖累的欧盟无法对中东欧形成带动效应，而中东欧国家对"一带一路"倡议显示出巨大兴趣与支持，与中国的经贸合作发展十分迅速，但因此引起第三方的忧虑。牛津大学教授瓦因斯指出，欧盟一些精英担心"中国会通过利用'一带'倡议对欧洲产生长期的政治和战略影响，它们怀疑中国将谋求利用大规模的基础设施投资施加政治影响，使较为贫困的东欧国家对其产生政治和经济上的依赖"。③

欧盟担心中东欧国家依赖中国，而美国则担心欧盟转向中国。美国大西洋理事会布伦特·斯考克罗夫特国际安全问题研究中心高级研究员罗伯特·曼宁在美国清晰政治网站发表"欧洲转向中国"的文章，直言中国与欧洲日益增长的贸易往来（2016年为6090亿美元），及其在欧洲越来越多的相互投资（2016年为1.9万亿美元），都对美国产生了"经济和战略影响"。尽管跨大西洋关系历来密切，但欧中经济关系"加剧了美国企业面临的竞争"。随着时间的推移，"欧洲对美国的依赖程度可能会日益下降，西方世界将四分五裂，实现经济一体化的欧亚大

---

① Niharika Tagotra, "Asia's Energy Security Future: The Geopolitical Dimension", http://thediplomat.com/2018/02/asias-energy-security-future-the-geopolitical-dimmension/, February 01, 2018

② 《斯里兰卡将目光转向中国，但只是出于经济需求》，埃菲社2017年7月29日，转自《参考消息》2017年7月31日。

③ David Vines, "*Can the Belt and Road Initiative resurrect a liberal international order?*" May. 13, 2017, http://www.eastasiaforum.org/2017/05/13/can-the-belt-and-road-initiative-resurrect-a-international-order/.

陆将把注意力从美国转移到中国。"①

"一带一路"建设伴随着竞争，也伴随有着牵制。避免过度依赖一方、选择多元化的对外发展方向从而维护本国经济安全，可能是一些国家自然而然的战略考虑，但既有的相互利益关系一旦形成，在可以预见的将来仍将具有持续性，因为轻易的改变也同样伤及自身。世界大宗产品价格下跌，中国对资源需求的减少使一些依赖中国市场的国家陷入了困局。所谓的外部依赖有时是感觉性的，而如果外部情况改变，则可能使这一担心成为多余。由于中国、日本和韩国等外部需求的下降，蒙古国南戈壁省到中蒙边境内蒙古甘其毛都口岸等待进入中国内蒙境内堆积如山的煤炭等矿产品和排着长队的货运卡车，在出关前突然形成萧条性拥挤，正是这一困局的现实写照。②

---

① Robert Manning, "*Europe's China Pivot*", Apr. 28, 2017, http://www.realclearworld.com/articles/2017/04/28/europe_china_pivolt.html.
② 2014年5月笔者在蒙古国考察印象——笔者注。

第五章
"一带一路"建设的持续性：风险评估

在进行"一带一路"建设的内生动力，以及在国际上是否具有广泛接受度的分析之后，研究"一带一路"建设的持续性，还有一项不可忽视的要素，即风险评估与风险分析。从一般意义而言，能否准确评估、有效防范与化解这些风险与挑战，直接攸关"一带一路"建设的持续性。为方便分析，对于这种挑战，本章主要以具有代表性的"风险"进行表述。

第一节 风险与建设特征

认识风险是应对风险的重要一步。"一带一路"建设项目有其特性，也从而赋予其非同一般的风险特征。

一、风险认知

风险指的是一种不确定性。古代渔民出海捕鱼因难以预测的飓风等恶劣海况而遭遇危险，成为"风险"一词涵义的最初始表述。但古往今来，对"风险"一词的定义莫衷一是，难以有周全或准确的界定。

在学术界，一般认定，美国学者海恩斯（John Haynes）最早提出了风险的概念。他在1895年7月出版的《经济要素的风险》小册子中指出："风险是指损坏或损失的可能性。如果某种行为具有不确定性，则该行为就承担了风险。"[①] 这一表述界定了风险是由于某种不确定性造成的损害或损失。

如前所述，风险并没有唯一的定义。在传统上，风险被定义为不确定性。风险虽然是一个与不确定性密不可分的概念，但做一件事，有风险或面临风险并要承担风险却是可以确定的，只是程度不同而已。因此，风险并不完全等同于不确定性。风险可以定义为损失发生的不确定性，也经常被用于出现某种结果的概率具有一定准确性的情况，而"不确定性"则被用于计算概率的情况。[②]

美国学者富兰克·H. 奈特在其经典性著作《风险、不确定性和利润》中，把风险定义为"与主观上的不确定性相关联的客观事物"，它取决于损失发生的数学概率分布。当某一事件出现的机会与不出现的机会均等时，不确定性最大。

奈特进一步界定了风险与不确定性的含义。他断称，不确定性绝对不能等同于人们通常所说的风险。在日常生活中，风险从未被适当界定过，使用得比较笼统，指任何有害的意外事件带来的不确定性。风险是可度量的不确定性，不确定性是不可度量的风险。而可度量的不确定性，或者更恰当地说是风险，与不可度量的不确定性之间存在着很大不同。他认为，风险与不确定性之间的真正区别是：前一种情况下，在一组事例中（通过计算的先验概率或以往经验的统计），结果的分布是已知的；在后一种情况下，结果的分布是未知的，因为其所涉及的情况具有高度唯一性，对事例进行完全分类是不可能的。在一个一成不变的世

---

① John Haynes, "*Risk as an Economic Factor*", Boston：G. H Ellis Printed, July 1, 1895, p. 1.
② [美] 乔治·E. 瑞达、迈克尔·J. 麦克纳马拉著，刘春江译：《风险管理与保险原理》，中国人民大学出版社，2015年8月第1版，第4页。

界中，未来是可以准确预见的，因为未来会完全像过去一样。我们生活在一个充满矛盾和困境的世界中，也许，一个最基本的事实是，之所以存在认知问题，在于未来与过去不同。①

国内学者对风险的定义也没有统一的结论，大体上可以分为以下几种：

（1）风险是事件未来可能结果发生的不确定性。

（2）风险是损失发生的不确定性。

（3）风险是指损失的大小和发生的可能性；风险是由风险因素、风险事件、风险结果相互作用的结果。

（4）风险是经过某一时间间隔，具有一定区间的最大可能损失。

（5）风险是在特定的客观条件下与特定时间内，实际损失与预期损失之间的差异。②

笔者认为，把风险仅仅定义为一种损害或危险仍然是不精准的。风险可以被认为是面临受到损害或者危险，但结果未必如此。即一种事态或决定可能面临危险或损害，但结果也可能并没有真正遇到损害或危险。风险应该可以被定义为，在主观上难以把控的条件下，一项决策的未来演变多大程度上遭遇偏离决策者主观期待结果的概率或可能性。这就是说，如果这种概率偏大，损害也偏大，即风险偏大；而如果偏小，损害也就小或可忽略不计，也可以说具有小风险或者甚至说没有风险。

二、项目特性

"一带一路"建设是在国际层面展开的。在一个确定性与不确定性交织的世界，"一带一路"建设除了具有一般意义上的风险属性或挑战以外，还有其特殊性。

一是建设的长期性。"一带一路"建设是一项长期性工程，很难在一个特定的时间点全面完成。从通道建设来看，贯穿亚欧非，尽管中欧

---

① ［美］富兰克·H. 奈特著：《风险、不确定性和利润》，中国人民大学出版社，2005年11月第1版，第13、37、172、227页。

② 石大安著：《风险保险学》，西南财经大学出版社，2015年1月第1版，第8页。

班列已全面运行,但实现陆海两大主要方向互联互通并非一蹴而就。"一带一路"不只是通道建设,还包括基础设施建设和产能合作,相互的战略对接在加快推进,各方发展战略的进程及目标调整都有长期性。埃塞俄比亚希望通过学习中国经济发展模式,用30年的时间实现工业化和经济崛起。哈萨克斯坦的《2050年战略》力争在2050年前进入世界前三十强,这是哈萨克斯坦未来数十年的发展蓝图。1992年11月中哈建交以来,两国关系总体发展平稳。2011年中哈建立全面战略合作伙伴关系,两国在经贸、能源资源领域的合作全面展开,中哈产业园建设有效推进。这些国家均处于"一带一路"建设的重要方向,"一带一路"建设使命的完成与哈萨克斯坦、埃塞俄比亚国家发展战略对接在时间上几乎吻合,其战略对接是一个不断进行的过程,建设周期亦会十分漫长。

"一带一路"建设包括短、中、长期目标。2017年,可泊5万多吨油轮的瓜达尔港口、卡洛特电站等完工,标志着中巴经济走廊建设早期收获已经完成。中期建设目标定位时间点为2020年,长期建设完成时间定为2025—2030年。因此,完成中巴经济走廊建设的时长达十多年。这种相对的长期性,因为难以全部预知的内外条件变化,一些风险与挑战必然伴随着建设的整个过程。

二是项目集成性。"一带一路"建设是一项系统工程,无论是通道建设形成的辐射效应,或者是产能合作支撑通道,涉及的建设项目具有广泛性。通道建设涉及陆、海、空、天、管、网,五通目标涉及政策、贸易、金融、设施和人文等几乎所有领域。既涉及单个国家,也包括地区和跨洲的项目。通道建设必须要有区位导向,带动沿线主要产业及相关支撑部门,形成产业集群,为持续的滚动发展创造条件,因此,通道沿线将显现经济带特征。对一些国家而言,项目建设可能成为国民经济的再造或重塑过程。

由于各国经济、技术发展水平不同,一些国家虽然可以发挥后发优势甚至进行弯道超越,但多数国家仍然难以轻易绕过必要的发展环节,产能合作的技术梯度层次性明确,价值链锁定效应的改变需要一定的时间,这为我国内产业与技术转移创造了条件,也有利于区域性全球性产业链、价值链与供应链的重塑与深化。但是，随着时间推移，要求中国国内进行技术引领的压力也会增大，否则，产业水平的扁平化会消减互补的潜力。

三是投资规模大。"一带一路"建设的重点项目，具有基础设施性质，投资规模都很大，有的达数十亿甚至数百亿美元。因此，共建成为必然的要求。中巴经济走廊建设，巴方估计耗资460亿美元，习近平主席2015年访问巴基斯坦时签订的合作项目总额为360亿美元，相关跟进的配套资金难有准确的估计。丝路基金、亚投行以及多边金融机构可以为此注资。但全球基础设施缺口大，资金需求同样巨大。相对于全球基础设施建设资金需求而言，各方所能提供的资金仍是杯水车薪。

四是风险相对高。"一带一路"项目很多具有基础设施性质，投资规模大，建设周期长，导致需要持续性的融资跟进，而且不具备规模性的短期效益。一些战略性项目可以有政府主权信用支持，政策性项目可以有政策性金融支持，但都不是援助性质的，因而都会面临回收的问题，因此，相对商业性项目而言，一些重大的项目关系到国计民生，定价机制难以完全由市场决定，很多项目资金回收不仅时期长，而且存在变故的可能，总体上风险收益并不匹配。

第二节 总体性风险

一般风险理论中对于风险的分类有很多种。这里所言的风险有一些限定，即与"一带一路"相关的总体风险与具体的风险。总体风险包括战略性的、整体性与长远性风险。

一、战略性风险

"一带一路"建设主要在亚、非、欧几大方向展开。陆海通道构成"一带一路"的骨干性通道，以实现世界主要生产区、资源富集区和高端消费区连成一片。一条是陆上，经中亚、中东欧、中东抵达非洲和欧洲；一条是海上，西线经南海、印度洋抵非洲东部和地中海，东线自南中国海抵太平洋。"一带一路"陆海两大主要方向总体上均处于战略风险密集带。这种风险也为近代以来的历史发展所印证。自17世纪威斯特伐利亚体系确立国际法意义上的主权国家以来,不同文明、宗教、部落的历史纠结和大国地缘政治博弈就十分频繁地充斥在亚欧大陆及陆海地带。

冷战结束以来,中亚处于陆上丝绸之路的核心地带,也在亚欧板块的中心位置。中亚国家独立后,国家政治、经济实现转型,地区合作进程加快,上合组织深化发展;另一方面,中亚国家经济整体转型并不顺畅,经济再生与造血功能不强,家族统治问题存在,社会分化、贫富差距扩大,腐败现象严重,安全隐患时隐时现。直到"9·11"事件前,这一地区仍被美国视为地缘政治黑洞。中东地区是资源富集区,摆脱资源魔咒发展经济的动因持续存在,为开展经济合作创造了条件,但是,该地区动荡形势一直持续。伊拉克、阿富汗战后重建仍缺乏可靠的安全保证。中东欧16国经济都在转型,但北约东扩、欧盟扩大,俄罗斯与美国围绕反导体系的争端,乌克兰问题继续发酵等均表明,无论欧盟、美国还是俄罗斯,大国在该地区的介入与影响始终存在。

历史上,中东欧地区与几大帝国相连,这个地区也是攸关帝国盛衰的关键地带。大国对中东欧持续不断的争夺,使麦金德注意到这一地区的地缘敏感性。即"谁统治东欧,谁就能主宰心脏地带;谁统治心脏地带,谁就能控制世界岛;谁统治世界岛,谁就能主宰全世界"。[①] 相对麦金德心脏地带论,亚欧地区地缘政治枢纽地带已然扩大,中东、中亚和中东欧是一个扩大了的心脏地带,也是一个扩大了的世界岛。历史积怨、民族与部族矛盾并未消解,边界冲突、水资源冲突等时起时续,恐怖主义、分离主义、宗教极端主义不断滋生安全隐患,大国介入与战略博弈持久而激烈,使这一扩大了的亚欧腹地的战略矛盾十分突出。

21世纪海上丝绸之路必经南中国海、孟加拉湾、印度洋、阿拉伯海和地中海等,这是亚欧大陆的结合地带,也是具有陆权与海权的结合

---

① [英]哈·麦金德著,林尔蔚等译:《历史的地理枢纽》,商务印书馆,2010年10月第1版,第14页。

地带。因而其地缘政治价值早为国际政治学者注意。马汉1914年的《海洋战略论》一书中说到如何实现海权。"通过水路进行旅行与贸易总会比陆地容易与便宜",水路也"比陆地运输安全与快捷"。他信奉英国海上冒险家雷利和英国政治家培根的判断,"谁控制了海洋,谁就能控制世界贸易;谁控制了世界贸易,谁就能获得最大的自由,谁就能按照自己的意志或多或少地进行战争"。[①]

欧亚大陆陆海结合部也是世界重要地缘政治地带,地区国家之间、陆海国家之间充满竞争与博弈。斯皮克曼认为,"边缘地带是争夺世界的关键"。因为拥有人口、丰富的资源以及占有重要的内陆出海通道,欧亚大陆沿海地带成为控制世界的关键。他进而提出,谁控制了边缘地带谁就控制了欧亚大陆,谁统治了欧亚大陆就掌握了世界的命运。[②]

今天的时代背景显然与以往不同,大国围绕地缘政治地带展开的博弈虽然仍在继续,但博弈方式与性质不同过往,合作与竞争同时存在。作为一种宏大战略叙事的"一带一路"构想,针对亚欧非大陆提出了新的地缘政治想象,它几乎超越现代地缘政治和地缘经济想象的潜力。在赋予古代丝绸之路时代内涵的基础上,"和平合作、开放包容、互学互鉴、互利共赢"为特征的"丝绸之路精神"赋予新的时代意义,丝路精神有利于推进当前国际合作和促进亚欧非大陆各国的经济发展。[③]

亚欧大陆陆海结合部国家,人口众多,资源禀赋突出,各国政治、社会、宗教、文化、价值观多元,也是经济社会充满活力的地带,实现经济高速发展的国家最多,中国、印度、东盟及一些阿拉伯国家经济迄今保持高速发展,为各方加大合作创造了条件。

总而言之,陆海两大主要方向是"一带一路"建设重要地带,各国发展经济、改善民生成为主要的政策取向,对"一带一路"建设认

---

① [美]阿尔弗雷德·塞耶·马汉著,一兵译:《海权论》,同心出版社,2012年7月版。
② [美]斯皮克曼著,林爽喆译:《边缘地带论》,石油工业出版社,2014年3月第1版,第5、60页。
③ 曾向红:《"一带一路"的地缘政治想像与地区合作》,载于《世界经济与政治》2016年第1期,第46—71页。

同度高，有利于切实推进项目建设。但与此同时，在资源、人口与海上运输通道的地缘位置方面，这两大方向仍然是全球和地区性大国竞争的前沿，国际政治博弈未必如同古老的地缘政治游戏一样充满无情竞争，但霸权国家与崛起国家、新兴大国与地区性大国牵制与防范、甚至遏制与反遏制战略的矛盾依然突出。陆海两大主要方向各国国情差别大，政治文化社会风俗习惯不同，发展水平参差不齐，各类矛盾交织演变等，注定陆海丝绸之路地带也是战略矛盾与一般性矛盾最为密集的地带，这是"一带一路"建设必须正视的现实性挑战。

二、整体性与长远性风险：民族因素视角

"一带一路"建设的整体性与长远性特点表明，其风险形成也必然具有某种整体性与长远性。对地区、国家或项目进行的具体风险评估，可以逐一展开进行，但仍应从总体上予以把握。例如，民族因素在国际关系中的影响十分普遍，在国际经济关系中同样如此。"一带一路"建设面临陌生的外部环境，民族因素始终是一个绕不开的方面。恐怖主义、极端宗教势力、分离主义、民族歧视与偏见、因资源问题导致的利益不平衡和冲突，都将对"一带一路"建设构成整体与长远的挑战。

出现这种与民族因素相联系的局面的原因在于民族问题的特性：

一是民族问题具有普遍性。世界上多数国家是多民族国家。单一民族国家只是极少数，如韩国、朝鲜、日本及北欧国家。由于历史、经济甚至自然地理的原因，一些国家民族之间以及民族内部均存在冲突、分裂甚至战争状态，国家之间的民族问题同样普遍存在，民族冲突的国际化已成为非洲和中东等地区的常态。[①]"一带一路"在国内地域范围几乎覆盖整个民族地区，在世界上也经过很多的多民族国家。因此，民族问题会伴随"一带一路"的全过程。

二是民族问题具有联动性、规模性。民族问题总会与宗教、教派、部落、地区问题、国家政策交织并发。非政府组织、第三方势力的挑拨

---

① 青觉：《区域组织与民族冲突的管控》，载于《现代国际关系》2018年第4期，第24页。

及政府对待民族问题的不同态度,都会使民族问题更为复杂。宗教可以分为很多教派,但数量远不及民族、部落数量。一种宗教可能覆盖很多民族。如哈萨克斯坦有140多个民族,信奉伊斯兰教的占70%,信奉东正教的占26%,其余为佛教、犹太教、无神论者。

三是民族问题也具有传导性、相互感染性。一个国家跨界同一民族具有信仰认同的倾向,有的甚至可能取代国家主权认同。或多或少存在的民族优越主义、民族至上主义、民族自大主义等,可能使跨界民族问题更为突出,一些矛盾形成与激化更易于相互传染、曲解、放大,造成社会稳定方面的挑战。

四是民族问题具有持久性。有时民族问题可能不那么突出,有时可能突然爆发,以致矛盾经久不息,伴随着国家治理的全过程,也将伴随着"一带一路"建设的全过程。

中国倡导的"一带一路"实践,必然遭遇显而易见的民族问题的困扰。各民族国家价值观、风俗习惯、社会制度、政治体制等不同,同一个民族或多或少也有差异。中国有宗教信仰自由,但政府秉持的是无神论。"一带一路"的建设者在与各国打交道时,经常遭遇境内外及其他国家民族宗教因素的困扰,也表现为民族、宗教不同的差异。它并不具有个体性,而是具有整体性特征。

由于民族问题由来已久,也难有彻底解决之道,注定民族问题具有持续性。"一带一路"建设遭遇的民族问题的困扰可能是普遍性的、长远性的,其更大的背景在于民族国家对中国崛起及其影响力向全球日益扩散的疑虑与警惕。在国际上如此,在国内、包括在中国跨界民族问题层面同样如此,把一些矛盾归究于民族范围更是别有用心。境内外就存在一些敌对势力,他们甚至将一些不具有显著民族特征的社会冲突"民族化",通过将中国发展进程中出现的一些社会问题"民族化",进而再利用敏感的"民族牌"来制衡中国。[①]

---

① 王军、王云芳等著:《当代世界民族冲突管理研究》,民族出版社,2017年11月第1版,第10—11页。

第三节　具体风险与评估

相对于总体性风险，具体风险更为多元与复杂。一般而言，对风险与挑战的认定并无定式做法。一般而言，确定风险类别后，通过风险评估进行。实证方法仍是有效的，可以得到大致结论。量化评估是在实证基础上展开的，目的在于得出尽可能精准的结论。[①] 本节主要从实证角度对"一带一路"建设面临的风险进行分析。一般通过设定以下几大模块来进行。

一、政治层面

传统意义上的政治风险主要指发展中国家政府对进入其国内的外资企业给予的宏观政治、经济政策环境。[②] 这一定义仍然是不全面的。对"一带一路"建设而言，政治风险是指中国企业或与中国合作的企业在进入对象国市场（包括发达国家和发展中国家）后，由于政治与政策环境变化，可能出现对项目投资、建设或运营不利的结果。政治风险是有范围界定的，其指标设计包括政局稳定性、政策连续性、国家制度结构、政党状况等，具体指标也可细分。政治与其他因素总是有纠联的，但仍有最主要的指向。如果将其泛化为所有与政治有关联的风险总和，那么，在一个与母国不同的国度，无论对项目投资企业还是政府风险管

[①] 根据笔者近年主持的风险评估课题（如承接的中国信保《国家风险分析报告："一带一路"沿线国家2015》等）经验，风险评估一般需要根据评估对象，如重要国家或沿线国家（中信保以单一国家评估为主）或重要地区或重要项目，或总体风险等来确定评估模块，并进行周密的指标设定，在实证分析基础上，确定各指标的具体情况，设定分值与权重，再依据具有专业知识的专家对评估对象或项目的打分，生成有关的风险值，最后通过统一计量，测定风险值（分高、中、低，或稳定、中等、负面三级）来确定总体风险。

[②] 李书剑：《如何规避中国对"一带一路"沿线国家投资的政治风险》，载于《大连民族大学学报》2016年第4期，http：//wenku.baidu.com/view/9fb7d6ee52d380eb63946.html.

理来说都是不利的。①

零点公司对"一带一路"沿线70个国家的国内政治、政体和政权稳定性的综合分析表明，沿线国家可以分为六大政体，其中总统制最为普遍，为29个，分布于中亚和东欧；其次为议会共和制25个，主要在南亚和中欧；其余为君主立宪制（7国），为东南亚和西亚国家；君主制（6国）主要为阿拉伯国家；人民代表大会制（2国，越南和老挝）和主席团制（1国，波黑，由波斯尼亚、塞尔维亚和克罗地亚三族统治）。②

这些国家基本上是选举产生政府。选举政治的特征是简单多数决定，并不充分反映举国绝大多数选民的意见，这决定新政府上台后，其政权稳定性与政策连续性都会有不同程度的变化（若非剧变的话）。一些国家的政党可能长期执政，但国内外条件变化亦可能带来政策上的调整。日本有十年九相的记录，泰国2005—2014年这10年有9位总理或代总理执政。政府频繁变换不等于政策经常变动，但总会伴随着某种不确定性，从而构成政局变化对项目建设可能遭遇变更或调整的风险。斯里兰卡总统西里塞纳上台后，就改变了前任拉贾帕克萨的一些政策，包括停止中资企业科伦坡港口城大型综合性建设项目，虽然近一年后重启，但造成的损失是巨大的。

一些国家执政党独大，反对党式微或者联合政府共识较多，其政策变化不会剧变，稳定的政治环境有利于开展项目建设，但一些政党长期执政的国家所具有的政治风险总会一直存在。非洲国家发生政变是常有的事。长期且强势执政的领导人也可能突然遭遇变故。2017年11月，津巴布韦的穆加贝总统因解除在军方有较高威望的姆南加古瓦的副总统职务而招致不满，导致穆加贝自1980年开始执政以来遭遇军方的首次干预而下台。其实，早在10年前津巴布韦面临"崩溃的经济就随时可

---

① 李书剑:《如何规避中国对"一带一路"沿线国家投资的政治风险》，载于《大连民族大学学报》2016年第4期，http://wenku.baidu.com/view/9fb7d6ee52d380eb63946.html。

② 《"一带一路"沿线70个国家政治情况综合分析》，2015年9月6日中国经济网。

能促成穆加贝下台"。① 穆加贝是中国人民的老朋友，屈从于国内压力，他也曾对一些中资项目实行过国有化政策。姆南加古瓦上台执政，对津巴布韦而言，是一个新时期的开始，其延续还是改变一些政策仍面临不确定性。他表示要稳定和发展经济、增加就业以改善民生。当然，他有过在中国学习的经历，既往的经历为他所表示的要"学习中国"提供了某些可以相信的理由，当然，在发展对华关系上是否必然延续前任政策还有待时间的检验。在欧洲，民粹主义政党加快发展，一些国家已有民粹政党上台执政，其固有的排外主义、保护主义和民族主义带给外来投资的限制则是显而易见的。

　　国际上对政治不稳定的评估亦是严峻的。"一带一路"沿线不稳定的政治环境没有任何改善。根据"脆弱国家指数"（FSI），也门、索马里、叙利亚、阿富汗和伊拉克仍是世界上最脆弱的国家。日益增多的国家曾经被认为是政治稳定的，如今政治局势变得日益不稳定起来。如土耳其，国内既面临政府与库尔德工人党之间最激烈的武装冲突，国际上还直接承受叙利亚危机的溢出影响。② 实际上，2016年7月埃尔多安总统曾遭遇过一场未遂政变。

二、经济层面

　　"一带一路"是一项侧重基础设施建设与产能合作的经济工程。基础设施的短缺、产业水平的差异，以及各国都面临改善民生的迫切性等，这些现实构成有利于"一带一路"建设的充分条件。但是，另一方面，共商共建共享总会面临一些不确定性，一些项目可能面临建设周期延长、项目进展不顺、融资条件变化、资金回收缓慢等情况。这些因经济因素的不确定性或变化，对"一带一路"建设产生的消极影响，构成经济风险之涵义。

---

① "Zimbabwe's deepening crisis: Surviving under Mugabe", THE ECONOMIST, November 4, 2017, p. 52.
② Chuchu Zhang, Chaowei Xiao, "China's Belt and Road Initiative Faces New Security challenge in 2018", http://thediplomat.com/2017/12/chinas-belt-and-road.

经济风险的范畴十分广泛,包括宏观经济政策及宏观经济指标变化的风险、金融风险、贸易风险、债务风险等,各类风险还可细分。如金融风险中的汇兑风险、货币风险,以及通胀、税收、股市等风险。"一带一路"建设在全球范围展开,各国国情不一、发展水平差异明显,因此,对沿线国家展开逐一的经济风险评估是必不可少的内容。

发展中国家由于经济发展水平低、市场成熟度低、经济结构单一,经济具有脆弱性、抗风险能力较低,以及制度监管不健全,一般性经济层面的风险相对而言比发达或较发达国家要高。而在中国与"一带一路"沿线国家的各类经济合作中,矿产资源合作风险较高。沿线区域资源外交受到政治、经济、国家安全、生态环境、科技发展等因素的深刻影响。[1] 2008年国际金融危机以来,国际大宗商品价格下滑使一些国家几乎陷入破产的境地,也使得合作方的前期高成本投入受到严重影响。此外,外汇短缺导致对投资利润汇回的限制,制约了投资者的积极性。如果海外基础设施项目收入汇回长期受到阻碍且涉及范围较大,按经合组织开发援助委员会投资保证专门委员会《关于保护外国人财产的条约》第三条的注释,便已构成"蚕食性使用"(creeping exportation),有可能危及母公司的整体安全,甚至影响母国市场。

一直存在的债务风险也是进行对外投资的忧虑之一。2017年10月25日,国际金融协会发表报告指出,全球债务达到世界年度国内生产总值的324%。况且,发展中国家必须在2018年底前对1.7万亿美元的债务进行再融资,而这些国家又无法保证自己能享受到低利率待遇。与此同时,2016年中国企业债务也迅速增加了6600亿美元,超过美国在2008年金融危机之前和日本在1991年银行危机之前的债务增长速度。根据经合组织统计,2013—2015年,获得中国发展融资的10大接收国中,有6个存在违约风险。相比之下,2010—2015年,获得世行发展贷款的10大接收国中,只有两国处于同一风险类别。[2] 这也说明债务问

---

[1] 于宏源:《矿产资源安全与"一带一路"矿产资源风险应对》,载于《太平洋学报》2018年第5期,第59页。

[2] 《中国反思境外放贷政策》,《金融时报》中文网,2016年10月14日,http://www.ftchinese.com/story/001069720?dailypop。

题的相对严重性。全球发展中心2018年5月的一项报告评估，撒哈拉以南非洲正在滑向新的债务危机，该地区40%的国家目前处于债务危机的高风险状态，债务国家数量是5年前的一倍。① 国际金融研究所估计，到2017年6月，中国债务/GDP比率超过300%，内外债务压力可能对很多项目执行货款构成大量风险，而且一些项目的还贷也可能出现拖欠风险。一些国际金融人士警告，由于拖欠，中国银行体系的风险也将成为全球银行体系的风险。②

一些发展中国家经常出现的恶性通胀会严重制约投资或追加投资。10年前，津巴布韦央行滥印货币，导致高达5000亿倍的超级通胀率。95%的劳动人口无正式和合法工作。③ 因为油价下跌，委内瑞拉经济几乎破产，通胀率一度升至1000%，属于恶性通胀程度，是同样使投资者望而却步的难以想象的风险。

至于汇率风险，无论浮动还是有管理的浮动，都存在较严重的风险。据IMF估计，全球约40%的成员采取了"软钉住"（soft peg）机制。研究结果表明，弹性汇率有好处，但也受到质疑。对小国来说，浮动汇率可能会致命。当货币升值时，它会鼓励热钱注入，从而形成资产泡沫，当投资者的情绪发生变化，突然的资本外流就会引发经济衰退。④ 对于需要进行境内外融资的"一带一路"项目，面临的汇率风险是显而易见的。土耳其曾经享受过经济快速增长的繁荣，但与此同时加重了对外借债的依赖，2009年以来其公司外汇债务增长一倍，加之与美国发生的关税战等外部施压，导致土耳其货币里拉兑美元在2018年8月前的6个月内贬值一半。里拉危机对新兴市场形成的风险也极为严重，投资者的紧张会加剧他们从新兴市场的逃离，土耳其的经济亦将步

---

① African Nations Slipping Into New Debt Crisis, May 2, 2018, http：//www.cgdev.org/article/African-nations-slipping-new-debt-crisis-financial-times.

② Karen Gilchrest, "China Belt and Road Initiative could be the next risk to the global financial system", Aug. 24, 2017, http：//cnbc.com/2017/08/24/chinas-belt-and-road…

③ "Zimbabwe's deepening crisis：Surviving under Mugabe", THE ECONOMIST, November 4, 2017, p. 52.

④ Peter Coy, 竹西译：《为何害怕汇率浮动》，载于《彭博商业周刊》（中文版），2017年11月1日，第131期，第32页。

入深度衰退。① 因此，对于需要进行境内外融资的"一带一路"项目，面临的汇率风险是显而易见的。

此外，许多发展中国家基础设施特别是关系国计民生的基础设施服务价格十分敏感，对包括水、电、气、运输及各项收费等都存在不同程度的管制，这将导致投资收回可能发生不如预期的结果。

相对于发达国家，发展中国家经济层面的风险更为普遍，也更为突出。但是，发达经济体经济风险已成为不容忽视的现象。金融危机以来，美国、欧洲等发达国家最先承受危机冲击，经济下滑，国内保护主义行为突出表现出来。发达国家也时常出于政治原因限制中资的并购，对外国投资者进入或可能影响的关键基础设施、技术和敏感的个人数据领域进行监督与限制。技术领域的投资覆盖范围十分广泛，集中体现于涉及国防、情报和其他国家安全领域，即强调"保护公共秩序的安全"。一些评论称，"美欧对外国投资者的背景尤为注意，当这种投资来自中国时，对其可能产生的影响则格外关注。"② 尽管自称是审慎而非保护主义措施，寻求保护国家安全又不吓跑中国投资者，但在实际执行层面的做法会产生极大的消极影响。

2016 年上半年，多家中企海外并购项目被美国外国投资委员会否决，如以金沙江创投为首的中资财团收购飞利浦旗下的照明部门。针对重庆财信企业集团收购芝加哥股票交易所，美国国会 45 名议员联名致信财政部，要求外国投资委员会全面并严格调查该项收购。受到美国限制外国投资的影响及其他原因，中国对美直接投资规模大幅度缩水。根据美国迪罗基公司统计，2016 年中国对美企业的并购额为 627 亿美元，2017 年下降到 136 亿美元。2018 年 1—5 月，中国在美直接投资同比大幅下降 92% 至 18 亿美元。③ 2018 年 3 月，特朗普总统签署行政令，叫停总部位于新加坡的博通洽购高通的交易，其理由是这一史上最大规模的半导体企业并购会威胁美国的国家安全。这一事态也标志着 2017 年

---

① "Turkey's turmoil", *THE ECONOMIST*, August 18, 2018, p. 10.

② "Should Chinese investment be welcome?", *THE ECONOMIST*, August 11th 2018, pp. 9 - 10.

③ 《美国考虑出台新措施限制中国在美投资》，新华网，2018 年 6 月 26 日。

11月美国府、会通过的新的限制外国投资的法案及出口管控程序已然付诸实施。

美的集团收购德国机器人制造商库卡集团、锦江国际收购法国最大酒店集团雅高，也先后遭遇欧盟官员担忧及德国政府的反对。2017年欧盟对外国在基础设施领域的并购予以新的严格限制。2017年7月12日，德国联邦政府通过决议，确定外资并购的否决权限。如果欧盟以外投资者收购德国"关键基础设施"相关联的企业超过5%股权时，政府可以介入并有权叫停，具体的审查对象还包括发电站、能源和供水设施、电子支付、医院和交通系统软件商。作为欧盟大国，德国政府甚至考虑联合法、意在欧盟层面推动类似立法。澳大利亚虽然与中国经济关系发展迅速，但2015年澳大利亚政府就以国家安全为由，强行阻止中国企业竞购澳电网公司。2016年4月，澳大利亚政府再次以同样理由否决中资企业收购其最大的牛肉企业，同年8月又拒绝中国国家电网和香港长江基建共同对澳电网收购的竞标。澳媒体对此亦有批评言论，认为是一些人"冷战思维在政治化、妖魔化中国投资"。①

显然，经济风险不再限于地域，发达国家同样存在与发展中经济体相似的经济风险。中国风险担保研究机构已然得出结论，"当前全球投资风险正由之前高度集中在发展中国家和转型国家，向全球分散式分布转变，发达国家的投资风险同样不容忽视。"② 近年来的实践表明，相对而言，发展中国家经济风险更为突出，而发达国家政治风险则与日俱增。穆迪公司总裁麦克丹尼尔也认定，在进行信用评级时，发达国家的风险是长期性的，发展中国家风险则具有短期性特点，因此在评定信用级别时，前者可能会从更长远的视角观察进行信用级别的升降，后者则视情随时可能进行信用级别的调整。③ 这其中难免有一些非经济因素使然，但也说明，发展中国家的风险是经常性甚至是临时性的，而发达国

---

① 于镭：《澳大利亚近年来连续阻挠我重大投资的原因探析及我因应之策》，载于《太平洋学报》2017年第10期，第97—103页。
② 中国出口信用保险公司：《全球投资风险分析报告》，2017年11月。
③ 穆迪公司总裁麦克丹尼尔（Raymond W. McDaniel）2017年12月6日与中国现代国际关系研究院专家学者交流时的观点。

家并非没有短期风险，同样存在以所谓安全影响名义在政策上对外资歧视与限制投资这种短期风险，此外，社会安全风险、排外等短期风险也经常发生。从纯经济层面考察，发达国家的风险周期虽然相对较长，但一旦发生，其影响则是系统性的，甚至是国际性的，其破坏程度对一国、一个地区甚至全世界均可能是灾难性的。次贷危机导致的华尔街金融危机、银行危机诱发的欧债危机等产生的外溢影响，就是这种风险的重大表现。

经济、金融风险一旦超越一个行业、一国或一个地区范围，它对实体经济的影响则是整体性的，这就构成"系统性金融风险"或"金融系统性风险",[1] 其负面影响的严重程度也将超越一个行业、一国或一个地区范围，包括对外投资项目也难以回避其冲击。

三、安全层面

和平、安全的环境有利于推进"一带一路"建设。当今世界，尽管地区冲突、国家间的资源冲突等时起彼伏，以及现实主义者对于战争发生的判断也不乐观，即"战争仍将以我们过去从未想象过的方式演变。目前只是开始阶段，渗透到军事意识之中尚需要时间",[2] 但是，世界和平总体局面仍然可以维系，这为很多国家实现互联互通、发展经济创造了必要的条件。

从没有安全就等于没有一切的角度而言，安全因素在风险评估中的地位趋于上升。发达国家对外投资的历史较长，对安全风险高的国家的投资十分敏感而几乎不予鼓励。中国企业走出去的过程中，无论进行资源开发还是产业合作，不少国家或地区都是发达国家十分敏感而避之不及的地方。而"一带一路"建设的互联互通性质，几乎不可能完全避开安全敏感地带。战争隐患、部族宗教冲突、社会治安状况、抢劫、绑

---

[1] 关于系统性金融风险可参见叶浩、刘云：《金融系统性风险述论》，载于《国际研究参考》2018年第6期，第8—13页。

[2] Editors Gudrun Persson, Carolina Vendil Pallin, Etc., "*Military Think in the 21th Century, The Royal Swedish Academy of War Sciences*", Stockholm, 2015, p.57.

架和有组织犯罪、恐怖主义和军警及执法力量、维稳能力等方面,可以大致评估一国或一个地区的安全风险。

当然,大规模的地区冲突导致的安全威胁,战争地带或可能成为隐含明显军事与部族冲突地带,是"一带一路"必须避免进入或保持警惕的。一些国家经历社会转型之后,仍然面临社会稳定与发展的不确定性。如阿拉伯地区,对西方而言,"阿拉伯之春"虽然一时提供了为该地区解决"民主赤字"的可能性,但是"内战和重新回归的独裁统治粉碎了这种希望"。一般评估认为,在阿拉伯世界,2011年开启的民主转型进程会重启,尽管存在对埃及、黎巴嫩和叙利亚等国不那么乐观的预期,但伊斯兰原教旨主义中长期内将不会作为一种主导性的政治力量出现。[1] 这种前景是否确定仍有待进一步观察。十分严重的也门冲突被认为是代表伊朗与沙特什叶派和逊尼派之间的冲突,也被认为是也门政府与边远的北部部落长期冲突的产物。也门冲突发生以来,700万人生活在饥饿之中,200万儿童营养不良,60万人感染了霍乱。也门陷入"现代最严重的人道主义危机"。[2] 在当今世界,也门的情况具有特殊性。

从心理影响、袭击方式、破坏性程度、持久性与普遍性威胁等方面而言,恐怖主义将成为"一带一路"建设难以根本防范的威胁,也成为"一带一路"建设面临的最突出安全风险。即使并非针对"一带一路"建设项目本身,也将带来消极的影响。

对恐怖主义的同仇敌忾,凝聚了国际社会的反恐共识。但是,今天的恐怖主义威胁比"9·11"之前远为不同,包括毒气、社交媒体、计算机、高技术袭击等。中东、北非、东南亚和中亚都较为普遍出现了严重的恐怖主义袭击。有研究指出,"一带一路"沿线涉及64国(为统计方便姑且以此数目为例),穆斯林国家占33个,占总数的一半;非穆斯林国家31个,其中有10国存在突出的暴恐袭击风险,一国(亚美

---

[1] Ibrahim Ebrahim Elbadawi, Samir Makdisi, "*Democratic Transition in The Arab World*", Cambridge University Press, 2016.

[2] Asher Orkaby, "*Yemen's Humanitarian Nightmare: The Real Roots of the Conflict*", FOREIGN AFFAIRS, Nov./Dec. 2017, p.93.

尼亚）与穆斯林国家处于战争状态，一国（保加利亚）内部的极端穆斯林的暴恐袭击风险可能激活。因此，这64个国家中，总共有44个国家存在现实安全风险，占"一带一路"国家总数的69%。2017年11月24日，埃及北西奈省一座清真寺发生了"当代史上最严重恐袭"，死亡人数达270人。"伊斯兰国"被击溃以后，参加"圣战"组织的极端恐怖分子四处逃散。"伊斯兰国"很可能超越伊拉克和叙利亚使冲突本地化，探测一些国家的弱点，利用其自身力量和当地支持者进行袭击，以显示其持久性的存在。①"圣战"组织成员的回流给东南亚造成新的现实威胁。2018年5月13日，印尼第二大城市泗水连续发生自杀式炸弹袭击，造成40多人死伤，成为印尼近十年来发生的最大恐袭案，施暴者为宣誓效忠"伊斯兰国"的印尼当地恐怖组织"神权游击队"（JAD）成员，不久前从叙利亚被遣送回国。此一事件凸显东南亚面临"伊斯兰国"渗透和本地暴恐势力合谋生乱的严峻形势。据预计，未来10~20年内，包括恐怖袭击在内的伊斯兰恐怖袭击风险可能会成为世界最大的政治风险之一。②

发达国家同样难以避免恐怖袭击，而且恐怖源一样多元，近年来甚至成为恐怖主义袭击的多发地带。据估计，2014年6月—2017年6月，恐怖分子在欧美进行了51次恐怖袭击，其中北美发生16次。本土成长的恐怖威胁和独狼式袭击也在增加。美国国土安全部调查表明，2000—2016年，在美国的白人优越主义者比其他国内极端势力杀害了更多的美国人。③《2017年全球恐怖主义指数报告》指出，2016年全球发生11072次恐怖袭击。④

四、社会层面

一种较为理想的社会状态应该是社会相对稳定、种族和谐、充满活

---

① Daniel Hyman, "ISIS's Next Move", THE NATIONAL INTEREST, Jan/Feb. 2018, P. 28.
② 梅新育：《三股恶势力风险与"一带一路"》，光明网，2016年11月29日。
③ Lisa Monaco, "Preventing the Next Attack: A Strategy for the War on Terrorism", FOREIGN AFFAIRS, Nov./Dec. 2017, pp. 23 - 24.
④ http://www.statistics/202864/number-of-terrorist-attacks-worldwide.

力、生活富裕等，同时具有主流价值、国家自豪感与向心力。"一带一路"沿线多是多民族国家，种族、宗教、部落不同，生活习惯与文化价值观存在差异，在长期发展过程中，历史际遇、现实政治、经济、文化地位时起时伏。当然，也有一些国家种族宗教相对和谐，如新加坡，宗教、种族相对和谐并存，中国民族和谐亦为世界所肯定。英国《经济学家》称：尽管经过数世纪的同化，中国回族并没有失去他们的宗教信仰和认同。而通过吸收与同化，中国回族已变成世界上最成功的穆斯林少数民族之一。① 但是，"一带一路"沿线多数国家存在程度不一样的宗教、种族问题，可能对国家和社会稳定构成挑战。

  "一带一路"建设面临的社会层面的风险与挑战，主要表现于宗教与教派关系、民族结构与民族关系，以及社会流动性等方面。如有140个民族的哈萨克斯坦，哈族占人口的七成，俄族占两成；全国人口中，信仰伊斯兰教者约占人口总数的70%，信仰东正教者约占26%，其余信仰佛教、犹太教与无神论者。总体上哈萨克斯坦民族关系较为和睦，教派冲突较少，但亦因为资源利益与所获得的政治待遇不同，同样存在部族矛盾。

  民族问题严峻挑战在于主权国家境内民族发展过程中，存在民族排斥或清洗，或者部分民族对其民族本源认同感上升导致的独立倾向。苏格兰公投、加泰罗尼亚公投寻求独立，均造成国家分裂的危险。不仅如此，基于主权国家形成的欧盟，也因西班牙等面临的国家分裂或内部冲突而受到严重削弱。② 欧盟为此焦虑地注视事态发展，即分离主义是否成为欧洲一体化下一个最大的威胁。③ 更大的忧虑还在于，加泰罗尼亚现象可能还仅仅是一个开始，另一个堪比英国脱欧更大的分裂正在伺机而动。即面对欧盟强压政策的东欧从欧盟分裂出去的机率，虽然很小但

---

① "The Hui：China's other Muslims", *THE ECONOMIST*, October 8, 2016. pp. 29 – 30.

② Daniel Gros, "*Europe's Return to Crisis?*" http：/www. project-syndicate. org/spain-catalonia-crisis-eurpean-integratiuon-by-daniel-gros – 2017 – 10.

③ Javier Solana, "Europe's Enemies Within", October 20, 2017, http://project-syndicate. org/topic/Europe-s-enemies-within.

却也令人不寒而栗。① 分离主义作祟也是不利于"一带一路"建设的事态发展。这种关注主要基于以下认定，即欧盟这个统一市场一旦分裂或解体，中国与欧洲两大市场的合作成本将会大幅提升，不利于中国"一带一路"倡议的推进。②

一国境内成规模性的民族冲突的发生并不鲜见，这种冲突会造成社会剧烈动荡，构成严重的投资风险，直接影响投资环境。2017年8月，缅甸爆发罗兴亚危机，在缅甸境内佛教徒占多数的若开邦，60多万穆斯林百姓遭遇缅甸政府军驱赶，被迫向邻国孟加拉国逃亡。

在中国企业走出去过程中面临的社会风险也可能因自身因素触发。对当地风俗习惯、民情世态缺乏了解，心理与认知存在偏差，企业社会责任意识较弱，对生态环境保护力度不够，违反当地法律法规等必然导致企业形象受损，造成规模性罢工、讨薪、打砸抢烧现象，从而影响项目的顺利推进。

五、外交层面

外交层面直接涉及对象国本身，也涉及第三方因素。因此，一国外交指导思想与基本原则、与周边及与大国的关系等成为外交层面面临的风险与挑战评估的主要内容。

"一带一路"沿线多为中小国家，不乏穷国、弱国，国家地位决定其外交无论在区域层面还是在多边层面，为巩固国家独立与国家主权、促进经济发展，加强对外合作，势必会采取一种平衡战略。如果面临单一外部大国的影响过大，国家可能失去独立性或被这个大国摆布。即使一个大国对某一国的影响未必很大，在与大国打交道时，小国也会寻求其他大国作为平衡力量，传统的结盟外交也仍会有市场。同盟体系中甚至还有核心盟国，在安全上依赖主导性国家寻求安全保证，其他处于低

---

① John Micklethwait，任文科译：《东欧与欧盟走向决裂》，载于《商业周刊》中文版第132期，第36发—37页。

② 刘作奎、陈思杨：《"一带一路"欧亚经济走廊建设面临的风险与应对》，载于《国际经济评论》2017年第2期，第29页。

位政治的需求可能更多让位于安全方面的高位政治需要；一些国家或通过加入更多大国参与的区域机制寻求自己的独立性与区域安全，也是为自身国家安全寻求保障。因此，面对全球性大国或地区性大国的影响，如果有其他大国发挥平衡甚至对冲作用，就能对这些中小国家构成较好的外交态势。中俄是蒙古国的邻国，蒙古国是要开展第三方外交的。哈萨克斯坦与中、俄的关系都不错，但同样要实行实用与平衡的外交战略拓展与欧美的关系。新加坡与中国关系具有某种特殊性，但新加坡曾呼吁奥巴马政府重返亚太，以平衡中国的作用。南亚国家长期受到印度的把控，它们也日益寻求中国或其他大国发挥一定的平衡作用。

在经济上的表现同样如此。一国经济过于依赖单一大国，可能造成国家经济安全的独立性问题，避免过于依赖仍是很多国家的选择。"一带一路"建设过程中，中国经济外交更为主动，可谓处于攻势。一项基础设施互联互通工程可因改善经济发展的环境与条件而受到欢迎，但同时一些国家对中国影响的扩大也同样存在防范心理。

中小国家寻求平衡外交是其国家的自主选择。中国作为一个负责任的大国，加上长期秉承的不干涉内政原则，以及倡导与时俱进的新型外交理念，与中小国家积极发展关系，有利于中小国家摆脱外部单一大国的控制。同时，中国处于积极的外交取态，也会引发大国警惕及一些小国可能的担忧。因此，"一带一路"建设过程中，中小国家存在政策的摇摆性及外部第三方的干预，使一些项目建设的前景存在不确定性，从风险角度分析，也构成一种现实性挑战。

六、实施层面

实施层面的挑战在于人口及人力资源状况、投资环境和腐败等因素。一个国家人口规模决定其国内市场的前景，劳动力资源丰富有助降低建设成本，劳动力质量则可以保障建设的质量，这一点可以通过教育体系、医疗卫生和管理培训状况来说明。埃塞俄比亚、菲律宾正在推进工业化，这些国家也都是人口大国，都具有年轻、丰富的劳动力资源。随着经济发展，劳动力素质的提升变得日益重要。

衡量投资环境的因素很多，它与经济、政治、安全等层面难以完全分开，如通胀率、政局稳定性和国内稳定程度等。在单独评估方面，"一带一路"沿线国家的投资环境主要参考其法律稳定性、税率等，可以通过量化指标体系评估营商环境。在这方面，全球营商指数可以提供某些参考。腐败程度会制约投资，也弱化了一国对项目建设的广泛共识，容易引起反对党的反对与社会的不满。如中亚五国，在发展对华关系上有其积极性，但总体状况是"上层热、中层凉、下层淡"。中资企业进驻中亚国家基本形成金字塔结构，个别大型中资企业如中石油、中石化等处于塔顶，中小企业和个体商户处于塔底，中间的中等规模企业的支撑作用不够，供应链、产业链与价值链效应也难以发挥，这样的塔型结构缺乏坚固性。[①] 此外，信息不透明，执法不严，潜规则盛行，决策者、参与者与"裁判"身份混合，利益集团相互制约，诉讼程序复杂，法庭判断或仲裁过程冗长，判案不公等都构成"一带一路"建设的严峻挑战，对一些项目建设可能产生难以承受的影响。

"一带一路"沿线国家的经济发展水平参差不齐，社会成熟度状况不一，法律规则制度不健全，腐败情况较为普遍，清廉指数、透明指数度不高，国家对外资存在明显的歧视等，注定其投资环境、营商环境的复杂性，也注定"一带一路"在实施层面面临的挑战具有严峻性与曲折性。

第四节 风险演变与管理

在评估风险与挑战时，仅仅从一国国内某一阶段的状况来取得依据，是不充分的，因此对风险与挑战的演变过程，仍需要予以足够全面的分析。

[①] 曲凤杰、李大伟等：《国际产能合作进展状况、面临障碍及应对策略》，载于《国际贸易与投资》2017年第2期，转自《国际经济文摘》2017年第3期，第63页。

一、风险演变

风险可以是单一性的、孤立的，尽管传导与联动性不能排除。"一带一路"建设是一项系统性工程，其项目特点决定其风险具有类推性、传导性或联动性和整体性。由于项目投资规模偏大，一旦遭遇风险其所受到的损失也将是巨大的。风险评估的板块设计是相对固定的，其相互之间的关系对风险的界定与判定同样重要，决定风险积聚、演变直至最终表现的过程与程度。根据对既往经验与现实案例的实证研究，"一带一路"风险评估尽管有不同的板块设计，但总体风险演变会大体经历如下路径。

（一）渐进的路径

渐进的路径主要衡量风险存在的概率。一般而言，整体风险从无到有，从分散到集中、或者经过积聚，从小到大突然升高，也或者可能回复平衡甚至逐渐减缓。随着"一带一路"项目推进，相关配套项目会相应增加，合作程度会进一步加强，这是基础设施建设和产能合作需求决定的。世界经济平稳顺利发展时期，"一带一路"项目建设可能相对顺利，但金融危机后全球经济增速疲软，各类结构性矛盾积累较为普遍且一时难以根本化解，因此，"一带一路"项目推进可能受到影响。过去不太突出的风险可能逐步积累，或者由小到大。

从长过程看，2017年全球经济金融机构对世界经济的评估趋于乐观，即在摆脱近10年的长期平庸增长后，世界经济不再如同W形复苏态势一样的反复，而是真正触底回升。这种评估决定全球经济环境会存在阶段性不同，"一带一路"建设项目风险存在起伏。例如，世界大宗商品价格大跌之势已然扭转，对一些从事能源、资源项目的企业而言，在经历痛苦的支撑之后，可能迎来项目收益提升的前景。一些与我国开展资源类合作的企业、或者一些依靠资源驱动的国家的经济同步好转，也可能面临更好的出口前景，其融资、还贷还债能力也会得到同步的上升。

风险渐进演变路径所呈现的弹性，说明"一带一路"建设这一项较为长期的工程总是机遇与挑战并存的，从事项目建设虽然面临各种各样的风险，但如果有不断进取与避险的韧性，其长期前景仍是可以审慎乐观的。

（二）联动的路径

联动性说明各类风险板块不是孤立的，而是具有相互影响的性质。有时，各类风险相互交织，相互传导，相互激发，甚至形成整体负面的局面，由此构成的整体风险严重程度难以承受。

一些国家经济形势不好时，国内各种政治力量会对项目建设进行负面宣传，如利用竞标过程的腐败问题、环境问题、工作条件等借题发挥；债务负担的加重也会直接影响到社会稳定度，使"一带一路"建设的民意基础发生动摇。另一方面，各类风险显示一种整体正面反应，经济层面风险系数降低，项目推进带来的就业、民生改善及经济发展，可以抵消一国国内政治反对势力对项目建设的无理攻击。安全环境改善，可促进滚动项目更快更全面地展开。

外交关系的提升也有益于一国主要国内政治力量达成推进项目建设的共识，即使面临第三方的干扰，亦不会根本冲击项目建设本身。一国政策、法律、规定及宏观条件的改善也使投资者更有信心。而一旦项目建设带动经济发展，民众对提升生活水平的渴望、对不想倒退走回头路的诉求就会进一步突出，穷国、弱国、小国对推进"一带一路"建设的热情亦会逐步提升。

（三）跳跃的路径

跳跃性的路径有别于渐进式的风险，偶然性、即时性、突然性的环境与条件改变，形成突变性风险。其间可能是突变性的空前不利，也包括突变性的峰回路转。其大部分演变路径依常规可以预测或识别，如战争风险，需要有军事动员与准备，双边关系矛盾积聚到交恶甚至出现严重对抗等接近临界点，一般都是可以预见的。这种预见过程，为风险规避提供时间上的便利。但有些结构性突变却不可预测。

一些国家大选时期政治人物未必说话算数，也不排除空头支票。"一带一路"所经地域、国家在出现交叉风险时，往往出现跳跃性状况。美国退出巴黎气候协定，就使全球减排努力突然遭遇挫折。既然目前油气价格仍算处于低位，新能源的开发与节能减排的压力就不可能变得更为突出。与"一带一路"相关的国际产能合作的动能也因此会受到影响。特朗普宣布退出TPP，也使美日主导的这一地区性机制突然变轨。北美自由贸易协定（NAFTA）重谈仍然充满曲折。虽然各方可能同意一种变更，但接下来才是一项需要美加墨三方协调和各自国内政治势力博弈而进行的艰难调整工作的开始。[①]

不过，经过长时间讨价还价，先是美墨、后是美加达成妥协。2018年9月30日晚，三方已就废止NAFTA完成了谈判，并达成"全新的、更为现代的"贸易协定，尽管很多条款建立在北美自贸协定基础之上，但NAFTA已被新的贸易框架取代，即美墨加协定（USAMCA）。根据新的贸易协定，墨西哥与加拿大同意加大在劳工权益、环境、知识产权等方面的保护力度，农产品市场准入同时得以放宽，特别是增加了以市场为导向的管理宏观经济、汇率政策等条款。这可能成为未来美国与其他国家签署贸易协定的模版。[②]

地区合作机制遭遇的突变，对其机制的命运会产生突如其来的影响，新机制的产生及后续运作，对地区合作与价值链的重塑或提升可能产生与以往不一样的影响。特朗普在"雇美国人、购美国货"的政策倾向下，相继推出减税措施，并经国会批准，其保全制造业回归国内的政策"对亚洲地区全球价值链的损害甚至将是实质性的"。[③]

风险挑战的演变成分十分复杂，其路径也各种各样，程度亦有所区别。中国企业是在不断摸索中走出去的。这一过程虽然历史不长，但已积累了相当丰富的经验，个别企业对外投资建设尽管存在盲目性，但总体上中国企业对风险是有感知的，了解并熟悉风险的传播路径。在进行短中长期项目规划时，既需要注意特定时段的风险因子形成与变化，也需要注意风险因子的渐进、联动与突变，为应对可能的风险或把握有利的机遇提供充分的依据。

---

① "Renegotiation NAFTA：A deal undone"，*THE ECONOMIST*，April 28th，2018，p. 65.
② Stephanie Segal，"USMCA Currency Provisions Set a New Procedent"，October 5，2018，http：//www. CSIS. org
③ 李向阳：《特朗普时期亚洲经济发展面临的挑战与变数》，载于《国际经济文摘》2017年第3期，第77页。

二、风险的可控性

风险可控关注的不在于是否存在风险,而是在出现可度量的不确定性和不可度量的风险时,能否化解或者减少风险,或者使风险造成的损失在可以承受的程度之内,这样才可以保障"一带一路"建设的顺利推进。

尽管风险古已有之,但对于风险可控性的研究仍显不足。风险管理作为一门学科出现的时间只是近半个世纪的事。一般认定,"真正现代意义的风险管理起源于20世纪50年代的美国,但一直到20世纪70年代,风险管理学才开始在世界范围内广泛传播。"[1] 风险管理学涉及的领域众多,其发展为应对风险提供了一些理论依据,也取得了一些经验。例如,成功的风险控制需要不断地应对已知、未知和不可知。[2]

就具体的项目风险而言,风险控制仍需遵循一般的原则。首先是控制损失。项目开展前进行风险评估时,确定风险发生的概率和可接受的损失程度;在事中和事后,即在项目建设(执行)与运营阶段,避免损失进一步扩大,采取措施止损。如视情缩短或延长建设周期,重谈注资条件和债务安排。其次是风险转移。通过合同和保险,使项目建设风险由其他方承担,充分利用信用保险,从而分散经济主体或项目承建者的风险。其三,风险消化,或称风险保留。即在有关项目发生损失的时候,项目主体可以通过自留资金或保险进行支付或抵付,从而使项目继续执行。最后是风险回避。项目风险在十分不确定时就需要谨慎介入。如果投资方或建设方(执行方)既无能力消除或通过其他办法转移风险,也无法承担风险造成的损失,或者无更好的替代项目,就需要果断回避,拒绝介入。

"一带一路"建设是一个新事物,其项目的集成性与广泛性,使现代风险控制理论难以提供足够的依据。个别风险的发生是正常的,也存

---

[1] 沈开涛:《风险识别》,北京大学出版社,2015年8月第1版,第10页。
[2] 迪博尔特等:《金融风险中的已知、未知和不可知》,东北财经大学出版社,2014年6月第1版。

在不可测风险,因此,"一国一策"方案中,风险评估与应对构成必不可少的内涵,而严密的风险控制则是关键。

在风险控制方面,最重要的是,要防止联动性风险升级,特别是要防止项目风险外溢,形成类比效应,及至出现系统性风险,避免因系统性风险影响集成性项目广泛而顺利的推进。在企业层面,项目执行与滚动推进时,对项目风险的评估与控制要逐步严格。整体上,"一带一路"建设需加强风险评估、监测预警与应急处置。建立有效应对机制,细化工作方案,确保有关部署和举措落实到每个部门、每个项目执行单位和企业。[①]

三、风控能力与风险观

值得肯定的是,对国家风险的评估正在得到重视。传统上,国家风险主要指政治风险,因为政治原因导致合同变更、或者因政治社会危机影响项目无法执行。利比亚危机时,中资企业几乎整体停工撤出,就是如此案例。然而,在实践中,单纯的政治风险概念局限性日益明显,它不能覆盖日益丰富的国家风险内涵。因此,包括政治、经济、安全、社会、外交及实施层面的国家风险评估重要性日益受到重视。20世纪80年代以来,一些评估机构开始以国家风险逐步取代政治风险进行风险评估,并使之成为各国出口信贷机构(ECA)和研究者关注的焦点。国家风险中的主权信用风险作为衡量各国无风险收益率的基准日益受到重视。[②] 基于此,中国出口信用保险公司年度出版的《国家风险分析报告》为企业的风险识别与风险评估提供了重要依据,出口信用保险企业为风险提供了有益的对冲。但迄今,走出去的中国企业或出口企业,参与信用担保的仍不普遍,提升信用担保的覆盖面,既需要信用担保企业加强能力建设,注意利益平衡,也需要企业提高风险意识,使企业生

---

① 《习近平就"一带一路"建设提出八项要求——在推进"一带一路"建设工作座谈会上强调让"一带一路"造福沿线各国人民》,《新华每日电讯》,2016年8月18日。
② 王稳、张阳等:《国家风险分析框架重塑与评级研究》,载于《国际金融研究》2017年第10期,第34页。

产经营置于风险保证范畴，行稳而致远。

  风控能力的建设是一项国家工程，与国家海外利益保护紧密相关。"一带一路"建设代表未来中国海外利益的基本集成，因此也可以说，"一带一路"风险控制与国家海外利益保护高度契合。海外利益保护作为一项系统工程，涉及面广，建设反应迅速、协调有力、处断及时的中国海外利益保护体系，既关系到维护国家海外利益，也直接攸关"一带一路"建设。

  中国具备一些大国不具有的优势，这种优势表现在：一是可以建立并完善顶层设计与协调机制。海外利益保护即使具体到处理一件突发事件，也需要多部门迅速协调展开，中国集中统一的国家体制为此创造了良好条件。国家安全委员会办公室肩负此一项职责，可以更好协调与决策。二是中国文化中有辩证的风险观。"不入虎穴、焉得虎子""福兮祸所倚、祸兮福所依""失之东隅、收之桑榆""举一反三""预则立，不预则废"等都多少折射中国文化中的风险观。基此理念，可以辩证看待风险利弊。三是逐步完善风险评估体系。国家、企业层面的风险评估体系，专业素养的风险研究机构成为建立这种风险评估体系的可靠保障。四是安保力量走出去。通过购并、租赁、合资合作，中国安保力量已经走出去，通过逐步完善法律及相关制度，安保力量可以发挥一定的护卫作用。当然，军警力量走出去已然是大势所趋。湄公河区域巡防机制的建立，使中国警察力量走向东南亚。2017年7月中国海军进驻吉布提基地，开创了一种中国维护地区和平、人道主义救援和撤侨等海外力量布点的新局面。中国军队需要走出去，而且需要加快走出去步伐。为此，需要经营并建成不只是线性的，而是形成区域性的具有犄角之势的基地、补给点，以形成相互支撑、相互照应的局面，只有这样，才有利于主动塑造地区和平与安全环境，也有利于总体上为中国海外利益保护提供实质支撑。

  随着经济进步与国家实力的提升，中国应对境外风险的能力也在提升，运用政治、外交影响力和包括外援在内的经济手段的能力增强。这种能力的增强可以更大程度确保我国在外各类人员、企业、项目和资金安全。做好各种风险评估，做实风险防范与应对预案，防止间接风险演变为直接风险，防止一般风险上升为战略风险，防止局部风险演变为整体风险，防止行业性风险演变为系统性风险，防止短期风险演变为长期风险。

  在一个外部不确定性因素增大的时期，在全球层面日益展开的"一带一路"建设遭遇各种各样的风险是难免的。不确定性不是人们可以左右的。既然是不确定，就包括事态发展的两面，即包含着风险与机遇。辩证地看待风险才可能正确对待风险并化解风险，或使之保持在可以承受的程度之内。一些理性的思考者曾言，如果我们确实掌握未来，就不可能有做任何事的冲动。如果一切事物是不确定的，那么未来就向创造力敞开大门，从而通向更好的世界。[1] 不确定性不应成为畏缩不前的借口。因为"没有不确定性，就没有希望……只有我们不知道未来是怎么样，我们才能拥有希望。这个世界上有太多的不确定性，我们最基本的选择就是接受不确定性这一事实。"[2] 这种理念也为我们大胆走出去从事"一带一路"建设提供了某些有益的启示。

---

  [1]　[美]伊曼纽尔·沃勒斯坦著，冯炳昆译：《所知世界的终结——二十一世纪的社会科学》，社会科学文献出版社，2012年第1版，第4页。
  [2]　雷德·海斯蒂、罗宾·道斯著，谢晓菲等译：《不确定性世界的理性选择——判断与决策心理学（第2版）》，人民邮电出版社，2013年10月第1版，第336页。

第六章

对持久推进"一带一路"建设的思考

从经济、政治、风险不同角度进行的三维研究，可以从总体上把握决定"一带一路"建设的持续性的主导性因素。经济是基础，内生的经济动力可以推动建设过程；政治上，经济基础决定上层建筑，任何政府取得民众在政治上的支持，还在于民生改善程度；风险会伴随着"一带一路"建设全过程，作为不确定性风险高且风险难以完全预测的建设项目，要使其顺利推进，既取决于具体的风控评估、预测和应对能力，也在于政府从总体上更好地塑造外部环境。这三个维度既有各自的独立性，也有相互的关联性。本章旨在上述三维角度之外，再提供一些补充性思考。

第一节　把握"一带一路"建设的关注点

"一带一路"建设的复杂性决定了路径与模式选择需要多元性，既有的案例也不能完全具有复制性。中央的顶层设计是总体的指导，需要落到实处，在具体的实践中，又需要建设性地切实运用。从整体考虑出发，注意轻重缓急，协调各方共建共享，层次推进项目建设，有利于走深走实、行稳致远。

一、"先手"与"急所"

中国有14个陆上邻国和8个海上邻国。中国周边国家人口和民族众多，宗教多元，风俗习惯各异，国情和社会制度等不同。20世纪70—80年代，东亚、东南亚曾创造过经济发展的奇迹。时下，南亚的印度、巴基斯坦，东南亚的越南和中亚的哈萨克斯坦等国经济发展提速，历史与现实的良好记录为未来发展打造了良好基础。中国周边地区市场规模潜力巨大，各国经济与中国发展紧密相连，未来都面临改善民生、提升经济发展和社会转型的共同使命。从历史、地理与现实条件和未来诉求考虑，中国周边地区自然成为"一带一路"建设最优先方向，既是中国联通亚欧非等地区的起步与过度地带，也是"一带一路"建设的"先手"所在。任何舍近求远或远近相同的选择，都不是战略上应有的顺序。

任何大国在崛起过程中，周边都有着特别重要的地缘战略经济意涵。周边是大国崛起的地理依托，是发展的自然延伸，攸关边疆稳定。即使传统的地缘中心主义论也会强调周边的重要性。对于与众多弱小国家相伴的中国，通过互联互通助邻国发展与稳定，攸关中国国家利益。在全球化深入发展时期，周边不发展，中国难以发展，周边不稳定，中国也难以稳定，周边稳定发展有利于亚欧大陆顺畅联通，周边率先实现联通是更大范围联通的先决条件。中国作为全球经济大国会产生带动效应，这种效应最先反映到周边、最先惠及周边、最先与周边近邻良性互动，而且已经并将继续成为一种可以确定的必然趋势。

畅通亚欧非，中东、中亚和中东欧是"一带一路"必经之路。世界生产、资源与消费区连成一片，绕不开中间地带。中东、中亚和中东欧资源富集，以工业化努力为导向的经济转型加快推进，中国成为这些国家最大的贸易和投资伙伴已成事实，而且仍然拥有巨大的合作潜力。这些地区是中国资源、能源的重要进口源，或者是中国与其他国家开展产能合作的重要伙伴，还是中国联通欧洲、非洲等地之必经之地。但是，这些地区充满宗教、民族、部落甚至国家间的冲突，未来也难以完全消停，恐怖主义、分离主义与极端主义时隐时现，类似水资源等问题的跨国争执、跨国犯罪形势十分严峻，气候变化导致的灾害现象依然严重。

这些地区也是大国博弈的主要场所，大国竞争激烈，进入与抑制、联合与分化现象一直存在。处理不慎就会导致严重的地缘政治、安全问题。凡此，对于努力保障能源、资源安全的中国而言，这些地区需要面对和处理的各种挑战将会常态化地存在，也成为中国需要与地区国家共同及时处理好的"急所"，否则，处理不慎或任何延误与放任，都将放大"急所"的负面效应，为"一带一路"建设投下重重阴影。通过双边、多边和地区形式进行果断而有效的应对，处理好各种传统与非传统安全上的挑战，将成为中国区域外交服务于"一带一路"建设必须面对的重要一环。

二、主方向与主骨干

亚欧非陆海丝路是主方向，"六大走廊"是骨干。走廊建设需要支撑并服务于两大主要通道建设的大方向。陆、海丝绸之路的最终将形成主干效应，标志"一带一路"建设的大方向；而"六大走廊"最终将形成由点到线、由分段到联通，由全线到项目全面的逐步展开过程。中巴经济走廊建设面临的风险十分突出，但两国高层与民意的高度支持，仍使这一走廊可能最具形态、最早建成。这条走廊将助力巴基斯坦工业化的推进，巴基斯坦具有除卡拉奇港外的瓜达尔港，在海洋安全战略上具有新的地位与作用，也将使巴基斯坦连通中亚到南亚、伊朗、阿富汗到印度、中国到波斯湾的地缘战略枢纽意义更为突出。对中国而言，一个具有近2亿人口、对华友好的巴基斯坦成为与中国相邻的一个经济大国，形成穆斯林国家发展样板的效应，不只对巴基斯坦而言具有里程碑意义，同样有利于巩固中国西北边陲安全与加快中国西部开发进程。从这个意义上而言，中巴经济走廊建设将保持也应该保持推进态势。

中国与东盟经贸合作进入"钻石"期后，中新经济走廊建设更显迫切。中新经济走廊将为中国西南地区打开经缅甸的一个新的出海口；中老铁路与中泰铁路的最终相连与隆新高铁对接，首先要有物流支持。

这一点有现实需求。以老挝为例,老挝作为最不发达国家,迄今没有一条铁路,中老铁路的建成将改写该国运输格局。中老两国正在积极建设中老铁路两端两大经济区——磨憨—磨丁跨境经济区和万象塔鉴湖专业经济区。如果老挝政府外资政策更为优惠,各国对老挝的投资还会增大,这样可以配套发展资源开发、产品加工、旅游、运输及边境贸易等相关行业,中老铁路经济带的效应就会充分展现。海上丝绸之路的通道建设需要有充分的产能合作支撑,否则难以形成带动与支撑。由于中国与东盟产业水平接近,挖掘潜在互补条件,提升多元合作形式,推动价值链攀升,将有助于推升中国与东盟合作的整体水平。

其他通道方面,中蒙俄、中吉乌货运通道形成,走廊经济带将扩展中国与相关方的经济合作,增进相互利益形成。孟中印缅走廊在迟滞中取得有限进展,但中国与南亚国家如中尼印、中布通道建设将提速,并形成实质有效的运输通道与产能合作经济区。

在东北亚,无论陆上、海上各方都存在可以利用的通道,但是由于半岛无核化困扰,加之东北亚国家相互间长期形成的历史纠葛、政治互疑和政权敌对(朝鲜半岛),以及大国博弈等因素的影响,地区合作受到制约。可以说,东北亚地区经济合作,如图们江区域经济合作,尽管规划起步较早,但相对于中国周边其他地区经济合作而言,这一地区经济合作的进展极为缓慢。从经济整体依存度分析,东北亚国家更多是双边性的,缺乏整体推进的内生动力与条件。除了仍然封闭的朝鲜以外,中国、日本、韩国、俄罗斯四国出口市场主要集中于亚洲之外的经济体。中日韩三国经济相互依存度只有 19.4%,远低于北美国家的 40.2%、欧盟国家的 63.8%。[①]

韩国文在寅总统上台后,曾提出加强地区互联互通的"半岛新经济地图构想",这项 H 形经济地图旨在重点推动半岛"三大走廊"建设:一是打通俄朝韩三方"能源资源走廊",以便开发俄罗斯的油气资源和朝鲜的矿产资源,建立起连接釜山—浦项—雪岳山—元山—罗津—

---

① 张永峰:《图们江区域中俄海洋经济合作面临的主要问题》,载于《图门江合作》2017 年第 7 期,第 19 页。

先锋—海参崴的东海岸经济带。二是打通中朝韩"产业物流交通走廊",重启开城工业园区,通过韩国高科技和朝鲜相对廉价的劳动力相结合,充分利用中国市场提供的发展机遇。为此建立起连接木浦—仁川—开城—海州—新义州—大连的西海岸经济带。三是重启金刚山旅游观光区,推动建立中部并延伸至东部朝鲜咸兴的旅游走廊,建设仁川—江陵—咸兴的中部经济带。但是,这一构想因为所需要的政治条件不具备而未真正付诸落实。2018年4月27日朝鲜国务委员会委员长金正恩跨过"三八线"与韩国总统文在寅在板门店韩国一方的"和平之家"举行会晤,朝韩这一历史性首脑会晤并签订包括"全面改善并发展南北关系"等内容的《板门店宣言》,为长期受阻的朝韩关系带来新转机。在摆脱联合国制裁决议基础上,朝韩双方将展开经济合作,半岛基础设施建设以及半岛和该地区的互联互通或可掀开新的一页,这对东北亚地区的区域一体化将产生巨大的推动力量。

2018年6月12日,一度经历反复的美朝首脑会晤终于在新加坡得以实现,美对朝鲜提供安全保证和朝鲜致力于无核化的承诺进一步为东北亚紧绷的安全气氛提供了缓和的机会,也为朝鲜七届三中全会提出的实现国家工作重心转向经济与开放创造了必要的条件。[①] 这种情况也有利于地区合作。如果能够建立充分的政治互信,利用通道建设同时展开产能合作,进而推动地区一体化进程,东北亚地区是未来一个十分有潜力的战略经济板块。比如,在互联互通方面,中俄韩日之间仍可开辟新的空间,中韩、中日之间建立海底通道也是一个可以推测的前景。北极航道一俟进入常态化的商业运营,中俄朝韩日蒙等的经济合作水平还会进一步提升。

在陆海丝绸之路建设过程中,基于物流成本、通行条件与产能合作情况考虑,不同路线的功能会出现分化。因此,存在路线替代或部分替代的可能。海上通道就运量而言仍将占据主导地位,陆路通道因为其快

---

① 金正恩委员长强调,在朝鲜稳定地跃居世界一流政治思想强国、军事强国地位的当前阶段,全党全国集中一切力量进行社会主义经济建设,这就是我们党的战略路线。凤凰网2018年4月24日报道。

捷使其重要性进一步上升,特别在亚欧之间。但是陆海结合的通道更具前途。

在海上通道建设方面,北极航线地位将逐步突出。2017年6月20日,国家发展改革委员会和国家海洋局联合发布《"一带一路"建设海上合作设想》后,中俄海洋经济走廊建设进一步加快[①],将形成对接北极航道的基础性支撑。冰上丝绸之路由于已经具备通航条件,对中国而言,千百年来,走向全球的海上丝绸之路的传统路线出现新的变化,并被进一步细分,无论经南海到印度洋,或是经皎漂到印度洋和经瓜达尔港到波斯湾,中国多元海上通道格局基本形成,经过运距、成本核算的更为市场化的通道开通,使中国战略自主性与选择性增强。但是,没有亚欧陆上、海上丝绸之路的主线形成,其他支撑路线仍不足以满足中国与外部世界互动的客观需求。如北极航线,由于只能靠近陆地航行,受制于地形、浮冰与水宽、水深限制,该航道只能容许承载约4000—6000个集装箱的轮船穿行,有效通航的时间因季节因素也较为短暂、港口等基础设施缺乏、救援能力差,提升航运能力仍需要时间。一般认定,目前北极航线的商业性航行仍不具经济合算性。[②]

在亚欧大陆,任何重大行动所必然衍生的重大地缘战略意义,成为大国关系的"死活题",盘活的前景大于作死的可能。大国对"一带一路"建设的响应至关重要,对接不会持久自动生成,在一个民族主义主导的国家形成的世界,对冲仍可能伴随"一带一路"建设的全过程。但多层次的磋商将持久地进行,在政府换届时尤其如此。这种努力可以保持项目建设的衔接而不至于脱节或变更。

"丝绸之路经济带"与"21世纪海上丝绸之路"建设,大国之间

[①] 总体构想是:利用中俄全面战略协作伙伴关系进一步发展,促进"一带一路"与"欧亚经济联盟"的对接。以中国吉林和黑龙江省东部、俄罗斯滨海边疆区沿海走廊为启动带,辐射辽宁省、内蒙古自治区东部、俄罗斯萨哈林州、哈巴罗夫斯克边疆区、鄂霍茨克海、堪察加半岛和白令海峡区域,这条走廊最终建成约43万平方千米面积、约2300千米长的东北亚地区国际海洋航运物流通道、重要的海洋水产品加工基地和国际商品交易中心。参见《新构想:建设中俄海洋经济走廊对接北极通道》,载于《图们江合作》2017年7月,第13页。

[②] 2017年9月4—7日笔者与挪威外交部北极事务及资源司、挪威F.南森研究所研究人员的座谈记录。

相互关系的状况攸关其进程。鉴于历史、地理和外交影响，在陆上丝路建设方面，俄罗斯是最具攸关性的大国，中俄高铁的最终建成使两国人员往来更为便捷，而北极航道的开通，也使俄罗斯成为海上丝绸之路建设至关重要的利益攸关方（包括日本与韩国以其他北欧国家等）。基于历史与现实，中俄高层可以取得比其他任何两国大国之间所不具有的信任，尽管大国关系中，俄罗斯国内仍不时存在对华疑虑情绪，但在政府层面，俄罗斯与中国的战略协作将深入推进。在面临西方制裁的背景下，"一带一路"将加快俄罗斯向东看，与亚洲的关系相对而言比俄欧关系会更为紧密。中俄在中亚地区的良好合作，有助于最终建立更有效和紧密、可信任的合作机制。为打消俄罗斯对中亚国家立场变化的疑虑，这种机制的建立应尽可能立足于地区而非双边层面。

美国则是海上丝绸之路建设的最大攸关方，既可以成为合作者，也可以成为迟滞者。美国虽然是一个全球性超级大国，但不可能如以往一样竭力操控世界。何况特朗普治下的美国影响力已然衰退，且将难以轻易恢复[1]。中国作为上升力量在经济规模上超越美国是可以预料的基本趋势。中美战略上的结构性矛盾将在可预见的将来存续，双方的竞争主线会更明确地表现出来。美国的战略优势主要在海上，美国维系其主导性的国际地位，在战略上对中国海上崛起将维持有限、相对的制衡，而中国将坚定地向海洋强国目标迈进。中美存在管控海上竞争与冲突的充分理由，这也将攸关海上丝绸之路建设的命运。现实主义战略考量决定，中美可以在有效管控分歧的基础上进行合作。"一带一路"将助推中国崛起，而与美国在第三地开展建设合作，或者融合美国对"一带一路"的持续支持与参与，应成为中国外交未来尽力争取的目标。

其他地区性大国将各怀已见参与"一带一路"建设。英国脱欧后会影响其金融中心的内涵性意义，但作为全球性金融中心，其地位仍将维持并寻求加强与中国的合作。法国和德国会更注意加强团结和整合欧盟力量，与此同时，顺应、支持互联互通攸关其一体化建设。欧亚经济相联也具有历史性需求，处理好加强自身建设与外延性扩张时聚合力分

---

[1] "American Power Endangered", THE ECONOMIST, November 11-17, 2017, p.11.

散的挑战，将整体提升与中国的关系。日本是可以合作的力量，尽管对"一带一路"其心未定，且与中国展开项目上的竞争，但北极航线的开通，使日本作为中国经北极航道的沿线国家的地位更为突出，不论愿意与否，日本与亚洲的关系将逐步超越与欧、美的关系。在中美欧间处于相对中立的位置，更能使日本发挥其作用与影响。印度最可能成为大国中对"一带一路"建设的持久抵触力量，但印度本身的地区性互联互通如果本身不取得进展，且即使有进展，如果不能与"一带一路"有效对接，仍将缺乏互通的效率。印度的若即若离不会一时改变，仍然可能长期成为"一带一路"建设顺利推进的干扰性因素。

三、节奏与展开

可以料想的是，经济较快发展时期，因各方对基础设施建设需求增大，"一带一路"建设推进会更顺利一些，但在经济困难时期，债务负担加重、就业压力、收入差距扩大，社会不稳定性上升，民族主义、民粹主义因素仍将持续发酵等等，风险与挑战的充分预知、预防与应对预案十分重要。"刹车"理论认知的是，制造刹车器不只为了使车子停下来这一功能，而是因为有刹车才可能驾驶得更快，否则遇到紧急情况就会失控。"巅簸论"会强调减震器的作用，以使行驶平稳顺畅。因此，在经济发展时期，项目建设需要有效的制动调节能力；经济困难时期则需要减震器，以求避免过度颠簸，从而可以致远。

共商共建共享是"一带一路"推进的重要理念。强推项目不符合此一理念。"一带一路"取得早期收获后，无论是通道维护、运营，还是基础设施建设和产能合作，各方会产生进一步的需求。如果对方更为主动地列出基础设施建设诉求的项目清单，再经过中方评估，决定是否酌情融资或投资建设，或者与第三方开展合作，使之成为一种更为理性和市场化的运作方式，可以避免出现出力不讨好甚至成为"冤大头"的局面。特别是一些国家的政策项目未必针对中国，但民众出现的示威活动却有明显的反华性质。如2018年6月越南政府为扩大开放、引进外资与管理经验、增加就业等考虑准备设立经济特区，并考虑土地租让期为99年，被民众误认为是专门为中国投资提供的优惠，促使其把矛头对准中国并对当地外资企业进行打砸抢烧示威活动。示威虽然影响越南民众形象，但中国无故中枪令人深思。在项目确定方面，马歇尔计划的具体实施就曾经提供了可以参考的例子（即受援国提供方案，美国决定实施与否），尽管该计划的目的远不只是经济方面的，但这种做法仍然可以从整体上把握和决定建设节奏。以此为鉴，主动在我，有利统筹，可以避免越俎代庖，甚至强推项目，也可以避免项目招标在国内形成恶性竞争的局面。而根据世贸组织相关规定，有些招标项目需要在全球层面展开，以体现其市场公平，这样做也便于实现各方利益共享、风险共同承担，有利于因势利导，推动"一带一路"建设的持久展开。

虽然不能确定一个具体时间节点，但中国成长为一个全球性大国却是一个基本可以确定的大趋势。这一过程中，中国的需求与能力会相应加强，对世界经济和各国经济发展的影响力和辐射面进一步扩大，从而为其他国家与地区发展带来机遇。因此，像"一带一路"这样的中国战略倡议得到全球响应并逐步推进亦是可以想象的事，尽管其过程远非一帆风顺。一方面，作为一个开放性的概念，"一带一路"是面向全球的，只要愿意加入，谁都可以参与其中；另一方面，"一带一路"建设是有主攻方向性的、有重点的，既需要统筹兼顾，也有轻重缓急。作为一项互联互通的全球性工程，"一带一路"建设的逐步展开，形成点、线、面的有效结合，是要求遵循其客观发展的必然逻辑。正如外交部长王毅所言，"依托'一带一路'建设拓展伙伴关系网络，以周边为基础，面向亚欧非大陆，辐射五洲四海，打造更紧密强劲遍布全球的朋友圈。"[①]

在"一带一路"建设过程中，无论融资、项目建设与运营，方式应该多种多样，有其本土的适应性与国情、域情的兼顾性，以有利于中外良性互动。避免盲目复制与简单照搬行事。在不同时期，同样的融资与建设项目，也需要根据形势变化及存在的问题予以微调与寻求新的解决之道。"一带一路"建设的持续将得益于其内涵与外延适度和有序的

---

① 王毅：《"一带一路"建设在新起点上扬帆远航》，载于《求是》2017年第6期，转自《外交》2017年夏季号，第124页。

扩大，也得益于建设方式的因时因事的变化与调整。

第二节 持续推进"一带一路"建设的具体建议

对于持续推进"一带一路"建设，具体的建议仍然是导向性的或方向性的。有时需要全面考虑，有的则在不同的时期需要突出更具针对性的主题。

一、建立一种内需扩大的经济

在中国经济发展历程中，投资与出口推动仍然重要，但难以永久持续。内需的扩大将直接导致进口的扩大，从而为一些国家提供经济发展的动力，也有利于为中国与世界其他国家持续进行产能合作创造外需条件，这一过程是逐步推进的。形成强大的进口能力，就能进一步产生作为世界第一大经济体的辐射力与引导力。因为事实证明，一国只有为他国带来贸易顺差或者贸易相对平衡的时候，才会产生他国对本国经济的"向心力"。[①] 国际上对此的期望也与日俱增。"一带一路"将定义中国作为世界领袖的角色。中国国内市场需求的增长，意味着提供进出口商品与服务的机会增多。合作与协调将使所有卷入方受益。[②] 这是"一带一路"具有持续性的重要条件。

为此，中国需要加快促进经济向高端产业链、价值链和供应链攀升，并作为一项评估指标，对企业予以指导、监测、敦促与激励，真正使中国成为一个创新大国、技术引领大国，化解技术扁平化造成的困顿。与此同时，在产业转型升级过程中，进一步明确政策支持与营商环境培育，加快发展各类创新、支持性的服务业，包括中小微企业，以缓

---

① 华民：《世界经济格局正在发生重大变化》，载于《社会科学报》，2016年2月25日，转自《世界经济导刊》2016年第4期，第4页。
② "'One Beld, One Road'Initiative will define China's role as a world leader"，http：//www.scmp.com/comment/insight-opinion/article1753773/.

解就业压力。

二、做好中国外交话语的传播

中国外交理念具有先进性、时代性和公正性。但是，国际秩序与权势的变更不是朝夕之事。任何理念要得到理解与行为上的认可和接受更需要一个连续性的过程。国际政治对某一个具体国家的行为进行的动机解释未必有利于行为者本身，文化、风俗、宗教、历史的不同，可能受到不同政治势力歪曲性宣传的影响，使普通民众对一种良善的意愿未必心存感激。

中国外交话语如何化作一种能够滋养世界的通俗叙事？这必须与历史悠久的中国文化的传播结合起来，以简单易懂的语言呈现出来，通过各种各样的新闻媒介与表现形式使之生动活泼地展现开来，这样就能把外交理念深入到一种文化的、带有价值观的内涵中来。一些学者的建言同样是珍贵的。如通过讲故事传播文化影响力，既能增强中华文化艺术的感染力，又能够增强现实文化的认同体验，使协同共筑命运共同体的过程故事化为共同的意义追求和趣味点，进而使沿线国家人民的生活包括在协同共建"一带一路"的故事中。[①] 当然，这种话语的传播不应是单方面的。现实主义政治家也认为，"对于政府来说，只引导本国的公共舆论支持其外交政策是不够的。它还必须赢得其他国家的公共舆论对其内外政策的支持。"[②] 因此，开展国际舆论合作同样是一项十分重要的工作。

"一带一路"要有国内的话语基础。总体上，国内从上到下对此是予以充分肯定的，反应也是积极的。但是，不同地区、不同部门、不同人士从不同的角度对"一带一路"的看法亦不尽相同，也有些不真正了解实情、或不怀好意的解读、夸大，对项目推进过程中遇到的问题及

---

① 刘利刚：《讲好"中国故事"：建设"一带一路"的符号叙事学思考》，载于《丝绸之路》2017年2月号，第11页。

② [美]汉斯·摩根索著，徐昕等译：《国家间政治——权力斗争与和平》，北京大学出版社，2012年9月第1版，第220页。

影响程度的评判也会出现偏差,有的估计严重一些,有的则不以为是。需要科学、客观、专业的解释与说明,以形成并巩固国内公众的认知基础。

国际舆论场对中国崛起的反应可谓五味杂陈,这将是一个难以避免的自然过程。对于有益于"一带一路"建设的建议需要充分听取,对于误解的要及时沟通并加以合理的解释,对于恶意中伤的需要精准反击。一般而言,非友好势力的舆论攻势有其自有的策略,他们可能不一定反对项目本身,而是针对项目建设过程中造成的问题如环境影响与腐败问题等误导和挑拨民众情绪,或者针对某些国家某一方面的状况如债务增长、付息负担指标变化等诋毁"一带一路"项目,或者夸大项目的外溢效应,夸大对国家和地区安全的影响等。对此进行的策略性反击应该是有针对性的、精准的和及时的。

三、通道建设与产能合作并进

陆上丝绸之路要以通道建设带动沿线国家的产能合作,使通道成为连接各方的共同纽带,并产生辐射效应,推动沿线经济一体化的水平。

陆上丝绸之路经济带的形成与成长将与通道建设直接相关,通道的形成不是孤立的,它本身有节点城市、进出境口岸、换轨过程、电力供应以及相关服务作为支撑,如果有产能合作和相应的服务性基础设施相配合,就更易于形成辐射效应,形成沿线的经济带,否则通道建设就缺乏承载。

海上丝绸之路则需要以产能合作为支撑通道,陆海结合地带的产能合作更显得重要。海上航线本来就存在,或者在需要时就可以使用。但没有产能合作,"21世纪海上丝绸之路建设"就不会形成通道效应。北极航线虽然具备一定的适航条件,也需要有项目开发相配合。俄罗斯亚马尔天然气项目的成功开发,直接带动了经北极航线抵达东亚如中国东部沿海城市和韩国的商业运行,就是属于典型的例子。北极地区沿线铁路建设的效应也是一样。唯此,海上丝绸之路才不至于是一条孤立的通道,与产能合作形成配合更具有持久的生命力。

四、与第三方共建

在一场面向全球的基础设施建设中,我们的伙伴也应是全球性的。一骑绝尘或孤军奋进往往难行久远。与第三方在目标国家开展项目合作可以优势互补、利益共享、风险共承,也可避免为一个项目进行类似中国与日本围绕其他国家的高铁项目展开激烈甚至恶性竞争的现象。中国与美国、中国与德国、中国与法国等在非洲等发展中国家已有开展环境治理、新能源开发等项目合作的良好纪录,可以继续寻求并充分挖掘合作的潜力。日本政府态度已有转变,与中国在"一带一路"建设方面展开合作的窗口已经打开。如日本政府有意通过为日本私营部门和中国企业在第三方的项目提供融资,这些项目集中在环保、工业现代化和物流方面。① 任何有类似想法的国家都需要我们尽早积极回应。

从产能合作支撑通道的需要出发,中国企业未来需要更多地进行强强联手,包括与发达国家形成产业技术联盟,与高手竞争与合作,才有可能成为世界级的产业引领者。与此同时,仍需要与发展中国家企业依次建立产业传导合作,转移消化既有扁平化的技术及其产业,以确保自己逐步取得技术高地优势。在此基础上,要加强相关方面人文交往、交流,培育员工、工程技术人才之间的配合与处事适应和协调能力。第三方合作应避免自己成为首当其冲的承责对象,对项目建设的失败或出现的问题,舆论宜及时跟进予以全面说明,并达成共建方共同担责的具有一定约束力的协议,以避免一旦项目出现问题,所有责任完全指向中国企业的局面。

五、保障重点工程

重点工程建设具有引导性与鼓舞意义,其建设与建成的意义可能是历史性的或标志性的。重大项目建设可以一方为主,但必须是共建性

---

① "Japan to help finance China's Belt and Road projects", http://www.cnbc.co,/2017/05/japan-to-helt/....

的，以便于风险、责任共担，也便于后续配套项目的跟进。"一带一路"不乏重点或重大项目，从主客观条件、融资与还贷能力、建设与运营支持等方面，需要有充分的可行性研究，与此同时还需要循序渐进，特别是要让一些民生项目先行，以取得当地民意的支持，强推项目的后续性风险须引起高度重视。

"六大走廊"建设始终要贯彻由点到线、由线到面的原则。从贯通通道而言，注意路段性，条件具备的先行，有条件的地方先建，没有条件的地方可以放后。通道建设是一个长期和不断完善的过程，点对点、段对段形成后，加上配套措施与产业园建设的展开，客观上会提升一些国家和民众加快沿线连通的心理期望，一旦条件成熟，后续跟进自然水到渠成。在建设项目重新谋划时，可以提供建设性方案，但有些项目需要尽可能地由对方主动提出申请，再根据情况予以立项。唯此，我们才会处于更为主动的管控地位。

六、投融资跟进与风险对冲

人民币成长为主导性国际货币，是中国作为一个全球性超级大国的金融标配。2015年11月人民币纳入国际货币基金组织货币篮子，2016年取得国际储备货币的地位（在IMF货币篮子中10.92%份额，超过日元和英镑），这是一个重要的开端。

"一带一路"为人民币国际化增添了新的动力。甚至可以说，"一带一路"与人民币国际化相伴而行。作为国际货币基金组织"三极货币"之一，未来人民币国际化进程"不只是由中国政府驱动，也为全球金融市场参与方合作推动"。[①] 在审慎推进人民币国际化的进程中，我们有信心加快人民币成为主要的甚至是主导性的国际货币，以形成高效便利的融资手段。与此同时，可以通过双边、多边合作形式，扩大用人民币贸易结算、货币互换、债务买卖、清偿、流通使用与转移支付功能与范围，扩大人民币的认同度与影响力，逐步确立人民币国际主导货

---

① SWIFT, Alain Raes, "will the belt and road revitalize rmb internationalization", Special Edition, July 2017. http://www.swift.com.

币地位。

"一带一路"投融资可立足中国，但仍然远远不能满足全球巨大的基础设施建设需求。一般而言，"一带一路"沿线国家财政能力有限，金融市场不够成熟，难以满足大规模基础设施建设和经济发展的融资需求。而商业资本基于风险规避、追求效益率、资金期限错配制约等考虑，一般不愿意涉足投资规模大、期限长、收益低的（如基础设施建设等）领域。在这种情况下，政策性和开发性金融的作用不可替代。[①]为避免减让性融资给国家财政和银行体系造成难以承受的负担，以及弥补商业性资本的投资不足，已经积累起经验的开发性融资方式应成为推进"一带一路"项目建设的主要融资手段之一。

从全球范围的巨大需求而言，"一带一路"建设完全靠中国或者靠中国资金是不可能实现其目标的，也是填不满的资金大坑。除了开发性金融外，中国融资平台需要面向世界，为此，中国证券首先需要利用面向世界金融市场的资金池。华尔街与美国经济的同步成长就形成了一种良好的相关关系。即华尔街的出现，一开始就与吸引荷兰的资金而后是欧洲的资金有关，以投资于国内重大项目建设，当华尔街最终出现在世界舞台上时，美国已经是世界强国之一，而华尔街使得美国在世界金融体系中扮演重要角色成为可能。[②]

中国证券面向全球主要在于着眼发展境外融资能力，深化市场导向的利益捆绑，与各国、地区金融市场充分合作，加快建立双多边开发性联合融资机制，加强政府与社会资本合作（PPP）。证券市场面向世界融资有着巨大的潜力，将是"一带一路"开发性融资的持续保障。中国A股自2018年6月纳入MSCI新兴市场指数，完成了中国证券市场走向全球的一个重要跨越。只是达到标准的A股上市公司仅为222家，权重仅占1%，扩大其所具有的广阔空间，需要国内规则与国际规则加快对接，并完善国内相关包括财务、会计、审计、运营核算及法律规

---

① 张恒龙：《上海合作组织金融合作的发展态势与展望》，载于《海外投资与出口信贷》2018年第3期（双月刊），第9页。
② ［美］约翰·S. 戈登著，祁赋译：《伟大的博弈——华尔街金融帝国的崛起（1653—2011）》，《致中国读者》，中信出版社，2011年1月第2版。

则。在投资模式方面，综合考虑资金、技术、管理、人才等各方面的要素优势，广泛开展双边、多边、第三方的合作，扩充"一带一路"共商共建共享的金融对象与范围。

与"一带一路"建设进程中投融资跟进配套的是必须防范和预知金融风险。针对境外各种风险需要周密予以应对。随着人民币国际化和中国金融领域进一步扩大开放，相关项目建设与服务需要的资金不断扩大，对外资的需求也会同步扩大。由于相关项目建设与服务需要的资金会不断扩大，中国内地金融机构的资产负债表中，外币占比将不断增加，由此自然生成外币资产的利率风险与汇价风险。为此，相关对冲手段是必要的。中国有学者建议，内地金融机构除需要越来越多利用境内场外市场上的风险管理工具外，还需要与境外机构合作来进行场外利率及外汇衍生工具产品交易，为国内日益增加的外币资产作对冲。[1]

七、推动建立司法仲裁机制

由于各种各样的原因，项目争端将伴随"一带一路"建设全过程。国际投资争端已经十分常见，涉及方方面面。如涉投资环境争端，自20世纪80年代开始出现，进入21世纪以后，此类争端更为频繁，2012年以后多达60余起，表明投资与环境的矛盾进一步凸显。由于各国环境保护的意识普遍增强，未来国际投资仲裁领域将出现涉环境裁决的爆炸期。[2]

由于国际投资争端解决机构显得供给不足，以"解决投资争端国际中心"（ICSID）为平台的国际投资仲裁日益受到重视，甚至被认为东道国—投资者间投资争端解决的通行途径。一个东道国即使出台一项并非针对特定国家的政策，但也可能影响多个外国的投资项目，外国投资者也可以一起对某一东道国提起仲裁，即"集体诉请"（Collective

---

[1] 巴曙松：《跨境场外衍生品结算——国际监管新规与中国的制度选择》，《第一财经日报》2018年3月15日，A11版。
[2] 赵玉意：《国际投资仲裁机构对涉环境国际争端的管辖：主导与协调》，《国际经贸探索》，2017年第9期，第104页。

Claims)。但 ICSID 仍有缺陷,世贸组织投资仲裁同样如此,存在覆盖面不全、灰色地带等问题。① 一些投资仲裁程序进程冗长,面临滥诉、当事方关系彻底闹僵以及裁决的合理性等问题。正是因为国际投资仲裁本身存在一定的缺陷,很多国家开始重新重视和寻找国际投资争端的替代性解决办法。② 在"一带一路"项目建设过程中,处理项目变更、存废、补偿等争议可以依靠现存国际机制、投资保护协定甚至外交协商等,但绝非是一劳永逸的。为此,需要共建项目争端解决机制,并以我国为主。2018 年 1 月 3 日,中央全面深化改革领导小组审议通过《关于建立"一带一路"争端解决机制和机构的意见》,筹建"一带一路"争端解决机制和机构已被最高决策层提上议程,一旦启动运营,将实现诉讼、调解和仲裁有效衔接。③

这种仲裁机制也可以是双边、三方的,甚至是地区性的国际仲裁机制。一些国家对此也持有积极支持的态度。④ 根据中央深改小组的部

---

① 龚宇:《ICSID 投资仲裁中"集体诉请"的适用限度——基于阿根廷主权债务重组争端的反思》,载于《武大国际法评论》2017 年第 2 期,第 133 页。

② 刘万啸:《投资者与国家间争端的替代性解决方法研究》,载于《法学杂志》,2017 年第 10 期,第 91—94 页。

③ 根据设计方案,最高人民法院将在北京、西安和深圳各设一个国际商事法庭。西安面向陆上丝路,深圳面向海上丝绸之路,而北京的则类似于总部。郭丽琴:《中国将重建"一带一路"争端解决机制机构》,载《第一财经日报》,2018 年 1 月 25 日。此外,全国政协委员香港经民联主席卢伟国在 2018 年 3 月全国政协会议期间发起提案,认为香港具有举世公认的工程、法律等专业性知识,又与海外接轨,认受性较高,专业人员储备丰富,而且是国际仲裁服务的重镇。他建议以香港为基地组建新的仲裁机构,作为处理"一带一路"相关经贸争议的仲裁中心。卢伟国:《建立"一带一路"国际仲裁中心》,载于香港《紫荆》杂志 2018 年 3 月号,第 22 页。

④ 关于成立仲裁机制相关问题的国际协调已有国家与中国进行探讨并取得实质性进展。2016 年 9 月,马来西亚总理对华事务特使丹斯里·黄家定在北京表示,马来西亚和中国可以进行协调,以便促进"一带一路"沿线国家解决争端,两国可以通过吉隆坡区域仲裁中心以及中国国际经济贸易仲裁委员会开展合作。工作重点是对"一带一路"沿线国家的仲裁法律开展协调工作,以及确保在仲裁判决的执行上采取一致性机制,由此对投资项目加强司法保护。2017 年 3 月 29 日,中国与马来西亚在吉隆坡共同签署《中马商事法律合作委员会备忘录》,标志着中国与"一带一路"沿线国家首个商事法律合作委员会成立。参见:《马来西亚为"一带一路"献策,促沿线国家解决争端》,http://www.cankaoxioxi.com/china/20160921/1311610.shtml, http://www.sohu.com/a/130949521_611309

署,中国贸促会正按照共商共建共享原则联合国外的工商组织共同发起成立新的国际争端预防与解决组织。国际层面的仲裁解决机制需要有国内立法的充分保障。一切形式的仲裁机制需要专业、独立、客观、公正,无意识形态等其他偏见,其裁决结果具有充分的影响力,以避免仲裁流于形式,或使仲裁结果难以执行。各种项目争议的仲裁结果,需要中国政府强力支持,并与国际、地区性金融机构展开全方位的合作,能够对违背仲裁的国家或企业实施相应的制裁。2018年6月28日中办、国办印发《关于建立"一带一路"国际商事争端解决机制和机构的意见》,确立了应当遵循的相关原则(共商共建共享原则、公正高效便利原则、尊重当事人意思自治原则和纠纷解决多元化原则),并支持具有条件、在国际上享有良好声誉的国内仲裁机构涉"一带一路"国际商事仲裁,鼓励国内仲裁机构与"一带一路"建设参与国仲裁机构合作建立联合仲裁机制。吸引更多海内外优秀仲裁员,为"一带一路"建设参与国当事人提供优质仲裁法律服务。[1] 此举在一定程度上为解决相关纠纷提供了机制上的保证。

需要指出的是,商事争端的解决可能仅仅限于个案,只是暂时解决某一问题,而不能一劳永逸地成为一种制度。为避免再次发生类似或其他相关纠纷,可以借用商事争端解决机制推动相关制度建设,以有助于"一带一路"建设的持久深入。如双边投资协定。中国企业走出去过程中,对外投资能力日益增强,但是"既有的双边投资协定体系并未完善或更新,严重滞后于现实需求"。一些多边贸易投资制度也难以保障一些国家对中国投资歧视的公正裁决。"地区安全风险、秩序主导权之争、大国竞争和沿线国家制度环境等因素,对投融资造成重要障碍",在发展中国家如此,在发达国家也是一样。双边投资协定可以照顾双方的利益,是双赢的。中国仍然是吸引外国直接投资的主要方之一,其他国家也有保障在中国投资的利益诉求,因此继续与有关国家商签双边投资协定是有益的。有学者也建议,应根据中国在世界投资中的身份变化

---

[1] 中办、国办印发《关于建立"一带一路"国际商事争端解决机制和机构的意见》,《光明日报》2018年6月28日。

和"一带一路"倡议的现实需求，重构中国与沿线国家之间的中外双边投资协定。①

八、维护海外利益

随着走出去战略的实施与深入推进，中国海外利益的持续扩大是一个必然趋势，而安全保障成为中国企业走向世界的首要考虑。世界仍面临着地区性战争、民族、部落、宗教、种族冲突与摩擦，恐怖主义、分裂主义、难民问题、跨国犯罪及国内矛盾、民事纠纷等问题的困扰，传统安全与非传统安全问题相互交织、时现时隐。

解决安全问题需要有关方共同努力。习近平主席指出，安全问题早已超越国界，任何一个国家的安全短板都会导致外部风险大量渗入，形成安全风险积聚地；任何一个国家的安全问题积累到一定程度又会外溢，成为区域性甚至全球性安全问题。各国可谓安危与共，唇齿相依，没有哪个国家能够置身事外而独善其身，也没有哪个国家可以包打天下来实现所谓的绝对安全。②

为解决"一带一路"建设面临的安全问题，中国在积极参与国际安全治理合作的同时，需要不断做强自己。首先，需要尽快建立高效快速的安全保障体系。为此，可以设立超部门的国家顶层领导小组，具备快速、高效协调各部委、地方、企业等方面的反应能力。可在国家安全委员会领导机制中下设海外利益保障部作为负责协调的领导机构。其次，情报力量跟进。做好风险预先评估、监测、预警、反应及善后。再次，适应中国作为负责任大国的需要，为具备海外救援、打击恐怖主义、维和、救灾等各种各样的需要，军、警力量宜加快走出去，并鼓励发展有效的民间安保机构，发展购买、入股、共建、租用与第三方合作的方式，继续争取与各方安全力量开展全面深度的合作，并有国内立法

---

① 柯静：《"一带一路"倡议推进与中外双边投资协定重构》，载于《现代国际关系》2018年第6期，第49页。
② 习近平：《坚持合作创新法治共赢 携手开展全球安全治理——在国际刑警组织第八十六届全体大会开幕式上的主旨演讲》，《光明日报》，2017年9月27日，第02版。

予以行动执行力权限与保障。

需要注意的是,保安力量只是看家护院性的,并不能有效处理规模性的冲突。因此,警察力量走出去与当地警方联合执法是有效可行的方式。为深度塑造安全环境,军队走出去是最根本的保障。军事力量走出去不能也不会直接介入当地纠纷与冲突的解决过程,不能运用武力解决民事经济纠纷,其直接目的在于取得联合国授权后维护地区和平。如参加联合国授权的维和行动,建立难民营,以及人道主义救灾等。与当地政府创造有利于维护持久和平与安全的环境。如加强与当地政府的友好合作、应对共同面临的威胁及解决地区安全问题。非洲国家就表示"愿同中方加强安全合作,提高非洲国家维和能力,使非洲国家获得和平稳定的发展环境。"[1]

当中国成为一个世界级大国时,保护中国的国家利益只能靠自己,而不可能指望其他主导性国家提供安全保障。中国更积极参与国际安全治理与安全环境的塑造,世界各国也期望中国更积极参与全球和平体系的构建,以此助力形成有益于中国维护海外利益的客观环境。1992年中国首次派出一支400人的工程兵部队参加联合国维和行动以来,在柬埔寨、刚果民主共和国、利比里亚、苏丹和黎巴嫩等均参加了联合国维和行动。2015年,习近平主席承诺建设一支8000人规模的维和待命部队,并承诺帮助训练其他国家的2000名维和人员、向非洲提供1亿美元的军事援助以及派出更多的工程、运输、医疗人员参与联合国维和行动。中国坚定支持和积极参与联合国维和行动,是联合国安理会5个常任理事国中派出维和人员最多的国家,迄今为止已向9个联合国维和任务区派出维和警察和防暴队共2609人次。海外行动基地既可服务于联合国开展工作的需要,也有利于维护地区平衡和应当地政府所需应对共同挑战。

2017年7月11日,中国海军进驻在吉布提的海军基地,这只是中国需要建立更多海外基地的第一步。链条性海上支点建设是必要的,但

---

[1] 《习近平同南非总统祖马共同主持中非合作论坛约翰内斯堡峰会全体会》,《光明日报》,2015年12月6日,第1版。

从中长期看，线状结构仍是不够的，中国海外海上战略支点建设还需要形成犄角或多角并立之格局，以更好地在需要时相互支撑。

中国在世界各地参与了近百个港口的建设，这些几乎都是商业性港口。从联通的角度看，商业性港口也需要有相互支撑。在地中海，以比雷埃夫斯港为龙头，发展伊比利亚半岛散货码头与阿尔及利亚港口建设的连接；在印度洋需要使吉布提、瓜达尔、科伦坡港口、汉班托塔港相互拱卫；在孟加拉湾，使吉大港、皎漂港与汉班托塔港形成支撑；在南太平洋，使雅加达外港、达尔文港与马来西亚皇京港相互照应。条件成熟时可以考虑依据军民两用性质协调建设，形成鼎立拱卫之势。与此同时，需要明确中国建立海外基地的形式，如后勤补给、大洋测量勘探补给、军事基地、准军事基地、租用基地等，定义基地的形式、功能与性质，公开透明予以说明，以取得国际社会与当地国的理解与支持。

九、保持对话持久性

古代丝绸之路的开辟与发展，在某些时期，宗教、文化、人民之间的交流发挥了先导性作用，即人文交流在先，贸易交往在后。而丝绸之路的发展又进一步促进了人们的相互往来与文化交流。

在一个世情、域情、国情各异的多元复杂时代，对话与交流更为重要。民心相通成为保障"一带一路"项目建设顺利展开的重要条件。政府间对话在于保证政策及时沟通，部门之间的对话在于更好地确保项目落地与展开，人民之间的交往在于取得当地百姓的理解与支持，保持项目推进、滚动及后续连带项目的布局。在一些国情陌生、文化背景不同的地方从事项目建设，必然会使原住地长期适应的生活形态受到冲击。加之环境保护等考虑，项目建设未必一开始就能得到当地百姓的理解与支持。因此，文化、民心交流工作要先行，要探索发展一种蕴含丝绸之路精神的时尚话语，以当地政府和民生发自内心的期望为依照，各种层次的对话应成为一种定期展开的工作。

十、维护双边、多边机制

"一带一路"建设中的项目推进需要有机制保障，包括顶层支持、融资、建设、运营和安全保障机制等。以效力而言，双边机制更为直接而简单，只要具备战略对接条件与相互需要，双方高层的沟通便会更为顺畅，并易达成保障性机制。中巴经济走廊建设便是如此，中俄关于"一带一路"与欧亚经济联盟的对接也是如此。中国与巴基斯坦朝野对走廊建设具有高度共识，两国高层高度重视，相关部委合作良好，因此，尽管巴基斯坦国内存在军政矛盾、央地矛盾、部落矛盾与地区利益集团各种势力，一些项目也可能发生变故，特别是在经济出现困难或遇到债务问题时更是如此，但高层的及时沟通与协调，仍是整体上推进项目建设的重要支撑。

从普遍性意义而言，多边机制可能更为现实有效，因为确立了能够相互接受的原则，一些规则相对具有普遍适用性。在存在传统地区大国影响的国家推进"一带一路"建设，可能引发传统地区大国的警惕与担忧，担心其传统影响力受到侵蚀，传统大国可能以消极态度对待区域合作，甚至予以干扰。因此，落实好丝路精神的区域性机制更能符合地区各方的利益。这种多边机制还有利于地区各方在形成共识的基础上逐步看齐，相向发展，避免出现差别性歧视。特别是在安全合作方面还可防范可能出现的疏漏，使项目建设的衔接或通道建设的穿越更为便捷，有利于推进地区经济一体化。

第七章
结　论

"一带一路"倡议从无到有、从理念到现实、从起步到取得早期收获，在全球范围正在形成一幅波澜壮阔的多彩画卷。其影响是全面而深刻的，它将构建全球互联互通的未来。

一、世界地缘经济格局将出现嬗变

主要贯穿亚欧非、同时也面向全球的"一带一路"建设正在逐步展开，必然推动人类命运共同体的构建。"一带一路"建设主要是一项宏大的经济工程，但是其所产生的国际地缘经济与政治外溢性影响亦将是深刻的。世界日益走向整体发展，这一大趋势使古代亚洲中心主义或者近代以来欧洲中心主义所表述的世界均不会简单复现。尽管对未来趋势的一般性评估认为，全球影响力"正向亚洲转移"[①]，但是，"一带一

[①] 荷兰格罗宁大学2012年曾发布全球力量变化图，展现了全球经济重心自公元1年以来发生的变化，其主要以GDP比作为衡量重心的指标。该地图显示，从亚洲向欧洲转移用了一个世纪的时间（1820—1913年）；二战后，重心跨过大西洋转移到美国；在20世纪60年代、70年代、80年代和90年代重心仍然留在北半球西部；然后出现令人目眩的加速，在2000—2010年的短短10年间，重心回到亚洲。参见娜塔莉·努盖雷德：《全球影响力正在向亚洲转移，欧洲必须适应这一点》，载《卫报》，2017年9月9日，转自2017年9月18日《参考消息》。

路"建设将使亚欧板块互联互通之势前所未有。"一带一路"将拉近亚欧地区间的合作,使亚欧这种不同水平与层次的地区或次地区合作形成一种史无前例的"双结合",而成为一种更为紧密的地缘经济板块。

亚欧地区包括过去产生过伟大文明的大国:中国、印度、蒙古国、韩国、日本、东盟成员国、中亚和黎凡特国家、俄罗斯、土耳其和欧盟。欧亚经济联盟和中国"一带一路"对接将建设一个具有更大包容性的大欧亚伙伴格局。俄罗斯对远东海港和机场的需求、铺设洲际铁路线、创建新油气管道,一系列双边多边基础设施项目的启动,如连接俄罗斯、中国、日本和韩国的能源"超级环"或萨哈林与北海道之间的运输通道,亦是推动欧亚一体化的一部分,将形成生动多元的运输网络体系。

现代意义的互联互通无与伦比,有助于进一步加快亚欧大陆的互动整合进程,并确立亚欧大陆世界地缘政治和共存发展繁荣的中心地位。诚如美国斯坦福大学教授伊恩·莫里斯判断,21世纪全球势力和财富将由西方转移到东方。但是,欧亚大陆的历史就是一部交流、变化的多极化历史。欧洲中心主义则割裂了历史的连续性,他们自己也反思到:如果采用一种更全球性的整体世界视野,哪怕是一种欧亚全局视野,那么不连续性就会被更大的连续性所取而代之。即如果用更整体主义的视野来看整个世界,历史的连续性会显得更长远,尤其在亚洲。"西方的兴起"与"亚洲的(重新)兴起"乃是这种全球历史的连续性题中应有之义。[①] 世界历史发展的实际表明,几千年来欧亚社会彼此竞争,交换商品,交流科学和思想,彼此借鉴。没有所谓的东方和西方、欧洲和亚洲的说法。阿拉伯的思想影响了文艺复兴,儒家思想影响了启蒙运动,印度发明了"零"这个数字等。[②] 亚欧大陆将呈现越来越紧密联结的前景。

世界多极化、多元化仍将继续发展。世界力量格局仍将发生重要的

[①] [德]贡德·弗兰克著,刘北成译:《白银资本,重视经济全球化的东方》,中央编译出版社,2005年1月版,第454页。

[②] [美]伊恩·莫里斯:《文明的度量:社会发展如何决定国家的命运》,中信出版社,2014年6月版。

转换，新兴国家集群的崛起，使西方一头独大的局面已然发生变化。美国曾经是全球化、自由化的引领者，但如今心生退隐之意，对现实世界的不满增多。美国退出了巴黎气候协定、退出了联合国教科文组织、退出了《跨太平洋伙伴关系协定》等等，其中可能有以退为进，重新构筑双边与多边机制的意图。"美国优先"的政策导向还可能会不时发酵。其大环境在于"美国治下的和平"不再如过去那样如意，美国主控世界的意愿仍会强烈，但其力量与能力远难复现"单极时刻"那种独步世界的局面。当然，美国作为超级大国的力量与影响仍然是最大的，在经济、军事、科技等方面都是如此，而且短时间内也不可能发生根本性变化。如在军事方面，美国仍拥有巨额军事预算，被称为是全球最大的警察力量。美国在172个国家至少部署24万人的现役军事力量，成为其施加影响的重要条件。

世界多极化、多元化发展是一个历史的必然，新兴大国与发展中国家群体性崛起，全球力量格局正在进行新的调整。随着力量变得更为均衡，尤其是亚欧大陆互联互通的进一步加强，亚欧大陆的自主性会更为突出。美国在亚欧大陆的主控地位如果不是越来越弱的话，至少不会越来越强。美国虽不至于彻底退回到孤立主义堡垒，但美国国内市场至上主义、散漫的贸易和移民政策等会进一步加剧社会分化与国家主流价值的缺失，在军事、外交上的干预主义与力不从心的状况，势必造成一种美国既想对亚欧大陆维持把控、又在无奈离散的纠结中不断徘徊的局面。虽然，"后美国时代"美国某些方面的实力仍是卓越的，但美国也有人认为，特朗普政府正在毁灭着美国的影响力，美国不再是世界秩序的维护者，尽管任何其他国家难以被认为是新的世界领袖。[①]

基于互联互通远景的实现，中俄关系、中欧关系尽管存在价值观的不同，但面对特朗普主张的"美国优先"，中欧共同的需要与新合作理念会促成相互发展空间的扩大，双方相互依存关系的重要性会进一步提升；俄欧关系将存在一些摩擦，但相对于俄美关系，俄欧关系会更为接

---

① Mel Gurtov, "Are We in a 'Post-American Era'?" *CHINA-US FOCUS DIGEST*, January 2018, Vol 16, P. 41.

近，不存在任何分道扬镳的理由；中俄欧将更紧密地联系在一起，成为亚欧大陆紧密联通的地缘政治经济板块。

中印关系在2018年4月习近平主席与莫迪总理在武汉东湖峰会之后继续改善，政治互信有所加强；2018年10月安倍首相访华，中日关系进一步转圜，安倍政府也正在向参与而非全力抑制"一带一路"倡议的方向迈进；上合组织青岛峰会后进一步呈现出发展的活力；[1] 中国与东盟合作继续深化；东北亚地缘经济时代已经开启，这些形势有利于亚洲的整体性进一步增强，世界经济甚至政治格局出现重大变迁为时不远，亚欧大陆将成为世界地缘经济、政治的中心。正如一些分析家认为的一样，大亚欧大陆区充满了令人激动的潜力，这里是一个"地缘政治大熔炉"。欧盟的历史已经融入欧亚大陆的历史，欧盟的未来也将融入欧亚大陆的未来。

二、超越历史：中国寻求新的认同

在大亚欧大陆区，中国作为一个崛起大国的角色可能不会比历史上的任何大国逊色。经济崛起使中国在某些方面处于一种引领地位。一个强大而繁荣的中国为世界所瞩目，中国"已经成为被关注的目标，尤其把它视为一个幸存的和复苏的帝国之时"。史学界早就在探讨"当共产党中国变得与当今世界最强大国家一样强大时，它将如何做？"这个问题，至于中国是回归传统还是会有所更新并未有明确结论。[2]

中国有着五千年文明的历史，作为一个大国，有着独特的历史、文化、伦理和社会制度。历史上的中国都是开放包容的，但它并没有像历

---

[1] 上合组织青岛峰会上，习近平主席提出要促进发展战略对接，本着共商共建共享原则，推进"一带一路"建设，加快地区贸易便利化进程，加紧落实国际道路运输便利化协定等合作文件。中国政府支持在青岛建立中国—上合组织地方经贸合作示范区，还将设立"中国—上海合作组织法律服务委员会"，为经贸合作提供法律支持，中方将在上海合作组织银行联合体框架设立300亿元人民等值专项贷款。习近平：《弘扬"上海精神"构建命运共同体——在上海合作组织成员国元首理事会第十八次会议上的讲话》）（2018年6月10日青岛），《光明日报》，2018年6月11日第03版。

[2] 费正清编、杜继东译：《中国的世界秩序——传统中国的对外关系》，中国社会科学出版社，2010年5月版，第57页。

史上的帝国一样无限扩张进而严格控制其他国家,也没有融入任何一个帝国,或成为一个帝国的附庸。改革开放的中国一直踩着融入世界的步伐与国际接轨,既表明其开放与包容,但也保留着自身的传统与特性,并与时代要求紧密结合。正如习近平主席指出:"当代中国的伟大社会变革,不是简单地延续我国历史文化的母版,不是简单套用马克思主义经典作家设想的模版,不是其他国家社会主义实践的再版,也不是国外现代化发展的翻版。"[①]

践行和平发展的中国一俟成为世界第一经济大国,或者进一步成长为现代化强国后,也决不会是重复历史上霸权国家逻辑的大国,更不会复现中国历史盛世时期朝贡体系的陈旧痕迹,而是奉行开放、包容、互惠、共赢理念的和平力量,成为现存国际秩序的一个利害攸关方,是一个负责任的大国。中国既不会推倒现存国际秩序重来,也不会成为任何一个霸权国家的复制品或者跟班。中国会逐步发展自己的独特性与建设性。中国越发展就可能变得更像自己、更像一个东方大国而非更像西方。目前阶段中国与现存大国保持一种并行的发展路线,有交融也有距离,但这可能意味着某种战略竞争,这种竞争决非战略对抗。和平的理念与特质将贯穿中国发展的未来。在中国成为世界最强大的国家之后,中国也会保持着其历史上的非扩张性,努力构筑人类命运共同体,成为一个和平、稳定、有序国际秩序的建设性构建者。

一些评估也认为,中国虽然明显占据主导地位,因为中国的国内生产总值是俄罗斯的10倍、印度的5倍,但由于诸多原因,中国不会建立英国或美国那种的霸权。[②] 国外学者还注意到,中国将继续寻求国家的现代身份,"正致力于为一个全球化的世界而重塑自己"。中国既非历史上的帝国,也不是单一民族国家,于是力图通过工业文明和科学,

---

[①] 习近平:《在纪念马克思诞辰200周年大会上的讲话》,《光明日报》2018年5月5日,第02版。

[②] Jean Pierre, "China rise is assured in our new world order, but not as a hegemon", *South China Morning Post*, October 13, 2017, http://www.scmp.com/comment/insight-opionion/article/2115222.

并融合其优秀传统来更新中国。① 西方政治学界精英如罗伯特·卡普兰断称,"一带一路"倡议等大战略"都是解决历史上帝国陷阱所做出的尝试。中国不是民主国家,但也不是极权主义国家。而这正是其所具有的吸引力,中国的威权主义提供了秩序,政策可以预测"。他进而指出,"'一带一路'令中国能够为中亚和中东提供一个充满希望的愿景,可以缓解这些地区面临的地理隔离、贫穷和不稳定等问题。"②

中国正在倡导并努力构建人类命运共同体,并将其写入党的十九大政治报告:"中国共产党是为中国人民谋幸福的政党,也是为人类进步事业而奋斗的政党。中国共产党始终把为人类做出新的更大的贡献作为自己的使命。"中国人民愿同各国人民一道,推动人类命运共同体建设,共同创造人类的美好未来!"一带一路"建设可以成为人类命运共同体建设的重要实践平台,其在全球层面的进一步展开,将推进实现这一美好愿景的进程。正如担任推进"一带一路"建设工作领导小组组长的韩正副总理所言,五年多来,"一带一路"建设已经取得了显著成效,下一步要"紧紧围绕构建人类命运共同体,推动'一带一路'建设走深走实,行稳致远,更好地造福各国人民"。③

三、确定与变化的未来

地区冲突仍会继续,传统热点亦不会简单平息,非传统安全挑战时起时伏。讹诈、恐吓、威胁与制衡的游戏也会存在,即使大国之间发生某种有限战争的可能性仍不能完全排除,但是通过管控避免大国直接进行大规模战争的前景仍然可以期待。中美之间存在结构性矛盾,中国在经济和军事上的力量难以与美国相匹敌,但也具有足够的力量成为国际体系的一极。挪威国防大学防务研究所教授奥斯滕·图斯强在其新著

---

① 王赓武著、黄涛译:《更新中国——国家与新全球史》,浙江人民出版社,2016年1月第1版,前言x,第14、34页。
② Robert D. Kaplan, "The Trap of Empire and Authoritarianism", THE NATIONAL INTEREST, March 3, 2018, http://www.nationalinterest.org/feature/the-trap…24761
③ 《韩正在推进"一带一路"建设工作领导小组会议上强调紧紧围绕构建人类命运共同体推动"一带一路"建设走深走实行稳致远》,《光明日报》,2018年5月26日。

《世界政治中的两极回归——中国、美国和地缘结构现实主义》一书中认为,今天的国际体系已经不再是多极,而是两极世界,而这种两极世界与冷战时期的美苏对抗不同,欧亚存在自然的地理隔绝,不可能形成冷战时期美苏超级大国那种直接对峙,而且中国的安全关注主要是地区而非全球性的,中美发生直接军事对峙的可能性大大下降,中美可能面临的较高风险是在超级大国都有重要利益的东亚而非全球的竞争和海上冲突。①

今天,西方主流评估认为,"动荡性冲突的风险已经大大下降,核遏制使大国之间发生战争变得不可想象"。② 英国《经济学家》的社论认为,虽然,地缘政治和技术转移正在重构大国冲突的威胁,而且大国冲突的威胁还在上升,但大国之间毁灭性冲突依然是不可想象的。③ 尽管历史上发生的大规模战争一度严重干扰丝绸之路甚至使之停滞,未来也可能发生大国卷入的战争,但全面战争可能性大大下降则是一种可以期待的前景。一个地区性的军事冲突或局部战争也难以改变其他地区对互联互通的追求。

广大发展中国家将受益于互联互通所创造的增长条件,其经济增长将逐步改变其国家面貌与民众生活,各国相互依赖的加强使对世界性相互联通的需求持久不息,为此将使发展中国家成为新型全球化的重要推动力量。而无论发达国家还是发展中国家,都有对基础设施的强烈需求,因此,"一带一路"建设充满内生动力,可以说有着理论的支撑。

各国执政者无论其政治纲领与倾向如何,都必须顺从民意、改善民生、发展经济,而互联互通成为难以回避的关键一环。一些项目建设可能会受到国内执政党与在野党纷争的影响,但在相互依赖的时代,服务

---

① Oystein Tunsjo, "The Return of Bipolarity in World Politics-China, the United States, and Geostructural Realism", Columbia University Press, Published February 2018, Reviewed by Andrew J. Nathan, http://www.foreignaffairs.com/reviews/capsule-review/2018-04-16/return-bipolarity-world-politics-china-united-states-and.

② Walter Scheidel, "*The Great Leveler: Violence and the History of Inequality From the Stone Age to the Twenty-first Century*", Princeton University Press, 2017, By Timour Kuran, "*What Kills Inequality: RedistributionsViolent History*", FOREIGN AFFAIRS, Sep./Oct., 2017, pp. 151-152.

③ "The next war", THE ECONOMIST, January 27, 2018, p. 9.

于发展经济的互联互通建设的重要性会进一步上升。"一带一路"建设服从于这些诉求，是难以回避的政策选择。政府的支持及与其他国家持久不息的沟通十分重要，这其中难免出现波折，但切实贯彻丝路精神，坚持共商共享共建原则，"坚持正确义利观、有原则、讲情谊、讲道义，多向发展中国家提供力所能及的帮助"等等都是我们推进"一带一路"的基本遵循。这些理念更新了人类历史发展的轨迹，即从片面追求财富、追求市场到追求互联互通，从殖民掠夺、单方主导到合作发展、互利共赢的转变。中国作为一个大国引领新时代这种发展的转变，展示了一个崛起大国应有的担当，也将有利于持久推进"一带一路"建设的实践。

"一带一路"建设同样伴随着各种各样的变故与风险，把握好风险评估并做好应对预案，仍是能够顺利推进项目建设的重要一环。中国国力上升，塑造地缘经济、政治与安全环境的能力也将随之上升。维护地区和平、反击恐怖主义、救灾、消除传染病扩散、应对重大危机等非传统安全挑战，国际社会需要中国发挥更大的作用，这将促成也需要中国军、警力量走出去，成为塑造地区和平局面的积极贡献者。"一带一路"建设会始终伴随着风险，但从种种能力发展看，中国会跟踪、审慎评估"一带一路"所面临的风险并及时预警，通过各种途径及时化解风险。从经济、政治与风险防范等主要要素综合判断，"一带一路"建设进程具有重要的支撑，因而其建设进程的持久性不会因偶尔的风险做根本改变。

人类将持久处于一个充满不确定性且变化频繁复杂的世界。这是"一带一路"建设必然面临的客观环境。虽然这种不确定性与变化并非全都意味着不利，但对其中可能蕴含的风险与挑战因素需要有充足的心理准备。中国是"一带一路"倡议的提出国，我们需要对所面临的困难心中有数，对建设过程的曲折性心中有数，对投资与回报的复杂性心中有数，对国际舆论风云的多变性心中有数。特别是在战略层面，在由主权国家构成的国际体系中，国际政治充满着竞争与矛盾，甚至包括对抗与对冲，各国国内政治也将继续充满争斗。在任何时段，我们都不可忽视国际政治存在的对抗性与竞争性。

"一带一路"建设越是取得进展，其政治、经济等方面的外溢效应就越明显，这就是中国国际影响力扩大的自然生成。中国模式、中国道路、中国理念和中国规则的辐射力会更深更远，中国在国际体系中的重要位置更为靠前，及至居于中心位置。而霸权国家或地区性大国并非都愿看到此一前景。特别是美西方国家，担心其民主自由秩序受到冲击，担心中国成为未来国际秩序的主导者。西方主流评论认为，"一带一路"目前尚未对以规则为基础的自由秩序构成挑战，但正在考验这种秩序。或早或晚，"一带一路"建设都需要非中国的资金，西方政府也需要在"一带一路"中合作以使其变得更为良性。[①]

现实主义政治不只会基于一国的意愿，更会基于一国的能力来评判其可能形成威胁的程度。美国，也包括其他国家如欧洲国家和日本、澳大利亚等，对于中国实力与影响力扩大的抑制行为和力度也会更突出，制衡与对冲措施会更激烈。从物理意义上而言，"一带一路"联通的前景可期。从纯粹的经济意义上而言，一些国家对"一带一路"的对冲措施也可能使全球基础设施建设的竞争在更大范围、更高水平、更多方式上激烈地展开。但在心理层面，在文化、价值观、国家制度等层面，相互认知与接受，或者说至少达到相互尊重的程度远非易事，相互的沟通需要持久展开，而且不同时期可能都会面临难以想象的艰巨性。这就需要我们坚定战略与行动的韧性，强化努力构建人类命运共同体的共识，做实惠及中国与全球的工作，为塑造一种公平、公正、开放、包容、互利的国际新秩序做出自己的贡献。

四、基本结论

就经济内生动力、国际政治适应与磨合及风险三个方面的研究与比较而言，互联互通具有持久的内生动力，这是"一带一路"具有持续性的根本保障；而国际政治适应与磨合性则是一个最不可确定也难以把握的挑战；出现重大融资风险与项目长期性债务风险的可能是存在的，

---

① "China's Belt and Road Initiative：Gateway to the Globe", The Economist, July 28th-August 3rd 2018. p. 16

需要及早防范并对出现的风险予以化解。总体而言，可以得出一个粗略的战略性结论："一带一路"建设具有持续性，但像从事任何一项伟大的事业一样，其过程并非一帆风顺，有时会遭遇挫折甚至变故。化解第三方消极性的对冲措施、避免出现系统性风险影响整体推进态势，才可以显现其持久展开的潜力。

"一带一路"建设是一个具有内生性动力的系统工程，建设周期相对较长，投资数额相对较大，涉及地域十分广泛，各国国情与各地域情非常复杂，期间风险挑战相伴相随。在一个不确定的世界，仍然不能排除发生包括战争冲突在内的安全性挑战以及发生经济、金融系统性风险的可能性，它可能在某些时段阻滞"一带一路"整体推进的进程。但如前所述，世界发生大规模战争的前景难以想象，谁也承受不起如此巨大代价。从实际发展看，在具体项目上存在取得早期收获及进一步推进的可期前景，个别进程的阻滞仍不能代替整体推进的态势，整体性推进可能遭遇的曲折也难以根本扭转人类对互联互通的追求。到本世纪中期，"一带一路"建设大体可以完成预定的目标，而全球互联互通是一个不断延伸与完善升级、基础设施建设与项目合作不断深化并通过辐射效应形成的耦合滚动推进过程。它可以有某些时间节点，但基于共商共建共享原则，不应该完全由中国所决定，需要各方共同努力。整体而言，项目建设的时间节点（包括早期、中期目标）只是预设的期待，而建设与完善的过程却不会终结，这意味着"一带一路"建设具有迁延不息的持久性。

第一，"一带一路"建设有其内生的动力，互联互通为人类所向往，中国规模经济产生的吸附与辐射效应、价值链攀升过程中牵动各国合作的带动与传导作用、对基础设施建设经年不息的需求，以及产能合作为后进国家提供了新的增长机遇。所有这些因素，将驱动有关项目建设生生不息，不断产生联动与传导效应，使建设进程得以持久深入。

第二，国际政治的适应与磨合是一个复杂的过程。总体而言，"一带一路"具有浓厚的中国元素，其影响是不容置疑的。尽管它不是一种秩序颠覆或再造，但对中国影响力的扩大，对"一带一路"推进过程中形成的地缘政治、经济的影响或变迁，西方主要大国会感受到较大的心理冲击甚至战略担心，特别是某些主导性大国并不乐见，与此相关的竞争博弈会相伴相随。因此，仍应争取一些大国对共商共建的切实理解与支持，尽可能做大合作空间，缩小甚至化解一些如影相随的担忧。在国际关系领域，由主权国家之间、主权国家内部的政治制衡导致的政局变化带来的对项目建设与推进的不利影响会始终存在，这方面可能构成"一带一路"建设面临的最大挑战。"一带一路"某些具体项目可能因对象国各种各样的政治干扰而出现迟滞；"一带一路"倡议提出五年多以来，实践证明，越来越多的国家，包括一些国际组织，对"一带一路"给予理解与支持。总体上来看，项目建设可以全面展开，并且得到有序推进。而且抛开经济层面的属性考虑，"一带一路"的某些项目，具有向国际社会提供某些公共产品的属性，也有一些属于援助性项目，终将得到有关国家、地区与国际组织政治上的持久支持。

第三，在一个不确定的世界，肯定存在项目建设的风险与损失，特别是企业可能承受的债务负担。西方国家批评"一带一路"为一些国家造成债务陷阱，但任何相关债务也将是参与方包括中国企业可能需要承受的问题，或者亦会是使中国企业蒙受传导性影响的债务。一旦资金链断裂，其牵涉面远非仅局限于项目所在国。因此，要充分避免贪大求快的倾向，项目建设与融资规模需要与具体国家的还贷款能力相适应。"一带一路"个别项目可能遭遇挫折，也会造成损失，需要尽可能划定止损线。大多数项目应尽可能实现"保本微利"的积极结果。对项目的风险评估需要成为一项同步进行的工作，滚动推进，基于市场导向、商业化运作，项目建设需要有信用担保效力。此外，中国国力与影响力的上升，使我们塑造外部环境的能力同步得到提升，冲突解决的能力也会相应提升，应对项目风险的能力相应加强。这将成为"一带一路"建设具有持续性的有利条件，一些项目的成功建设实践也可以证明这种建设的持续性。

80多年前，斯文·赫定曾经期待：中国政府如能使丝绸之路重新复苏，并使用现代化交通手段，必将对人类有所贡献，同时也为自己树立起一座丰碑。他不无感叹地指出，昔日的壮景一幅幅沉入西方的地平线，而新的灿烂景象每天随着初升的朝阳，一幕幕展现在东方的天际。① 这种期待已然成为现实。但这种灿烂景象也已然超越他曾经所认定和设想的地理范围。这不是一种得失分明、此消彼长的局面，而是一种全球互联互通基础上形成的互利共赢的态势。

中国已然进入了新时代。习近平新时代中国特色社会主义思想将引领中国迈向中华民族伟大复兴的未来。伟大的时代必将产生伟大的记忆。古代丝绸之路铸就了中国与外域交往辉煌的历史性记忆，形成了历史凝炼与积淀的丰富内涵。诚如习近平主席指出，"一带一路"倡议唤醒了沿线国家的历史记忆，古代丝绸之路是一条贸易之路，更是一条友谊之路。在中华民族同其他民族的友好交往中，逐步形成了以和平合作、开放包容、互学互鉴、互利共赢为特征的丝绸之路精神。② 这是人类交往的理想境界。"一带一路"将成为古代丝绸之路源远流长的时代体现。"一带一路"建设符合世界整体发展的根本诉求，因而，其建设具有生生不息的持续性，并将在人类历史长河的未来延伸，在新时空背景下再现全球互联互通的时代辉煌。

---

① ［瑞典］斯文·赫定著，江红、李佩娟译：《丝绸之路》，新疆人民出版社，2013年10月第1版。第210—211页。
② 《习近平在中共中央政治局第三十一次集体学习时强调借鉴历史经验创新合作理念让"一带一路"建设推动各国共同发展》，《新华每日电讯》，2016年5月1日，第1版。

余 论
五年历程波澜壮阔

习近平主席提出"一带一路"倡议已近五年,这是新中国成立以来中国最高领导人提出并在全球层面展开的最具抱负的国际经济合作倡议,是中国在新的历史条件下实现全方位对外开放的重大举措、推行互利共赢的重要平台,是中国迄今为国际社会提供的最大公共产品,也是目前世界上最受欢迎的国际合作倡议。

"一带一路"借用了古代丝绸之路这个概念,丝绸之路源自中国,"一带一路"更属于世界,这一宏大战略倡议面向全球、陆海兼具、目的明确、路径清晰、参与方众、影响热烈。虽然,五年只是历史的瞬间,但这五年却开启了人类历史上大范围、多形式互联互通的全新征程。由起步到如今,五年来,"一带一路"倡议的发展进程,波澜壮阔,气象万千。

首先,顶层设计不断完善,内涵外延充分拓展。"一带一路"遵循共商、共建、共享原则,中国作为提出者引领了该倡议的宏大设计。在启动、推进"一带一路"建设的同时,2015年3月,中国国家发改委、外交部、商务部联合发布《推动共建丝绸之路经济带和21世纪海上丝绸之路的愿景与行动》,勾勒了这一宏大倡议的蓝图,确立了共建原则、框架思路、合作重点和合作机制等内容。2017年6月,国家发改委、国家海洋局联合发布《"一带一路"建设海上合作设想》,提出除海上既有通道建设外,要"积极推动共建经北冰洋连接欧洲的蓝色经济通道"。"一带一路"地理范围已突破亚非欧,面向全球;合作领域不断扩大,互联互通、产能合作、基础设施建设全面展开;陆、海、天、网丝绸之路建设方案逐步形成,绿色丝绸之路、健康丝绸之路、数字丝绸之路、冰上丝绸之路等日益受到重视;"一带一路"是一个朋友圈,向所有伙伴开放,是各方共同打造的全球公共产品,其开放与包容性得到充分体现。

其次,机制到位,保障有力。推进"一带一路"建设工作领导小组为"一带一路"统筹推进提供了有力支撑。中国国内各地方政府也及时成立相应机构,出台相应的地方方案。国内高校、智库成立的"一带一路"研究院所和中心数以百计,学科建设提上日程,数据库建设、风险评估、跨学科研究等成果甚众,为推动相关建设提供越来越多的智力支撑。

在全球范围,双边合作进一步加强,多层次、多渠道沟通全面展开,双边与地区联合工作机制全面建立,签署合作备忘录或合作规划的国家越来越多。根据国家发改委2018年5月的数据,中国已与88个国家和国际组织签署了103份共建"一带一路"倡议合作文件。2017年5月的国际合作高峰论坛一共形成279项成果清单,目前已有255项转为常态化工作,其余24项也正在有序推进。亚投行完成扩容和体制建设初始阶段的重心目标,至2018年5月,亚投行成员数由成立之初的57个增加到86个,并开始市场化运营,参与投资的基础设施建设项目数已达26个,涉及十多个国家,贷款总额超过45亿美元,覆盖交通、能源和可持续发展城市项目。至2018年5月,丝路基金已签约19个项目,承诺投资70亿美元,支持项目涉及总金额800亿美元,其投资包括巴基斯坦卡洛特水电站、俄罗斯亚马尔液化天然气项目等。首届"一带一路"国际合作高峰论坛宣布提供的额外融资,进一步支撑了"一带一路"建设的融资能力。

再次,"五通"目标扎实推进,部分愿景已成阶段性现实成果。

政策沟通:在国际上,"一带一路"倡议已然走出初期的陌生与模糊阶段，日益得到各国越来越清晰的认同。在重大国际、地区和多边场合，习近平主席致力于"一带一路"倡议释疑解惑排难，推动"一带一路"建设成为人类命运共同体构建的重要抓手，并得到越来越多国家的积极响应和参与。目前，"一带一路"建设已与哈萨克斯坦"光明之路"、巴基斯坦"愿景2025"、老挝"变陆锁国为陆联国"、越南"两廊一圈"、印尼"全球海洋支点"等国家的发展战略对接。"一带一路"政策沟通为相关国际项目的推动提供了先导性支持。

设施联通：成都、重庆、郑州、武汉、苏州、义乌、哈尔滨、长沙、昆明、石河子、合肥、长春、厦门等多个城市开通中欧班列线路，包括渝新欧、汉新欧、蓉欧快线、郑新欧、苏满欧、湘欧快线等，途经蒙古国、哈萨克斯坦、俄罗斯、白俄罗斯、波兰、法国、西班牙和英国等，最长线路的里程超过1.3万千米，迄今累计开行突破8000列，通达欧洲14国和42个城市，进入常态化运营。

贸易畅通："一带一路"为相关国家扩大贸易提供了全新机遇，在近年来全球贸易萎缩大背景下，中国与"一带一路"相关国家的运输便利化形成的畅通局面使双边贸易迅猛增长。商务部统计，2014—2016年，我国与"一带一路"相关国家贸易总额约20万亿元人民币，增速高于全球平均水平，2017年达7.4万亿元人民币，同比增长17.8%；2014—2016年中国企业对相关国家直接投资超过500亿美元，相关国家新签对外承包工程合同额达3049亿美元。2018年上半年相关贸易额为6050.2亿美元，同比增长18.8%，对相关国家非金融类直接投资74亿美元，增长12%。

资金融通："一带一路"巨大的资金需求使资金融通更为迫切，德国证交所等"一带一路"债券发行，中国与英国为欣克利角核电站提供主权信用担保，人民币纳入国际货币基金组织储备货币，近三十个国家货币实现与人民币货币互换——人民币国际化进程为"一带一路"资金融通创造了先期条件。

民心相通：五年来，中外文化交流明显加速。中国与"一带一路"建设参与国之间广泛开展人文交流与合作，与相关国家互办文化年、旅游年、艺术节、电影节、电视周、图书展等，促进文化交流，增进相互了解。推进了科技、教育、文化、卫生、旅游、政党、智库、青年、社会组织等各领域合作,为"一带一路"建设奠定了良好的民意基础。

与此同时,大型重点建设项目滚动推进,取得阶段性成果。中蒙俄走廊得到三方政府高度支持,进入深化产能合作阶段。2016年11月,巴基斯坦瓜达尔港正式通航,可承载5万吨级的货轮驻泊,成为港口建设早期收获重要标志。中欧班列开启了亚欧大陆桥新的互通格局,亚吉铁路、蒙内铁路开通,中国—中南半岛(中新经济走廊)的西线——中缅通道建设加快,其建成将直接为中国西南地区提供出海口。中国从中东和非洲经由印度洋海运来的进口原油(年输送量达2200万吨,约占中国每年石油进口量的5%)和液化天然气,到达缅甸若开邦首府实兑的皎漂港输送上岸接驳油气管线,可绕开马六甲海峡,直接进入中国西南。迄今尚无一条铁路的老挝,因为中老铁路2017年底开工将改变这个国家交通运输的历史。中泰铁路(曼谷至呵叻段)在建,如果形成辐射效应,后续的呵叻至廊开段势将开工,将形成中新走廊中段的贯通。由于成昆公路已贯通运营,已经在运营的昆曼公路进一步延伸,中新走廊将实现公路铁路双线运输局面。海上丝绸之路建设成绩同样突出,比雷埃夫斯港口一期工程完工,吉布提新港一期已完成12个泊位建设,科伦坡港口城建设虽经挫折但已复工,皎漂港、汉班托塔港、达尔文港等全球20个在建工程以及正在谋划的桑给巴尔等港口建设将为21世纪海上丝绸之路建设提供全新的联通条件。

"一带一路"倡议的提出是新时期中国周边及全球外交的重大举措,标志着中国启动以互联互通为导向、首重周边、延及亚非欧大洋洲等地区、范围广阔的全球经济布局。五年来,"一带一路"建设亮点纷呈、成果斐然,正在得到越来越多国家的支持和积极参与。

当今世界,经济增长仍然不尽如人意,保护主义、孤立主义与民粹主义不时躁动,恐怖主义、极端宗教主义及分裂主义寻机作祟,地区冲突、地缘竞争与博弈并未消停。"一带一路"建设涉及地域广,建设周期长,复合项目多,投资规模大,加之各国国情、域情殊异,风险与挑战相伴相随,但五年来的建设发展历程,已让越来越多的国家对"一带一路"建设的全球意义有了更深刻的认识:全球化进程可能遭遇逆

"一带一路"建设的持续性

风,但总体进程不会逆转,在一个相互依存的世界,需要加强合作,因为挑战此起彼伏,仅凭单个国家的力量难以独善其身,也无法解决世界面临的难题——越来越多的获得感让相关国家在"一带一路"红利中感受到,"一带一路"建设有助于破解经济全球化的困境,推动世界经济更加均衡、包容和可持续发展,成为推动人类命运共同体建设的重要抓手。

习近平主席在"一带一路"建设工作五周年座谈会上指出:"我们要百尺竿头,更进一步,在保持健康良性发展势头的基础上,推动共建'一带一路'向高质量发展转变。"① 展望未来,人们相信,"一带一路"国际合作必将在一个又一个五年中,一步一个脚印地为世界打造更加美好的未来。

(注:"余论"的主要内容发表于《光明日报》2018 年 6 月 24 日,原标题为《"一带一路"五年历程波澜壮阔》,姑且作为一种阶段性说明。)

---

① 《习近平在"一带一路"建设工作五周年座谈会上强调坚持对话协商共建共享合作共赢交流互鉴推动共建"一带一路"走深走实造福人民》,《光明日报》,2018 年 8 月 28 日。

参考文献

一、中文文献

（一）典籍

《史记》《汉书》《后汉书》《魏书》（卷一零二）《北史》（卷九十七）《隋书》（卷八十三）《旧唐书》（卷一九八）《新唐书》（《卷二二一》）《西域列传》《四库全书》（总目提要卷四十五）《通鑑事纪本末》（卷三，全十二册）《大唐西域记》等等。

（二）现代图书

1. 《环球人物》杂志编，吕文利撰：《丝路记忆："一带一路"历史人物》，北京：人民出版社 2016 年版。

2. 《世界地图集》，北京：星球地图出版社，2006 年版。

3. 《中共中央关于制定国民经济和社会发展第十三个五年规划的建议》，北京：人民出版社，2015 年版。

4. 《中华文明史话》编委会：《丝绸史话》，北京：中国大百科全书出版社，2012 年版。

5. 白桂梅、朱利江编著：《国际法》，北京：中国人民大学出版社，2004 年版。

6. 方国瑜著：《中国西南历史地理考释》（上），北京：中华书局，1987 年版。

7. 丰若非：《清代榷关与北路贸易，以杀虎口、张家口和归化域为中心》，北京：中国社会科学出版社，2014 年版。

8. 冯并著：《"一带一路"全球发展的中国逻辑》，北京：中国民主法制出版社，2015年版。

9. 傅恒等监修：《历代通鉴辑览》（第一册），台北：商务印书馆，1968年版。

10. 傅梦孜著：《世界直接投资——发展、理论与现实》北京：时事出版社，1999年版。

11. 高子川著：《中国海洋安全问题研究》，北京：军事科学出版社，2015年版。

12. 许利平主编：《民族主义，我们周围的认同与分歧》，北京：社会科学文献出版社，2017年版。

13. 刘伟主编：《改变世界经济地理的"一带一路"》，上海交通大学出版社，2015年版。

14. 耿昇：《法国汉学家对丝绸之路的研究》，北京：学苑出版社，2015年版。

15. 工业软实力编写组：《工业软实力》，北京：中国工信出版集团电子工业出版社，2017年版。

16. 何芳川著：《中外文化交流史》（上册），北京：国际文化出版公司，2008年版。

17. 何俊志著：《选举政治学》，上海：复旦大学出版社，2009年版。

18. 胡波著：《后马汉时代的中国海权》，北京：海洋出版社，2018年版。

19. 季国兴著：《中国的海洋安全和海域政策》，上海：上海人民出版社，2009年版。

20. 李树洋著：《丝绸之路上的佛光塔影》，兰州：甘肃人民出版社，2014年版。

21. 李奕仁主编：《神州丝路行：中国蚕桑丝绸历史文化研究札记》，上海：上海科学技术出版社，2013年版。

22. 林梅村著：《丝绸之路考古十五讲》，北京：北京大学出版社，2006年版。

23. 刘行光编著：《丝绸》，重庆：西南师范大学出版社，2014年版。

24. 苗延波著：《华夏商路》，北京：知识产权出版社，2014年版。

25. 秦红增主编：《多元视角下的中国—东盟研究》，北京：民族出版社，2012年版。

26. 沈福伟著：《中西文化交流史》，上海：上海人民出版社，2006年版。

27. 沈开涛主编：《风险识别》，北京：北京大学出版社，2015年版。

28. 石大安主编：《风险保险学》，成都：西南财经大学出版社，2015年版。

29. 孙玉琴著：《中国对外贸易史》，北京：清华大学出版社，2013年版。

30. 谭元亨著：《海国商道——来自十三商行后裔的报告》，北京：人民出版社，2014年版。

31. 王炳华著：《丝绸之路考古研究》，乌鲁木齐：新疆人民出版社，2009年版。

32. 王德华：《新丝路、新梦想与能源大通道研究》，上海：上海交通大学出版社，2015年版。

33. 王军、王云芳等著：《当代世界民族冲突管理研究》，北京：民族出版社，2017年版。

34. 王浦劬等著：《政治学基础》（第三版），北京：北京大学出版社，2014年版。

35. 王子今著：《秦汉交通史稿》，北京：中国人民大学出版社，2013年版。

36. 吴承明著：《经济史：历史观与方法论》，上海：上海财经大学出版社，2006年版。

37. 吴杰章等：《中国近代海军史》，北京：解放军出版社，1989年版。

38. 吴士存主编：《南海问题面面观》，北京：时事出版社，2011

年版。

39. 熊灵、谭秀杰主编：《"一带一路"建设：中国与周边地区的经贸合作研究》，北京：社会科学文献出版社，2017年版。

40. 熊清华著：《百年滇商》，昆明：云南人民出版社，2013年版。

41. 徐迅著：《民族主义》，北京：东方出版社，2015年版。

42. 徐铮、袁宜萍著：《杭州丝绸史》，北京：中国社会科学出版社，2011年版。

43. 玄奘著，董志超译注版：《大唐西域记》，北京：中华书局，2012年版。

44. 郇恒著：《国史源》，济南：齐鲁书社，2015年版。

45. 张国刚著：《丝绸之路和与中西文化交流》，载王炳华著：《丝绸之路考古研究》，乌鲁木齐：新疆人民出版社，2009年版。

46. 张小锋著：《秦皇汉武》，上海：上海古籍出版社，2010年版。

47. 赵江林主编：《21世纪海上丝绸之路：目标构想．实施基础与对策研究》，北京：社科文献出版社，2015年版。

48. 赵江林著：《中美丝绸之路战略比较研究——兼议美国新丝绸之路战略对中国的特殊意义》，北京：社科文献出版社，2015年版。

49. 郑必坚主编：《当代世界经济》，北京：中共中央党校出版社，2003年版。

50. 郑立波主编：《人文青岛》，青岛：青岛出版社，2014年版。

51. 中共宁洱哈尼族、彝族自治县委、自治县人民政府编：《茶源道始——宁洱》，昆明：云南人民出版社，2015年版。

52. 中国出口信用保险公司编著：《国家风险分析报告："一带一路"沿线国家（2015）》，北京：时事出版社，2015年版。

53. 周伟洲等著：《西北民族论丛》，北京：中国社会科学出版社，2013年版。

（三）中文译著

1. "瓦尔代"国际辩论俱乐部与民族领袖哈萨克斯坦首任总统基金会：《创建欧亚大陆：丝绸之路经济带》（国际会议大纲），笔者参与2015年4月17日阿斯塔纳国际会议报告。

2. ［埃塞］阿尔卡·奥克贝著，潘良、蔡英译：《非洲制造》，北京：社会科学文献出版社，2016 年版。

3. ［德］阿尔弗雷德·赫特纳著，王兰生译：《地理学》，北京：商务印书馆，2009 年版。

4. ［德］阿尔弗雷德·韦伯著，李刚剑、陈志人、张英保译：《工业区位论》，北京：商务印书馆，2010 年版。

5. ［德］贡德·弗兰克著，刘北成译：《白银资本，重视经济全球化的东方》，北京：中央编译出版社，2005 年版。

6. ［法］阿里·玛扎海里著，耿升译：《丝绸之路——中国—波斯文化交流史》，北京：中国藏学出版社，2014 年版。

7. ［法］多米尼克·德维尔潘著，宁暄、姚纪恩等译：《战争与和平》，北京：中信出版集团，2018 年版。

8. ［法］古斯塔夫·勒庞著，段力译：《乌合之众——集体心态的奥秘》，北京：时事出版社，2014 年版。

9. ［法］鲁保罗著，耿昇译：《西域的历史与文明》，北京：人民出版社，2012 年版。

10. ［美］埃德加·胡弗著，王翼龙译：《区域经济学导论》，北京：商务印书馆，1990 年版。

11. ［美］迈克尔·波特著，陈丽芳译：《竞争优势》，北京：中信出版社，2014 年版。

12. ［美］阿尔弗雷德·塞耶·马汉著，一兵译：《海权论》，原书名为《海权对历史的影响，1660—1783 年》，北京：同心出版社，2012 年 7 月版。

13. ［美］本·伯南克著，蒋宗强译：《行动的勇气——金融风暴及其余波回忆录》，北京：中信出版社，2016 年版。

14. ［美］查尔斯·默里著，胡利平译：《文明的解析——人类的艺术与科技成就（公元前 800—1950 年）》，上海：上海人民出版社，2008 年版。

15. ［美］费正清编，杜继东译：《中国的世界秩序——传统中国的对外关系》，北京：中国社会科学出版社，2010 年版。

16. ［美］弗朗西斯·X. 迪博尔德等著，唐英凯译：《金融风险中的已知、未知与不可知》，大连：东北财经大学出版社，2014年版。

17. ［美］富兰克·H. 奈特（Frank H Knight）著，王宇等译：《风险、不确定性和利润》，北京：中国人民大学版社，2005年版。

18. ［美］汉斯·摩根索著，肯尼思·汤普森修订，徐昕、郝望等译：《国家间政治——权力斗争与和平》，北京：北京大学出版社，2012年版。

19. ［美］拉铁摩尔（Owen Lattimore）著，唐晓峰译：《中国的亚洲内陆边疆》，南京：江苏人民出版社，2005年版。

20. ［美］莱尔·戈尔茨坦、卡恩斯·洛德主编，董绍峰、姜代超译：《中国走向海洋》，北京：海洋出版社，2015年版。

21. ［美］利昂·D. 爱泼斯坦著，何文辉译：《西方民主国家的政党》，北京：商务印书馆，2014年版。

22. ［美］帕拉格·康纳：《全球互联——描绘世界文明远景》，纽约：美国兰登书屋出版社，2016年版。

23. ［美］乔治·E. 瑞达、迈克尔·J. 麦克纳马拉著，刘春江译：《风险管理与保险原理》，北京：中国人民大学出版社，2015年版。

24. ［美］斯诺夫里阿诺斯著，吴象婴、梁赤民、董书慧等译：《全球通史—从史前到21世纪》（下），北京：北京大学出版社，2016年版。

25. ［美］斯皮克曼著，林爽译：《边缘地带论》，北京：石油工业出版社，2014年版。

26. ［美］威廉·阿朗索著，梁进社、杜平等译：《区位和土地利用——地租的一般理论》，北京：商务印书馆，2010年版。

27. ［美］熊彼特著，李阳译：《经济分析史》第1卷，北京：商务印书馆，1991年版。

28. ［美］伊曼纽尔·沃勒斯坦著，冯炳昆译：《所知世界的终结——二十一世纪的社会科学》，北京：社会科学文献出版社，2010年版。

29. ［美］约翰·S. 戈登著，祁赋译：《伟大的博弈——华尔街金融帝国的崛起（1653—2011》，北京：中信出版社，2011年版。

30. ［美］约瑟夫·拉彼德、［德］弗里德里希·克拉赫维尔著，金烨译：《文化与认同：国际关系回归理论》，杭州：浙江人民出版社，2003年版。

31. ［日］长泽和俊著，钟美珠译：《丝绸之路史研究》，天津：天津古籍出版社，1990年版。

32. ［瑞典］斯文·赫定著，江红、李佩娟译：《丝绸之路》，乌鲁木齐：新疆人民出版社，2013年版。

33. ［英］阿瑟·刘易斯著，周师铭译：《经济增长理论》（1955年版），北京：商务印书馆，2009年版。

34. ［英］埃里克·琼斯著，陈小白译：《欧洲奇迹——欧亚史中的环境、经济和地缘政治》，北京：华夏出版社，2015年版。

35. ［英］哈·麦金德著：《历史的地理枢纽》，北京：商务印书馆，2009年版。

36. ［英］斯坦因著，向达译：《西域考古记》，北京：商务印书馆，2013年版。

37. ［英］汤因比著，曹未风等译：《历史研究》上册，上海：上海人民出版社，1964年版。

38. ［英］亚当·斯密著，朱丹译：《国富论》，北京：时事出版社，2014年版。

39. ［英］约翰·穆勒著，赵荣潜等译：《政治经济学原理及其在社会哲学上的若干应用》（上册），北京：商务印书馆，2009年版。

40. 王赓武著，黄涛译：《更新中国——国家与新全球史》，杭州：浙江人民出版社，2016年版。

41. 林毅夫、王燕著，宋琛译：《超越发展援助——在一个多极世界中重构发展合作新理念》，北京：北京大学出版社，2016年版。

42. ［美］沙畹著，冯承钧译：《西突厥史料》，中华书局，2004年1月（影印本）。

43. ［美］伊恩·莫里斯（Ian Morris）著，李阳译：《文明的度量：社会发展如何决定国家的命运》，北京：中信出版社，2014年版。

（四）中文期刊

1. ［澳］大卫·布鲁斯特著，朱翠萍译：《"一带一路"倡议对南亚和印度洋地区的战略影响》，《印度洋经济体研究》，2016年第6期。

2. ［美］Michael Schuman著，任文科译：《世界仍然是平的》，《彭博商业周刊》（中文版），2016第98期。

3. ［美］安东·佩林卡著，张也译：《右翼民粹主义：概念与类型》，《国外理论动态》，2016年第10期。

4. 鲍志成：《跨文化视域下丝绸之路的起源和历史贡献》，《丝绸》，2016年第1期。

5. 曾向红：《"一带一路"的地缘政治想象与地区合作》，《世界经济与政治》，2016年第1期。

6. 陈菲：《"一带一路"与印度"季风计划"的战略对接研究》，《国际展望》，2015年第6期。

7. 傅梦孜、楼春豪：《关于21世纪"海上丝绸之路"建设的若干思考》，《现代国际关系》2015年第3期；《新华文摘》2015年第11期首篇转载。

8. 傅梦孜、徐刚：《"一带一路"：进展、挑战与应对》，《国际问题研究》，2017年第3期。

9. 傅梦孜：《"一带一路"沿线中国企业经营意识问题"》，《世界知识》，2017年第15期。

10. 傅梦孜：《对古代丝绸之路源起、演变的再考察》，《太平洋学报》，2017年第1期。

11. 傅梦孜：《南海问题会否影响"21世纪海上丝路"建设?》，《太平洋学报》，2016年第7期。

12. 傅梦孜：《中国崛起：美国的基本评估及对华政策论争》，《世界经济与政治》，2002年第2期。

13. 高峰：《越南："一带一路"上的投资热土》，香港《紫荆》，2017年5月号。

14. 葛剑雄：《存在与影响：历史上中外文化交流对"一带一路"建设的启示》，原文刊于《思想战线》2016年第5期。

15. 龚宇：《ICSID 投资仲裁中"集体诉请"的适用限度——基于阿根廷主权债务重组争端的反思》，《武大国际法评论》，2017 年第 2 期。

16. 郭延军：《"一带一路"建设中的中国周边水外交》，《亚太安全与海洋研究》，2015 年第 2 期。

17. 韩梁：《中国与中东欧合作"八字秘诀"》，《环球》，2016 年第 23 期。

18. 何光辉、庄雪峰等：《新国际贸易与经济地理理论及其发展》，《经济理论与经济管理》，2009 年第 2 期。

19. 赫寿义、曹清峰：《论国家级新区》，《区域与城市经济》（人大报刊复印资料），2016 年第 6 期。

20. 胡德坤：《"一带一路"战略构想对世界历史发展的积极意义》，《武汉大学学报》（人文版），2017 年第 1 期。

21. 胡昭玲、宋佳：《基于出口产品的国际分工地位研究——基于产品内分工的视角》，《世界经济研究》，2013 年第 3 期。

22. 黄靖：《"一带一路"与中国应注意的七不原则》，《亚太安全与海洋研究》，2015 年第 1 期。

23. 金玲：《"一带一路"与欧洲"容克计划"的战略对接研究》，《国际展望》，2015 年第 6 期。

24. 李金明：《联系福建与拉美贸易的海上丝绸之路》，《东南学术》，2001 年第 4 期。《广西师范大学学报》（哲学社会科学版），2013 年第 1 期。

25. 李梦欣：《"第 15 届国家安全论坛"研讨会综述》，《现代国际关系》，2016 年第 1 期。

26. 李向阳：《特朗普时期的亚洲经济：挑战与变数》，《人民论坛·学术前沿》2017 年第 7 期。

27. 梁二平：《郑和"示中国富强"的"下西洋"》，《丝绸之路》，2016 年第 3 期。

28. 林友顺：《"一带一路"与东南亚愿景》，《亚洲周刊》，2017 年第 10 期。

29. 刘利刚：《讲好"中国故事"：建设"一带一路"的符号叙事学思考》，《丝绸之路》，2017年第4期。

30. 刘万啸：《投资者与国家间争端的替代性解决方法研究》，《法学杂志》，2017年第10期。

31. 聂聆、李三妹：《我国在制造业产品全球价值链中的分工地位研究——基于价值链高度指数的分析》，《天津财经大学学报》，2016年第6期。

32. 青觉：《区域组织与民族冲突的管控》，《现代国际关系》，2018年第4期。

33. 邱醒杰：《"工业4.0"对中国制造业企业带入全球价值链的影响分析》，《中国经贸》，2016年5月（上），总第325期。

34. ［马来西亚］饶兆斌：《海上丝绸之路与中国—东盟安全关系初探》，香港《中国评论》，2016年第2期。

35. ［喀麦隆］塞勒斯汀·孟加著，沈晓雷译：《通往和平与繁荣之路——非洲工业化的全球红利》，《国际社会科学杂志》（中文版），2016年第4期。

36. 时殷弘：《"一带一路"：祈愿审慎》，《世界经济与政治》，2015年第7期。

37. 宋国友：《"一带一路"战略构想与中国经济外交新发展》，《国际观察》，2015年第4期。

38. 孙绍勇、王文余：《"一带一路"战略：超越传统地缘政治的中国逻辑——基于"世界岛"和"边缘地带"理论的比较视野》，《青海社会科学》，2017年第1期。

39. 王海滨：《论"一带一盟"对接的现实与未来》，《东北亚论坛》，2017年第2期。

40. 王海滨：《试析中俄主导的"一带一盟"对接之路》，《现代国际关系》，2016年第11期。

41. 王娟娟：《一带一路经济区现代物流体系构建》，《物流管理》，2016年第3期。

42. 王美昌、徐康宁：《"一带一路"国家双边贸易与中国经济增长的动态关系——基于空间交互作用视角》,《世界经济研究》,2016 年第 2 期。

43. 王稳、张阳等:《国家风险分析框架重塑与评级研究》,《国际金融研究》,2017 年第 10 期。

44. 王耀青、囤凤华等:《"一带一路"油气贸易竞争力测度与合作位势评估:一个全产业链视角》,《太平洋学报》,2017 年第 5 期。

45. 王毅:《"一带一路"建设在新起点上扬帆远航》,《求是》,2017 年第 6 期。

46. 吴兆礼:《印度推进"孟不印尼"次区域合作的政策路径——兼议其与中国经济走廊倡议对接的愿景》,《太平洋学报》,2017 年第 5 期。

47. 肖炼:《"一带一路"与"中美经济博弈"》,《太平洋学报》,2017 年第 2 期。

48. 徐绍史:《统筹国内国际两个大局的战略抉择——深入学习习近平总书记关于"一带一路"战略构想的重要论述》,《求是》,2015 年第 19 期。

49. 许瑞泉:《丝绸之路经济带与长江经济带互联互通模式探讨》,《西北师范大学报·社会科学版》,2016 年第 3 期。

50. 杨伯江、张晓磊:《日本参与"一带一路"合作:转变动因与前景分析》,《东北亚学刊》,2018 年第 3 期。

51. 杨达:《秩序完善、治理提升:"一带一路"的国际政治理论新解》,《贵州社会科学》,2017 年第 5 期。

52. 杨瑞、王世达:《印度与"印太战略构想":定位、介入及局限》,《现代国际关系》,2018 年第 1 期。

53. 于宏源:《矿产资源安全与"一带一路"矿产资源风险应对》,《太平洋学报》,2018 年第 5 期。

54. 岳鹏:《论战略对接》,《国际观察》,2017 年第 5 期。

55. 翟崑:《"一带一路"建设的战略思考》,《国际观察》,2015 年第 4 期。

56. 张博:《铁路在"一带一路"倡议中重要作用的研究》,《一带一路报道》，2017 年第 5 期。

57. 张恒龙：《上海合作组织金融合作的发展态势与展望》，《海外投资与出口信贷》，2018 年第 3 期。

58. ［美］科林·弗林特、张晓通：《"一带一路"与地缘政治理论创新》，《外交评论》，2016 年第 3 期。

59. 张岩：《向科技创新强国迈进》，《中国报道》，2016 年第 7 期。

60. 张永峰：《图们江区域中俄海洋经济合作面临的主要问题》，《图们江合作》，2017 年第 7 期。

61. 赵玉意：《国际投资仲裁机构对涉环境国际争端的管辖：主导与协调》，《国际经贸探索》，2017 年第 9 期。

62. 郑闯：《"一带一路"对接"草原之路"》，《环球》，2016 年第 15 期。

63. 郑伟、桑百川：《"一带一路"倡议的理论基础探析——基于世界市场失灵的视角》，《东北亚论坛》，2017 年第 2 期。

64. 周方银：《"一带一路"面临的风险与挑战及其应对》，《国际观察》，2015 年第 4 期。

65. 周穗民：《21 世纪民粹主义的崛起与威胁》，《国外理论动态》，2016 年第 10 期。

66. 周玉渊：《佐科时期"一带一路"在印尼推进面临的挑战与对策分析》，《太平洋学报》，2016 年第 10 期。

67. 朱海赋：《中美贸易冲突背后》，《财经》，2018 年第 7 期。

68. ［澳大利亚］大卫·布鲁斯特著，朱翠萍译：《"一带一路"倡议对南亚和印度洋地区的战略影响》，《印度洋经济体研究》，2016 年第 6 期。

69. 韩梁：《中国与中东欧合作"八字秘诀"》，《环球》，2016 年第 23 期。

70. 荣新江：《中国敦煌学研究与国际视野》，《历史研究》2005 年第 4 期。

71. 王文：《以持久战的心态对外讲好"一带一路"故事》，《对外传播》，2018 年第 5 期。

72. 郑永年:《中国的海洋地缘政治与陆地地缘政治》,《外交评论》,2014 年第 1 期。

（五）网络和报刊资料来源

1. 中国政府门户网
2. 人民网
3. 新华网
4. 中国新闻网
5. 环球网
6. 中国社会科学网
7. 新浪网
8. 凤凰网
9. 俄罗斯危机研究中心网
10. 《新印度快报》网
11. 《金融时报》（英国·中文网）
12. 《环球邮报》网（加拿大）
13. 《亚洲时报在线》网（中国香港）
14. 《光明日报》
15. 《新华日报》
16. 《人民日报》
17. 《环球时报》
18. 《参考消息》
19. 《参考资料》
20. 《新华每日电讯》
21. 《国际先驱论坛报》
22. 《21 世纪经济报道》
23. 《经济日报》
24. 《第一财经日报》
25. 《每日经济新闻》
26. 《联合早报》（新加坡）
27. 《海峡时报》（新加坡）

28. 《星暹日报》（泰国·中文版）
29. 《彭博商业周刊》（美国·中文版）
30. 《日本经济新闻》（日本）
31. 《朝日新闻》（日本）
32. 《菲律宾商报》（菲律宾）。

二、英文文献

（一）英文书目

1. ADB&*ADBI*, "ASEAN, PRC, and INDIA: The Great Transformation", Printed in Tokyo, 2014.

2. Bruce Russett, *Grasping the Democratic Peace: Principles for a Post-Cold World*, Princeton: Princeton University Press, 1994.

3. Christopher I. Beckwith, *Empires of the Silk Road: A History of Central Eurasia from the Bronze Age to the Present*, Princeton: Princeton University Press, 2009.

4. Ernst B·Hass, *The Uniting of Europe: Political, Social and Economic Forces 1950 – 1957*, California: Stanford University Press, 1958.

5. George Yip & Bruce Mckern, *China's Next Strategic Advantage: From Imitation to Innovation*, Cambridge: MIT Press, 2016.

6. Gereffy G, *A Commodity Chain Framework for Analyzing Global Industries*, Durham: Duke University, 1999.

7. Giang Dang&Low Sui Pheng, *Infrastructure Investments in Developing Economies: The Case of Vietnam*, Springer, 2014.

8. Hal Brands, *Making the Unipolar Moment: U. S. Foreign Policy and the Rise of the Post-Cold War Order*, Ithaca, NY: Cornell University Press, 2016.

9. Henry Wai-Chung Yeung, *Strategic Coupling East Asian Industrial Transformation in the New Global Economy*, Ithaca, NY: Cornell University Press, 2016.

10. Howard W. French, *Everything Under the Heavens: How the Past*

Helps Shape China's Push for Global Power, New York: Alfred A. Knopf, 2017.

11. John Haynes, Risk as an Economic Factor, TheQuartely Journal of Economics, Vol. 9, No. 4, 1895.

12. John Pomfret, *The Beautiful Country and the Middle Kingdom: America and China, 1776 to the Present*, New York: Henry Holtand Company, 2016.

13. John W. Garver, *China's Quest: The History of the Foreign Relations of the People's Republic of China*, New York: Oxford University Press, 2016.

14. Joshua Eisenman & Eric Heginbotham edited, *China Steps Out: Beijing's Major Power Engagement with the Developing World*, New York: Routledge, 2018.

15. Krugman Paul, *Growing World Trade: Causes and Consequences*, in Brookings Paper on Economic Activity, 1995（1）.

16. Ynn T. White III, *Philippine Politics: Possibilities and Problems in a Localist Democracy*, Abingdon: Routledge, 2015

17. LiyaqatAyub Khan&RohidasMundhe, *India's Foreign Policy: Nonalignment 2.0, Geopolitics and National Security*, Mumbai: NavVishnu Publications, 2016.

18. Øystein Tunsjø, *The Return of Bipolarity in World Politics: China, the United States, and Geostructural Realism*, New York: Columbia University Press, 2018.

19. Paul D. Miller, *American Power and Liberal Order: A Conservative Internationalist Grand Strategy*, Washington D. C.: Georgetown University press, 2016.

20. Peter Frankopan, *The Silk Roads: A New History of the World*, London: Bloomsbury Publishing PIc, 2015.

21. Richard N. Rosecrance, *The Rise of the Trading State: Commerce and Conquest in the Modern World*, New York: Base Books, 1986.

22. RobertOwen. Keohane&Joseph S. Nye Jr., *Power and Interdepend-*

ence, 4th Edition, New York: Longman Publishing Group, 2011.

23. S. Frederick Starr& Svante E. Cornell, *Putin's Grand Strategy: The Eurasian Union and Its Discontents*, Central Asia Caucasus Institute Silk Road Studies Program, Printed in Singapore, 2014.

24. Sven W. Arndt & HenrykKierzkowski edited, *Fragmentation: New Production Patterns in the World Economy*, New York: Oxford UniversityPress, 2001.

25. Valerie Hansen, The Silk Road: A New History New York: Oxford UniversityPress, 2012.

26. Walter Scheidel, *The Great Leveler: Violence and the History of Inequality from the Stone Age to the Twenty-first Century*, Princeton: Princeton University Press, 2017.

（二）学术论文

1. Dominic Barton, "Building the Right Silk Road", *Horizons*, Issue No. 4, September 2015.

2. "Is Populism theFuture?", *Foreign Affairs*, Vol. 95, No. 6, November/December 2016.

3. Aaron Klein, "How to Fix American's Infrastructure: Build, Baby, Build", *Foreign Affairs*, Vol. 95, No. 5, 2016.

4. Aiysha Safdar, "The China-Pakistan Economic Corridor-Its Maritime Dimension and Pakistan Navy", *Strategic Studies*, Vol. 35, No. 3, Autumn 2015.

5. Akhilesh Pillalamarri, "Why India should 'Look West' Instead?", *The Diplomat*, March7, 2016. https://thediplomat.com/2016/03/why-india-should-look-west-instead/.

6. Alek Chance, "The 'Belt and Road Initiative' is Not 'China's Marshall Plan'. WhyNot", *The Diplomat*, January 26, 2016. https://thediplomat.com/2016/01/the-belt-and-road-initiative-is-not-chinas-marshall-plan-why-not/.

7. Alicia J. Campi, "Mongolia's Place in China's 'One Belt, One

Road'", The Jamestown FoundationPublication: *China Brief*, Volume15, Issues16, 2016.

8. Christopher WeidacherHsiung, "China and Arctic Energy: Drivers andLlimitations", *The Polar Journal*, Vol. 6, No. 2, 2016.

9. Daniel C. Waugh: "Richthofen's 'Silk Road': Toward the Archaeology of a Concept", *The Silk Road*, Vol. 5, No. 1, Summer 2007.

10. Douglas Paal& Matt Ferchen, "A New Vision for U.S. Engagement", *China-US Focus Digest*, Vol. 14, June 2017.

11. Special Report Companies, "Driving Forces: Why Giants Thrive", *The Economist*, *Vol.* 420, *No.* 9007, September 17, 2016.

12. Fred Hu and Michael Spence, "Why Globalization Stalled and How to Restart It", *Foreign Affairs*, Vol. 96, No. 4, July/August, 2017.

13. Gal Luft, "China's Infrastructure Play—Why Washingtonshould Accept the New Silk Road", *Foreign Affairs*, Vol. 95, No. 5, 2016.

14. CasMudde, "Europe's Populist Surge—A Long Time in the Making", *Foreign Affairs*, Vol. 95, No. 6, November/December, 2016.

15. Henry Wai-Chung Yeung, "Strategic Coupling: East Industrial Transformation in the New Global Economy", *Foreign Affairs*, Vol. 96, No. 1, January/February 2017.

16. "Infrastructure in the Rich World: Building Works", *The Economist*, Vol. 416, No. 8593, August 29, 2015.

17. "Innovation in China: Out of the Master Shadow", *The Economist*, Vol. 420, No. 8997, July 9, 2016.

18. "1.2Billion Opportunities", Special Report, Business in Africa, *The Economist*, Vol. 419, No. 8985, April 16, 2016.

19. "Africa's Ports: The Bottleneck", *The Economist*, Vol. 418, No. 8981, March 19, 2016.

20. "African Airlines: Well-connected", *The Economist*, Vol. 421, No. 9012, October 20, 2016.

21. "American Infrastructure: Buy Local", *The Economist*, Vol. 419,

No. 8988, May 7, 2016.

22. Erik Gartzke, "The Capitalist Peace", *American Journal of Political Science*, Vol. 51, No. 1, 2007.

23. Fareed Zakaria, "Populism on the March: Why the West is In Trouble", *Foreign Affairs*, Vol. 95, No. 6, November/December 2016.

24. Forum Staff, "China's Open Checkbook", *Fortune*, Volume 42, Issue 2, 2017.

25. "Cement Manufacturers: Cracks in the Surface-why grey firms will have to go green", *The Economist*, August 25, 2016.

26. John. Cornwall & Wendy Cornwall, Growth Theory and Economic Structure, *Economica*, Vol. 61, No. 242, May 1994.

27. John Mearsheimer, "Maintain U. S. Dominance in the Western Hemisphere and Prevent China Achieving Regional Hegemony in Asia", *The National Interest*, August 21, 2015.

28. Leon Hadar, "Nationalism isn't Replacing Globalism", *The National Interest*, June 30, 2016. https://nationalinterest.org/blog/the-skeptics/nationalism-isnt-replacing-globalism-16792

29. Fu Mengzi, "China and U. S. should Treasure Their Economic Mutual Dependence", *China US Focus*, September 17, 2015, . https://www.chinausfocus.com/finance-economy/china-and-u-s-should-treasure-their-economic-mutual-dependence.

30. Michael Lind, "America vs. Russia and China: Welcome to Cold War II", *The National Interest*, April 15, 2018.

31. Malte Humpert, "China Looks to the Arctic", *China-US Focus Digest*, Vol. 17, May 2018. https://www.chinausfocus.com/foreign-policy/china-capitalizes-on-arctic-exceptionalism-to-further-geopolitical-interests.

32. Morgan Clemens, "The Maritime Silk Road and the PLA, Part One", *China Brief*, Volume 15, Issue 6, March 2015.

33. Morgan Clemens, "The Maritime Silk Road and the PLA, Part Two", *China Brief*, Volume 15, Issue 7, April 2015.

34. Peter Nolan, "TheSilk Road by Land and Sea-A Historical Perspective", *Horizons*, Issue No. 4, Summer 2015.

35. Saadat Hassan Bilal, "India has Nothing to Fear FromChina's 'Belt and Road'", The Diplomat, January 11, 2017, https://thediplomat.com/2017/01/india-has-nothing-to-fear-from-chinas-belt-and-road/.

36. Shannon Tiezzi, "China's 'Maritime Silk Road': Don't Forget Africa", The Diplomat, January 29, 2015. https://thediplomat.com/2015/01/chinas-maritime-silk-road-dont-forget-africa/.

37. "Should Chinese investment be welcome?", *The Economist*, August 11th 2018. "Railways in Africa: Puffed Out", *The Economist*, Vol. 419, No. 8992, June 4, 2016.

38. "Ranked Within Countries", *Fortune (Asia Pacific Edition)*, No. 10, August 1, 2016.

39. Ryan Bradley, "Infrastructure, the Trump Way", *Fortune* (Asia Pacific Addition), No. 1, January 1, 2017.

40. "The Arctic: A Silk Road through Ice: China wants to be a polar power", *The Economist*, Vol. 427, No. 9087, April 14, 2018.

41. Jacob Heilbrunn, "Asia's Future: A Conversation with Maurice R. Greenberg", *The National Interest*, December 17, 2017, https://nationalinterest.org/feature/asias-future-conversation-maurice-r-greenberg–23676TimurKuran, "What Kills Inequality: Redistribution'sViolent History", *Foreign Affairs*, Vol. 96, No. 5, September/October 2017.

42. "Crisis in Ankara: How much to worry aboutTurkey's turmoil", *The Economist*, August 18th 2018. https://www.economist.com/leaders/2018/08/18/how-much-to-worry-about-turkeys-turmoil.

43. US-China trade (1) Battle-lines drawn, *The Economist*, June 23rd 2018.

44. William Easterly, "Can Foreign Aid Buy Growth?", *The Journal of Economic Perspectives*, Vol. 17, No. 3, 2003.

45. Zalmay Khalilzad, "Realism Returns", *The National Interest*,

No. 154. Mar/Apr 2018.

（三）网络资源

1. "China became World's Top Manufacturing Nation, ending 110 year US leadership", http: //en. mercopress. com/2011/03/15/china-became-world-top-manufacturing-nation-ending-110-year-us-leadership.

2. " One Belt, One Road: China's New Silk Road Dream, Beijing Wantsits Own Companies to Lead in Planning and Building Projects it is Paying for", *Bloomberg*, November 27, 2015, https: //www. business-standard. com/article/international/one-belt-one-road-china-s-new-silk-road-dream-115112700021_ 1. html.

3. "China Climbing up the Value Chain", https: //www. videowired. com/video/4121021930/.

4. "China to bypass Malacca Strait by Kra Isthmus Canal in Thailand", https: //defenceforumindia. com/forum/threads/china-to-bypass-malacca-strait-by-kra-isthmus-canal-in-thailand. 61466/.

5. "Interstate Highway System", http: //eisenhower. archives. gov/research/online_ documents/interstate-highway_ system. htm.

6. "New Belt and Road Initiative: China Silk Road Challenged by US and its Allies", "China Could benefit from US-Backed Alternative to Silk Road Initiative", http: //spuutniknews. com/analysis/2018022106180074 - china-us-alternative-silk-road/.

7. Kerry Close, "The 10 Richest Woman of All Time", *Money*, February 1, 2016, http: //time. com/money/4133560/10 - richest-woman-all-time/.

8. The Global Competitiveness Report 2015 – 2016, http: //reports. weforum. org/global-competitiveness-report – 2015 – 2016/.

9. AFP, "GwadarPort Integral to China Maritime Expansion", https: //wwwtribune. com. pk/story/508607/gwadar-port-integral-to-china-maritime-expansion.

10. Alain Raes, "Will the Belt and Road Revitalize RMB International-

isation?" SWIFT Special Edition, July 2017, https://www.swift.com/resource/rmb-tracker-july-2017-special-report.

11. Brahma Chellaney, "Sri Lanka the LatestVictim of China's Debt-trap Diplomacy", December 24, 2017, http://www.atimes.com/article/sri-lanka-latest-victim-chinas-debt-trap-diplomacy/.

12. Jason Ryan, "U. S. Intelligence: China Economy to Surpass U. S. by 2030", https://abcnews.go.com/blogs/politics/2012/12/u-s-intelligence-china-economy-to-surpass-u-s-by-2030/

13. Christine Guluzian, "Does the South China Sea Spell Trouble for Beijing's New Silk Road?", Aug. 16, 2016, https://nationalinterest.org/feature/does-the-south-china-sea-spell-trouble-beijings-new-silk-17376.

14. Christine Kessides, "TheContributions of Infrastructure to Economic Development: a review of experience and policy implications", http://documents.worldbank.org/curated/en/569671468764675127/pdf/multi0page.pdf

15. David Brewster, China's PakistanProject: a geopolitical game-changer, http://www.eastasiaforum.org/2016/12/15/chinas-pakistan-project-a-geopolitical-game-changer/

16. David Vines, "Can One Belt, One Road revive a liberal global order?" https://www.todayonline.com/chinaindia/china/can-one-belt-one-road-revive-liberal-global-order.

17. Danyi Yang & Mark McNamee: "China's One Belt, One Road: More than just ageopoliticalgame", http://blog.frontierstrategygroup.com/2015/07/chinas-one-belt-one-road-more-than-just-a-geopolitical-game/.

18. Graeme Dobell, "China's Belt and RoadPromise, Asia's fear and greed", https://www.aspistrategist.org.au/chinas-belt-road-promise-asias-fear-greed

19. "India will adopta three-pronged strategy to check China influence", 8 July 2018, https://www.hindustantimes.com/india-news/india-will-adopt-a-three-pronged-strategy-to-check-china-influence/story-

o3OkceE6h2URXJFL9rxiEK. html.

20. J. P Gupta, "U-turn a must in Indian foreignPolicy on China", https: //www. thestatesman. com/opinion/u-turn-a-must-in-indian-foreign-policy-on-china-1497821484. html.

21. Joshua Kucera, "The New Silk Road? The United StatesHopes that a Combination of Trade and Infrastructure can Help Steer Afghanistan away from Unrest-and Russia", https: //thediplomat. com/2011/11/the-new-silk-road/.

22. Joshua P. Meltzer, "The U. S-China trade agreement: ahuge deal for China", https: //www. brookings. edu/blog/order-from-chaos/2017/05/15/the-u-s-china-trade-agreement-a-huge-deal-for-china/.

23. Julie Makinen& Violet Law, "China's bold Gambit to cement trade with Europe-along the ancient Silk Road", https: //www. latimes. com/world/asia/la-fg-china-silk-road-20160501-story. html

24. Kadira Pethiyagoda, "What's driving China's New Silk Road, and how should the West Respond", https: //www. brookings. edu/blog/order-from-chaos/2017/05/17/whats-driving-chinas-new-silk-road-and-how-should-the-west-respond/.

25. Michael J. Green, "China's Maritime Silk Road: Strategic and Economic Implications for the Indo-Pacific Region", April 2, 2018, https: //www. csis. org/analysis/chinas-maritime-silk-road.

26. Peter Wong, "China to Widen its Economic Influence by 'One Belt, One Road'", October 5, 2015, https: //www. about. hsbc. com. sg/news-and-media/china-to-widen-its-economic-influence-by-one-belt-one-road.

27. Robert Berke, "New Silk Road Could Change Global Economics Forever", May 21, 2015, https: //oilprice. com/Energy/Energy-General/New-Silk-Road-Could-Change-Global-Economics-Forever. html.

28. Robert Delaney, "Lessons for China in Failed US Silk Road Initiative", May 9, 2017, https: //www. scmp. com/news/china/diplomacy-defence/article/2092218/lessons-china-failed-us-silk-road-initiative.

29. Robert Manning,"Europe's China Pivot", April 28, 2017, https://www.realclearworld.com/articles/2017/04/28/europe_china_pivot.html.

30. Scott Kennedy& David A. Parker,"Building China's 'One Belt, One Road'", April 3, 2015, https://www.csis.org/analysis/building-china%E2%80%99s-%E2%80%9Cone-belt-one-road%E2%80%9D.

31. Simon Denyer,"Chinese Companies Face Culture Shock in Countries that aren't Like China", https://www.washingtonpost.com/world/chinese-companies-face-culture-shock-in-countries-that-arent-like-china/2015/08/14/a048eb64-3bbd-11e5-88d3-e62130acc975_story.html?noredirect=on&utm_term=.52aa0b2ab22f.

32. Steve Levine:"Foreign Policy:Afghanistan's 'New' Silk Road", November 8, 2011, https://www.npr.org/2011/11/08/142128687/foreign-policy-afghanistan-new-silk-road.

33. Tanvi Madan,"What India Thinks about China's One Belt, One Road Initiative (but doesn't explicitlySay)", March 14, 2016, https://www.brookings.edu/blog/order-from-chaos/2016/03/14/what-india-thinks-about-chinas-one-belt-one-road-initiative-but-doesnt-explicitly-say/.

34. Tony Barber,"A Renewed Nationalism is Stalking Europe", July 11, 2016, https://www.ft.com/content/53fc4518-4520-11e6-9b66-0712b3873ae1.

35. William T. Wilson,"China's Huge 'One Belt, One Road' Initiative is Sweeping Central Asia", https://nationalinterest.org/feature/chinas-huge-one-belt-one-road-initiative-sweeping-central-17150

（四）报纸和其他

1. Sir John Peace,"China's New Silk Road to the West is an Opportunity Britain must Grasp", *The Telegraph*, October 25, 2015.

2. Minnie Chan,"HostileBorder Dispute with India could Damage China's Global Trade, Experts Warn", *South China Morning Post*, July 31, 2017.

3. "Rail Boom in Bangladesh Brings Trains to Asia's Longest Beach", *BolombergNews*, July 1, 2016.

4. Keegan Elmer, "ChineseProjects not Expected to be Derailed by Malaysian Debt Woes", *South China Morning Post*, May 26, 2018.

5. Phila Siu: "What Indonesia Can Do To Be in China's Belt and Road-Loop", *South China Morning Post*, April 29, 2017.

6. Samir Saran, "Seizing the 'One Belt, One Road' Opportunity", *The Hindu*, February 2, 2016.

7. Su Zhou & Luo Wangshu, "$500b to Boost High-speed Rail Plan", *China Daily*, December 30, 2016.

8. Xin Zhiming, "Asia'sIncreasing Dependence on China", *China Daily*, May 15, 2014.

9. Zhong Nan &OUYANG Shijia, "ChinaSees Faster Train Ahead", *China Daily*, February 7, 2017.

10. Alexander Cooley, "The Emerging Political Economy of OBOR—The Challenges of Promoting Connectivity in Central Asia and Beyond", CSIS, October 24, 2016.

11. AmitenduPalit, "China's Maritime Silk Road Fuelling Indian Anxiety", *East Asia Forum*, March 4, 2017.

12. Christopher K. Johnson, "President Xi Jinping's 'Belt and Road' Initiative: A Practical Assessment of the Chinese Communist Party's Roadmap for China's Global Resurgence", March28, 2016, https://www.csis.org/analysis/president-xi-jinping%E2%80%99s-belt-and-road-initiative.

13. David Vines, "Can the Belt and Road Initiative Resurrect a Liberal International Order?" *East Asia Forum*, May 13, 2017. http://www.eastasiaforum.org/2017/05/13/can-the-belt-and-road-initiative-resurrect-a-liberal-international-order/.

14. Lidiya Parkhomchik, "China's the Belt and Road RiskAssessment Issue", 17 March 2016,

15. Francois Godement, "'One Belt, One Road' China's Great Leap Outward", June 2015. https://www.ecfr.eu/publications/summary/one_belt_one_road_chinas_great_leap_outward3055.

16. Hugh White, "China's Belt and Road Initiative to challenge US-led order", *East Asia Forum*, May 8, 2017. http://www.eastasiaforum.org/2017/05/08/chinas-belt-and-road-initiative-to-challenge-us-led-order/.

17. Jeff Smith, "China's Belt and Road Initiative: Strategic Implications and International Opposition", The Heritage Foundation, August 9, 2018. https://www.heritage.org/asia/report/chinas-belt-and-road-initiative-strategic-implications-and-international-opposition.

18. Jonathan E. Hillman, "China's Belt and Road Initiative: Five Years Later", January 25, 2018, https://www.csis.org/analysis/chinas-belt-and-road-initiative-five-years-later-0.

19. Mathieu Duchatel & Alexandre Sheldon Duplaix, "Blue China: Navigating the Maritime Silk Road to Europe", European Coucil on Foreign Relations (ECFR), Policy Brief, London, April 2018. https://www.ecfr.eu/publications/summary/blue_china_navigating_the_maritime_silk_road_to_europe.

20. Michael D. Swaine, "Chinese Views and Commentary on the 'One Belt, One Road' Initiative", *China Leadership Monitor*, Summer 2015: Issue 47.

21. Michal Meidan & Luke Patey, "China's New Global Investment Strategy: The challenges Facing China's Belt and Road and Initiative,", DIIS Policy Brief, February 2016. https://www.files.ethz.ch/isn/196030/PB_Belt_and_Road_WEB.pdf.

22. Paola Subacchi & Stephen Pickford, etc., "Building Growth in Europe-Innovative Financing for Infrastructure", Chatham House Report, September 2014. https://www.chathamhouse.org/publication/building-growth-europe-innovative-financing-infrastructure.

23. "Prospects and Challenges on China's 'One Belt, One Road': a

risk assessment report", The Economist Intelligence Unit 2015. https://static1. squarespace. com/static/529fcf02e4b0aa09f5b7 ff67/t/554c49cee4b06fc215162cb4/1431062990726/One + Belt%2C + One + Road. pdf.

24. Simeon Djankov& Sean Miner, "China's Belt and Road Initiative: Motives, Scope, and Challenges", Peterson Institute for International Economics, March 2016.

25. Smruti S Pattanaik, "Controversy over Chinese Investment in Sri Lanka", *East Asia Forum*, June 5, 2015. http://www. eastasiaforum. org/2015/06/05/controversy-over-chinese-investment-in-sri-lanka/.

26. Talat Ayesha Wizarat, "Reviewing Historical Trade Routes, A Case Study of the Silk Route: Gateway to China", http://issi. org. pk/reviving-historical-trade-routes-a-case-study-of-the-silk-route-gateway-to-china/.

附：近年发表的科研成果

1.《国家力量变迁中的中国与世界》，《学术前沿》（中文核心期刊），2018年5月号（下）。

2.《"一带一路"五年历程波澜壮阔》，《光明日报》，2018年6月24日。

3.《对古代丝绸之路源起、演变的再考察》，《太平洋学报》，2017年第1期 VOL. 25 No. 1.

4.《"一带一路"进展．挑战与应对》，《国际问题研究》（第一作者，与徐刚合作）2017年第3期。New Silk Roads: Progress, Challenges and Countermeasures, CHINA INTERNATIONAL STUDIES, July/August 2017. 转刊。

5.《当前"一带一路"建设进展特征、风险变化和对策建议》，《国家高端智库报告》（中宣部社科规划办），2018年2月13日，第11期（总211期）。

6.《当前中国与周边国家经贸关系发展评析》，第一作者（与徐刚合作），《边界与海洋研究》，2017年5月，第3期。

7.《世界会走向混沌不清方向迷离吗》，《环球时报》，2017年12

月 29 日。

8.《变化的世界.不确定的时代》，第一作者（与付宇合作），《学术前沿》，2017 年 4 月号（上）。中文社会科学引文索引（CSSCI）来源期期刊。

9.《北京峰会助力"一带一路"建设》，香港《中美聚焦》，2017 年 5 月号

10.《"一带一路"沿线中国企业的经营意识》，《世界知识》，2017 年第 15 期。

11.《新时期中国的历史方位与外交方略》，《现代国际关系》（中文核心期刊），第 8 期。

12.《"一带一路"正在大力推进》，中美聚焦网站，2016 年 9 月 7 日。

13.《南海问题会否影响 21 世纪海上丝绸之路建设》，《太平洋学报》，2016 年第 24 卷第 7 期。

14.《关于 21 世纪"海上丝绸之路"建设的若干思考》，（与楼春豪合作），《现代国际关系》，2015 年第 3 期。《新华文摘》2015 年第 11 期转载。

课题承担

本人为国家社科基金"维护海洋权益"重大专项《中国参与全球海洋治理：理论、目标与路径》（17VHQ009）课题首席专家（2017—2019）。青岛海洋科学与技术国家实验室《美国海洋战略与海洋科技政策》重点课题首席专家等（2017—2019）。

后　记

本书的形成，源于在武汉大学边界与海洋研究院学习期间以国际关系和中国外交视角对古代丝绸之路研究的基础，以及在中国现代国际关系研究院工作之余的延伸研究。

在一次回母校参加学术讨论会的间隙，拜见了胡德坤导师。胡老师年逾七十，敏于言行，秀隐平和，韵贵隽永。他是武汉大学前副校长、人文社科资深教授，曾长期担任中国二战史学会会长，2007年受命组建武汉大学边界与海洋研究院（以下简称"边海院"）并任院长兼"国家领土主权与海洋权益协同创新中心"主任。当我与他聊到"一带一路"问题时，这位历史学家对我说："陆海丝绸之路问题实际上也是边海研究关注的问题。"这个说法拓宽了印象中边界与海洋院研究的传统内涵与范畴，很有启发性，也感到与边海院的学术距离接近了，自己有幸成为武汉大学国家领土主权与海洋权益协同创新中心学术委员，不时参与其学术活动，武汉大学边海院同样关注于"一带一路"学科建设，我自然地有了扩充古代丝绸之路并"一带一路"研究的想法。

武汉大学边海院以边界与海洋问题为主，吸收部分世界历史、国际政治、国际法、国际关系、世界经济、国际金融、"一带一路"研究，甚至包括个别农工专业等学者，成为一个综合性研究机构，跨学科色彩十分浓烈，研究梯队卓越，研究成果丰硕，重大理论问题的研究与对国家现实关注的配合可圈可点。虽然成立时间不长，但经过近10年的努力，2016年边海院晋升到国家高端智库培育单位行列。让人对边海院油然而生仰慕之情。边海院的跨学科研究，提供了浓郁的学术氛围和广阔多元的研究视界，为我完成"一带一路"这个具有跨学科性问题的论著提供了有益的参鉴。

在"一带一路"研究领域，国内外研究者很多，也陆续产生了不少有价值的研究成果。本论著则聚焦于"一带一路"建设长远性方面考虑，即希望在"'一带一路'建设的持续性"这一稍显宏远的问题上做一点较为专业或系统的研究。

任何一种认真的研究都是充满艰辛的。"一带一路"研究也是这样。日常工作诸事繁杂，资料的收集与整理十分浩繁，大量的中外文献需要研读品鉴。除能用上电脑处理文档以外，谈不上掌握了更新颖便捷的方法，写一部论著，特别是试图构建一种有益的分析框架想法已久，却又感到并非易事。

习近平主席"一带一路"宏大倡议打开了一个全新研究视域，丝绸之路问题的久远、广袤与神秘，激励本人进行一些新的探究，除了尽可能多地翻阅或者重新查找一些资料外，本人也有机会走过几段残留的古代丝绸之路，如河西走廊、普洱那柯里茶马古道、二连浩特茶叶之路经过的古代驿站遗址，以及乌兹别克斯坦、哈萨克斯坦阿斯塔纳等地的古丝路大街等，想以此回望历史，增加点感性认识。

2013年12月起，我有幸参与由国家发改委、外交部和商务部联合召开的关于丝绸之路经济带和21世纪海上丝绸之路的部委领导与专家联席会议，并多次参与在发改委西部司、外交部经济司等召开的后续相关会议，见证了"一带一路"从无到有、从理念到行动的过程。国家推进"一带一路"建设工作领导小组办公室、"一带一路"安全保障协调小组、全国人大外事委员会、中央和国家有关部委办、研究机构、高等院校和企业界、学会社团组织等，邀请本人咨询、讲座、开会或主持课题研究等，使我得以保持对这一问题的关注。2018年8月27日中央召开"一带一路"建设五周年座谈会，我作为专家学者应邀与会，得以现场聆听习总书记讲话，更是深感荣幸。

全国哲学社会科学规划办公室为贯彻习近平总书记关于加强"一带一路"倡议学术研究、理论支撑、话语体系建设的重要精神，组织实施国家社科基金"一带一路"战略研究专项，鼓励社科界、智库界从不同学科、不同领域和不同视角进行研究；中联部组织实施"一带一路"的"五个一批"研究项目等等，使"一带一路"问题研究的现实重要性与意义进一步凸显。本人正在承担国家社科基金其他重大专项（首席专家）。围绕本书所着手的研究开始较早，虽非社科规划办等有关部门确定或资助的选题，但在完成过程中同样受到这些部门的期待，在此予以致谢。

本人在中国现代国际关系研究院工作，这是本书得以完成至关重要的条件。现代院长期以来实行坐班制，是首批国家高端智库试点单位之一。作为当下世界一流的国际问题研究机构，现代院的源头可以追溯到延安时期，可谓浸润着不可磨灭的红色基因，跟随着共和国的建立与成长，不论岁月如何风云变幻，代代学者一直抱有"起自学术、终及国家"的思想情怀，老中青团队有效配合，一代又一代的研究者才情充溢，形成整体实力强盛的国家级研究团队，服务着中央的外交决策。我自武汉大学研究生毕业后，因为工作安排，研究方向不止一次被调整，但一直在现代院工作，学术追求不敢懈怠，学术养成苦乐自知。

现代院的开放性研究，以及与近 90 个国家建立的学术交流关系，使我几年来可以访及一些国家。所到之处，自然会谈及"一带一路"，同时也考察了不少"一带一路"建设重大项目，如中巴经济走廊、中泰铁路、中蒙俄走廊、亚吉铁路以及吉布提港、达尔文港等等，对一些学术研究机构"一带一路"问题研究动态也有基本的把握。本人还订阅和获赠报刊资料数十种。武汉大学网上图书馆、现代院图书馆包括新书馆拥有大量的国际问题藏书、丰富的外文期刊资料，国家图书馆（南馆、新书馆、古籍馆、期刊馆、少数民族文献馆）藏品丰富，特别是现代院到国家图书馆距离很近，步行也只需十几分钟，等等，这些都为本人进行资料收集与研究提供了难得的便利。

此书终于完稿，需要感谢者还有很多。他们关于"一带一路"等问题的观点均予我印象与启发。本系统领导的支持非常重要，国内外相关大学、研究机构、国家相关企事业单位以及现代院的领导和同仁对本书形成亦有诸多助益，在此一并感谢。

特别感谢胡德坤教授在百忙之中为本书作序！

最后，感谢我的家人长期以来在本人研究事业上给予的充分理解和支持。

需要指出的是，"一带一路"倡议的提出迄今只有五年多时间，相关的研究虽然成果很多，但学术研究依然缺乏积淀与检验，本论著也只能算是一个初步探索性的研究，研究框架、研究路径与论述所及未必完整合理通达，难免存在一些缺点与不足，祈望读者不吝指正。

"一带一路"建设是新时代面向世界的一项前无先例可循的宏大事业，在展开波澜壮阔的建设实践的同时，需要我们做出长期持续的研究。完成了绘就"大写意"的"一带一路"，更需要精谨细腻的"工笔画"，以使相关建设工作走深走实。对投入此项研究的学者而言，同样任重而道远。

聊为后记，是表说明，亦致谢忱！

傅梦孜

2019年初春·京西万寿寺